心灵培育：
大学生心理健康问题研究

李 雯◎著

中国水利水电出版社
www.waterpub.com.cn
·北京·

内 容 提 要

当代多数大学生的心理是健康的,但也有相当一部分大学生的心理状况堪忧。因此,应高度重视当代大学生的心理健康问题,引导大学生不断提高自己的心理素质。

本书具体对大学生的适应心理问题、学习心理问题、人际交往心理问题、情绪问题及就业心理问题等内容进行了详细论述。

本书紧密结合当代大学生的心理发展状况展开,对于大学生的健康成长与成才具有一定的指导意义。

图书在版编目(CIP)数据

心灵培育:大学生心理健康问题研究/李雯著.—
北京:中国水利水电出版社,2018.9
ISBN 978-7-5170-6971-3

Ⅰ.①心… Ⅱ.①李… Ⅲ.①大学生－心理健康－健康教育－研究 Ⅳ.①G444

中国版本图书馆 CIP 数据核字(2018)第 232362 号

书　　名	心灵培育:大学生心理健康问题研究
	XINLING PEIYU DAXUESHENG XINLI JIANKANG WENTI YANJIU
作　　者	李雯 著
出版发行	中国水利水电出版社
	(北京市海淀区玉渊潭南路 1 号 D 座 100038)
	网址:www.waterpub.com.cn
	E-mail:sales@waterpub.com.cn
	电话:(010)68367658(营销中心)
经　　售	北京科水图书销售中心(零售)
	电话:(010)88383994、63202643、68545874
	全国各地新华书店和相关出版物销售网点
排　　版	北京亚吉飞数码科技有限公司
印　　刷	三河市元兴印务有限公司
规　　格	170mm×240mm　16 开本　18.5 印张　332 千字
版　　次	2019 年 2 月第 1 版　2019 年 2 月第 1 次印刷
印　　数	0001—2000 册
定　　价	91.00 元

前　言

　　健康是人获得幸福、快乐与成功的重要基础与前提,同时健康是由身体健康和心理健康两部分构成的。在现代社会,随着社会经济水平的不断提高、科技的迅速发展以及医疗条件的不断改善,人们对生理健康的重视程度与维护方法不断提升。同时,由于生活节奏的加快以及竞争压力的加大,人们的心理疾病逐渐增多。因此,现代社会的人更应该重视自己的心理健康,积极提高自己的心理素质。

　　由于大学生是现代社会中的一个特殊群体,其健康成长与成才关系着我国在今后的发展状况以及民族的未来。因此,必须高度重视当代大学生的心理健康问题。目前,绝大多数大学生的心理是健康的,他们有着较高的智力水平、强烈的求知欲望、浓厚的学习兴趣、较为稳定的情绪、较为完整的人格、较为健全的意志和较为完善的自我意识,能够客观地认知与适应现状,与他人进行良好的人际交往等。不过,也有不少的大学生存在这样或那样的心理问题,心理健康状况堪忧。为了帮助大学生正确地面对心理问题、形成健康的心理,特撰写了《心灵培育:大学生心理健康问题研究》一书。

　　本书共包括十章内容,第一章为绪论,对心理健康的内涵以及大学生心理特点、心理健康及其教育的相关内容进行了详细阐述;第二章至第九章分别对大学生的适应心理问题、学习心理问题、人际交往心理问题、情绪问题、人格问题、恋爱心理问题、网络心理问题和就业心理问题进行了具体研究;第十章深入探究了大学生心理危机的干预与生命教育。本书紧紧围绕大学生的心理发展特点展开论述,有着较强的针对性和可操作性。全书逻辑清晰,结构鲜明,内容翔实,语言通俗易懂。相信本书的出版,能够为大学生的健康成长与成才奠定基础,并推动高校更加有效地开展大学生心理健康教育实践。

　　本书在撰写的过程中,参考了大学生心理健康方面的相关著作,也对国内外大量的研究成果进行了参阅、吸收和采纳,由此获得了丰富的研究资源。在此,向这些学者致以诚挚的谢意。由于时间、水平与精力有限,本书难免存在一些不足之处,恳请广大读者批评指正。

作　者
2018 年 7 月

目　　录

前言

第一章　绪论 ……………………………………………… 1

　　第一节　心理健康的内涵 ………………………………… 1

　　第二节　大学生的心理特点 ……………………………… 8

　　第三节　大学生心理健康的内涵 ………………………… 15

　　第四节　大学生的心理健康教育 ………………………… 21

第二章　融入环境：大学生适应心理问题研究 …………… 31

　　第一节　适应概述 ………………………………………… 31

　　第二节　大学生常见的适应心理问题 …………………… 36

　　第三节　大学生常见适应心理问题的调适 ……………… 47

第三章　充实自我：大学生学习心理问题研究 …………… 54

　　第一节　学习与学习动机概述 …………………………… 54

　　第二节　大学生常见的学习心理问题 …………………… 64

　　第三节　大学生常见学习心理问题的调适 ……………… 71

　　第四节　大学生学习的策略研究 ………………………… 76

第四章　和谐关系：大学生人际交往心理问题研究 ……… 86

　　第一节　人际交往概述 …………………………………… 86

　　第二节　大学生常见的人际交往问题 …………………… 98

　　第三节　大学生常见人际交往问题的调适 ……………… 103

　　第四节　大学生良好人际关系的培养 …………………… 109

第五章　端正心态：大学生情绪问题研究 ………………… 121

　　第一节　情绪概述 ………………………………………… 121

　　第二节　大学生常见的情绪问题 ………………………… 132

　　第三节　大学生常见情绪问题的调适 …………………… 137

第四节　大学生情商的培养 ……………………………………… 146

第六章　守护心灵：大学生人格问题研究 ……………………… 153
　　第一节　人格概述 ……………………………………………… 153
　　第二节　大学生常见的人格问题 ……………………………… 163
　　第三节　大学生常见人格问题的调适 ………………………… 166
　　第四节　大学生人格优化培育机制及运行 …………………… 170

第七章　正视情感：大学生恋爱心理问题研究 ………………… 184
　　第一节　恋爱概述 ……………………………………………… 184
　　第二节　大学生常见的恋爱心理问题 ………………………… 192
　　第三节　大学生常见恋爱心理问题的调适 …………………… 197

第八章　合理对待：大学生网络心理问题研究 ………………… 206
　　第一节　网络概述 ……………………………………………… 206
　　第二节　大学生常见的网络心理问题 ………………………… 212
　　第三节　大学生常见网络心理问题的调适 …………………… 219
　　第四节　健康网络意识的教育 ………………………………… 225

第九章　顺利就业：大学生就业心理问题研究 ………………… 234
　　第一节　就业心理概述 ………………………………………… 234
　　第二节　大学生常见的就业心理问题 ………………………… 240
　　第三节　大学生常见就业心理问题的调适 …………………… 245
　　第四节　大学生就业心理的准备 ……………………………… 253

第十章　珍爱生命：大学生心理危机的干预与生命教育研究 …… 262
　　第一节　心理危机概述 ………………………………………… 262
　　第二节　大学生心理危机的干预 ……………………………… 267
　　第三节　大学生生命教育研究 ………………………………… 279

参考文献 ………………………………………………………… 289

第一章 绪 论

大学生的年龄跨度基本为18～23岁,正处于青年中期,他们的生理发育已成熟,具备了成年人的体格和生理功能,但在心理上却处于走向成熟而又未完全成熟的阶段。加之当今大学生处于新的时代背景下,经济结构调整加速,市场经济竞争激烈、网络时代瞬息万变、价值取向日益多元、升学就业压力叠加。因此,大学生的心理极易出现问题,如不进行一定的心理健康教育,提高他们的心理素质,给予较多的帮助与支持,很可能产生较为严重的后果。在细致探讨大学生心理健康问题之前,本章作为开篇之首,先对心理健康的内涵、大学生的心理特点、大学生心理健康的内涵和大学生心理健康教育进行一定的论述。

第一节 心理健康的内涵

一、健康的含义

关于健康的含义,随着社会的不断发展和人类自身认识的深化,也发生了一定的变化。过去,很多人都认为健康就是没有疾病或者不衰弱。我国《辞海》就将健康界定为:"人体各种器官发育良好、功能正常、体质健壮、精力充沛并具有良好活动效能的状态。通常用人体测量、体格检查和各种生理指标来衡量。"该界定只注意到生理上存在健康问题,而忽略心理上存在的问题,其实是停留在生物医学模式的层次上。随着时代的发展,人们对健康的认识和理解逐渐加深,已开始从过去的生物医学模式向生理—心理—社会医学模式转变。1948年,世界卫生组织(WHO)就在《世界卫生组织宪章》中开宗明义地指出:"健康乃是一种在身体上、精神上和社会上的完善状态,而不仅仅是没有疾病和衰弱现象。"1989年,世界卫生组织又在原来的基础上对健康的定义进行了修订:"健康不仅仅是身体没有疾病,而且还要具备心理健康、社会适应良好、道德健康。"对此,世界卫生组织还具体地提出了健康的十条标准。

(1)精力充沛,能从容不迫地应付日常生活和工作压力。

（2）态度积极，勇于承担责任，不挑剔。

（3）善于休息，睡眠良好，精神饱满。

（4）应变能力强，能适应外界环境变化。

（5）自我控制能力较强，不容易被外界干扰。

（6）对一般性的感冒和传染病有抵抗力。

（7）体重适当，身材匀称。

（8）眼睛明亮，反应敏锐，眼睑不发炎。

（9）牙齿清洁，无缺损，无疼痛，牙龈颜色正常，无出血现象。

（10）头发有光泽，肌肉、皮肤有弹性，骨骼健康，走路轻松自然。

1998 年，世界卫生组织又对健康问题做出了进一步解释：健康应包括身体健康、心理健康、良好的社会适应能力和道德健康。

根据上述全面健康的观点，健康至少包括四大方面：生理平衡（没有身体疾患）、心理稳定（没有心理障碍）、社会成熟（具有社会适应能力）、道德健康（良好的品质）。这四个方面相互联系交互影响，一方面，身体疾患对心理可以产生一定的负面影响，而如果心理受到强烈的或持久的刺激也会对身体健康产生一定的负面影响。也就是说，生理问题可以在心理方面有所反应，心理的失调也会导致生理的改变。另一方面，心理健康与社会成熟互为因果。心理不健康，就无法适应社会；而社会适应能力弱也会导致心理问题的出现。而道德健康在某种意义上属于心理健康的范畴。当然，处在不同的社会阶段、阶层以及有着不同需求的群体，对三者的重视程度也有很大区别。总之，当前的人们除了重视生理健康，也开始重视心理健康、社会成熟、道德健康了。在某种程度上，心理健康成了健康中的核心内容。

二、心理健康的含义

心理是人们对客观物质世界的主观反映。只有生物进化到高级阶段后，大脑才有主观反映客观物质世界这个特殊功能。心理有健康与不健康之说。在不同的社会文化、不同的价值观、不同的思维水平、不同的判断标准下，人们对心理健康的定义是不同的。例如，精神病学家孟尼格尔认为，心理健康是人们对于环境及相互之间具有最高效率以及快乐的适应情况。也就是说，适应社会环境同时具备高效率，能产生满足之感，能愉快接受生活规范，这就是心理健康必须同时具备的条件。心理学家英格里斯认为，心理健康是一种持续的、积极的、丰富的心理状况，无论当事者面对的是顺境还是逆境，都能做出良好的适应，生命力较强，并能发挥自身的潜能。英格里斯认为,心理健康是一种积极的丰富体验,不单只是免于心理疾病。1946年第三届国际心理卫生大会对心理健康的定义为:在身体、智能以及情感上能保持同他人的心理不相矛盾,并将个人心境发展成为最佳的状态。

从诸多定义来看,心理健康主要包括三个层面的内容,即生理层面的健康、心理层面的健康和社会层面的健康。其中,生理层面的健康主要指的是有健康的身体、在中枢神经系统方面没有疾病;心理层面的健康主要指的是能明确自己的优点与缺点、能积极乐观地面对现实、能肯定自我、能使自己的认知与环境保持一致;社会层面的健康主要指的是能有效适应社会、能与环境保持良好的接触、能对人际关系进行妥善处理、能确保自己所扮演的角色与社会要求相符合等。

在对一个人的心理是否健康进行判定时,从本质上来说就是对其心理功能状态的好坏进行判别。心理卫生工作的实践发现,良好的心理功能必须符合以下几项基本原则。

第一,心理活动与客观环境的同一性原则。人的心理活动从内容上讲归根到底是对客观现实,尤其是对社会现实的反应。因此,任何个体的心理活动与行为无论从形式上还是内容上,都必须符合他所生存的客观环境。

第二,心理过程各部分之间的协调一致性原则。人的心理过程,大致包括认知、情感和行为意志三部分。这三部分是相互影响、相互依存和相互制约的。因此,这三者应该是完整统一,协调一致的。三者不统一意味着个体心理的分裂。例如恐惧症,患者认知上并不认为某物有危险性,而情感上却产生不可控制的恐惧,行为上产生逃避,这显然是认知、情感和行为意志的矛盾,所以是异常心理状态。

第三,个性特征相对稳定性原则。一个人在经过了长时期的生活后,会在心理上形成相对稳定的个人差异与特点,即个性特征。一般来说,个人在形成了稳定的个性特征后,是不会突然改变的。如果一个人的个性特征突然出现明显的变化,如一个一向热情活泼的人突然变得沉默寡言,而且没有正常原因,这就表明他的心理活动产生了异常。

三、心理健康的标准

长期以来,人们对心理健康标准这个问题还是比较关注的。因为它没有明显的生理指标,要对不正常、正常、良好的心理状态进行区分并不容易,特别是那些临界状态。这就使不少研究者都致力于标准的确定上。从相关研究与论述来看,中外心理学家从不同研究角度对心理健康提出了不同的判断标准。以下对一些比较典型的心理健康标准进行认识。

（一）国外心理学家提出的标准

1. 马斯洛的心理健康标准

美国著名社会心理学家马斯洛（H. Maslow）认为，心理健康的人要具有自我实现的人格特征。自我实现的人格特征主要表现为以下内容：拒绝幻想，比一般人更有效地知觉现实，并更能适意地在现实中生活；能接纳自己、他人以及客观现实，接受不足，现实地看待各种问题，同周围的环境保持良好接触；有自发性，率真；以问题为中心，专注于任务、职责和使命；有独处和自立的需要，以更好地集中于感兴趣的问题或是沉思默想，有充分的自我安全感；有着高度的自主性，不容易受他人、文化环境等的影响和左右，意志坚定；能够欣赏生活，感受普通生活的新鲜，经常有新的愉快体验；常有"高峰体验"，感觉个人与周围环境融为一体；有"共validation感"，认同、同情和喜爱整个人类；与少数朋友和亲爱的人有一种忠实、亲密、充满爱意的关系；拥有民主的性格结构，能够自发地平等对待他人；拥有强烈的道德感和独立的善恶判断能力；善意的幽默感；富有创造性，不喜欢陈旧的东西，永远对未知世界有着浓厚的兴趣；抗拒文化适应，能对自己所属的文化中的矛盾或不公采取批判的态度。

2. 杰何达的心理健康标准

美国心理学家杰何达（Jahoda）认为，应该从六个方面建立心理健康的标准（表 1-1），我国台湾学者黄坚厚、张春兴也持相似的看法。

表 1-1　杰何达心理健康的六条标准

概念范畴	标准说明
对自己的态度	有意识地适当探索自身；自我概念现实；能够接受现实的自我，正确评价自己；心理认同感明确、稳定
成长、发展或自我实现的方式及程度	很好地实现自己各种能力及才干，实现各种较高目标
主要心理机能的整合程度	心理能量趋于适宜的动态平衡；有完整的生活哲学；在应激条件下能坚持，有忍耐能力和应付焦虑的能力
自主性或对于各种社会影响的独立性	遵从自身的内部标准；行为有一定之规；行为独立

续表

概念范畴	标准说明
对现实知觉的适应性	没有错误的知觉；重视实际证据；能敏锐觉察、共情他人的内心活动
对环境的控制能力	人际关系适宜；能够适应环境的要求；具有适应和调节自身的能力；能有效地解决问题

3. 奥尔波特的心理健康标准

美国人格心理学家奥尔波特（W. Allport）认为，心理健康包括以下六个方面的内容。第一，内在的人生观统一；第二，人际关系良好；第三，自我意识强，能客观地看待自己；第四，情绪安全，具有同情心，对生命充满爱；第五，掌握广泛的技能，能专注于工作；第六，力争自我的成长和自我理想的实现。

4. 哈威哥斯特的心理健康标准

在综合许多心理学家意见的基础上，哈威哥斯特（Havingurst）认为，个体具有以下几方面的心理特质即为心理健康。第一，拥有幸福感；第二，内在与环境和谐；第三，拥有自尊感；第四，个人获得成长，即潜能得到发挥；第五，个人趋于成熟；第六，人格是统整的；第七，个人与环境保持着良好的接触；第八，能够有效地适应环境；第九，在环境中能够保持相对的独立。

5. 世界卫生组织提出的心理健康标准

世界卫生组织提出的心理健康标准有三个方面。第一，人格完整，自我感觉良好，情绪稳定且积极情绪占主导地位，自控能力良好，能保持心理平衡，能自尊、自爱、自信、自知；第二，有充分的安全感，且能保持正常的人际关系，能受到他人的欢迎和信任；第三，对未来有明确的生活目标，并能切合实际地不断进取，有理想和事业上的追求。

（二）国内心理学家提出的标准

根据我国文化背景与特点，国内心理学研究者也提出了各自的心理健康标准。

1. 蔡焯基的标准

中国心理卫生协会理事长蔡焯基教授提出了中国人心理健康六条标

准：第一，情绪稳定，有安全感；第二，正确认识评价自我，接纳自我；第三，能够自觉地进行自我学习，独立生活；第四，人际关系和谐良好；第五，角色功能协调统一；第六，能够很好地适应环境，应对挫折。

2. 王登峰等人的标准

心理学家王登峰等人根据各方面的研究结果，归纳总结出了以下八条有关的心理健康标准：第一，了解自我，悦纳自我；第二，接受他人的缺点与不足，善于与人相处；第三，热爱生活和工作；第四，接受、适应现实，志于改变现实；第五，能协调与控制情绪，心境良好；第六，人格和谐；第七，智力正常；第八，心理行为与相应的年龄特征相符合。

3. 郑日昌的心理健康标准

中国心理卫生协会常务理事郑日昌曾提出，人的心理健康标准共有十条：一是认知功能良好；二是自我意识正确；三是个性结构完整；四是情感反应适度；五是意志品质健全；六是人际关系协调；七是社会适应良好；八是行为规范化；九是活动与年龄相符；十是人生态度积极。

心理健康的标准迄今为止还没有获得统一。上述是理论性的标准，在实践中，还有经验标准、社会适应标准、统计学标准等。由于人的心理状态并不是固定不变的，它随着个体的成长、时间的推移、环境的改变而不断发展变化。所以，不能通过某次、某时、偶尔的行为和情绪反应作判断，而是要从整体上来进行判断。例如，统计学标准中的常模参照也是一种群体参照，对于一个群体而言，测试的人员越多，常模的可靠性就越大。常模参照还有明显的地区性。如果常模是在上海获得的，这个常模就是上海常模，也就不能用这个常模去判断西安人。简言之，从长远的角度来看，心理健康事实上是个动态的过程，其标准也应该是动态的。然而，也有一些标准是比较稳定的，可以对任何人做出判定，如智力、言语、行为、情绪、人际关系。

（三）对各种标准的比较

中外心理学研究者提出的心理健康标准之所以有一定的差异，主要有以下几个原因。

首先，确立心理健康标准的依据不同。人们经常依据的是统计常模、社会规范、生活适应、心理成熟状况、主观感受等。

其次，对心理健康标准把握的尺度不同。例如，马斯洛提出的心理健康标准是从世界近代史上38位成功名人的人生历程中归纳出来的，被视为尺度最严的精英标准。而在精神科医生看来,只要个体没有心理疾患就可归为心理健康之列,因此被视为尺度最宽的、低水平的临界标准。许多学者则以人格各个准度的量值在总体平均数附近、统计学上占大多数的人的主要行为特征作为心理健康的标准,这可称作"众数标准"。

最后,描述心理健康的人的行为特征时所涉及的品质范围与关注的重点不同。有的关注积极自我概念,有的关注良好习惯,有的关注生活适应状况,有的关注个体自身潜能发挥的程度。

四、心理健康水平等级划分

人的心理健康有水平等级上的划分,水平最高的是健康状态,次之是不良状态,再次之是心理障碍,最低水平则是心理疾病。

(一)健康状态

人的心理在健康状态下,其心情愉悦,适应能力较强,人际关系和谐,情绪调节能力较强。除此之外,它还具有以下特点。

第一,个体不觉得痛苦,即在单位时间内,其快乐的感觉多于痛苦的感觉。

第二,他人没有感觉到异常,即个体的心理活动与周围环境相协调,无格格不入的现象。

第三,社会功能良好,即个体能胜任家庭和社会角色,能在一般社会环境下充分发挥自身能力,实现自我价值。

(二)不良状态

人的心理处在健康状态与疾病状态之间为不良状态,又称第三状态。这种状态常被视为正常人群组中的一种亚健康状态,通常由个人心理素质、生活事件、身体不良状况等因素引起的。心理的不良状态主要表现为以下主要特点。

第一,持续时间短暂,一般在一周以内便得到缓解和恢复。

第二,损害轻微,对个体的社会功能影响比较小,能完成正常的工作学习任务,生活正常,只是愉快感小于痛苦感,他们常用的词汇为"很累""没劲""不高兴"。

第三,个体能自行调整,其具体方式一般是参加休闲娱乐项目,以转移注意力。

（三）心理障碍

由于自身因素或者外界因素的影响，人的心理状态的某一方面出现超前、停滞、延迟、退缩或偏离，这就是心理障碍。心理障碍主要表现为以下三个方面的显著特点。

第一，不协调性。个体心理活动的外在表现与其生理年龄不相符合，或反应方式异于常人。

第二，针对性。个体只有面对特定的障碍对象时才有强烈的心理反应，当转向非障碍对象时则归为正常。

第三，损害较大。此状态影响个体社会功能的正常发挥，它可能使个体无法按常人标准完成某项任务，自我调整无法从根本上解决问题，而必须要寻求心理医生的帮助。

（四）心理疾病

由于自身因素及外界因素的影响，人产生强烈的心理反应，而且通常会伴随明显的躯体症状和不适感，这就是心理疾病。心理疾病主要表现为以下几方面的特点。

第一，出现强烈的心理反应，如思维判断失误，记忆力下降，产生空白感、强烈自卑感及痛苦感，情绪低落忧郁，没有精神等。

第二，躯体感觉到明显的不适，通常出现中枢控制系统功能失调，从而影响消化系统、心血管系统、内分泌系统，引发食欲缺乏、心慌、头晕、生理周期改变等症状。

第三，损害很大。心理疾病患者不能或勉强能发挥其社会功能，但是缺乏轻松、愉快的体验，有强烈的痛苦感。

第四，需要心理医生的帮助。通过自我调整和非心理科专业医生的治疗，心理疾病患者无法从根本上得到恢复，必须要有专业医生的参与。心理医生对此类患者的治疗一般采用心理治疗和药物治疗相结合的综合治疗手段。

第二节　大学生的心理特点

大学生正处在人生一个重要的阶段中，其心理特点比较特殊，主要表现在以下几个方面。

一、认知能力处在发展的高峰

大学生的观察力、记忆力、思维力、想象力都达到了人生的最佳时期。

观察力是指个体有目的、有计划、比较持久的知觉能力，并且在观察过程中表现出较为突出的目的性、条理性、敏锐性和精确性。在观察力方面，大学生敏捷性超过中老年人，准确性又超过少年，观察的目的性和自觉性显著发展，不仅能观察到事物的表面，而且能由表及里，抓住事物的本质特征。

记忆力是识记、保持、再认识和重现客观事物所反映的内容和经验的能力。人一生中记忆力发展最为成熟和活跃的时期就属大学时期。在这一时期，大学生记忆的持久性、敏捷性、精确性和准备性都有较高的水平。他们的识记范围大幅度扩大，逐步从少年时期的机械记忆转向意义记忆，能够按材料的顺序和主次整理编码，使之系统化便于记忆。

思维力是指个体借助语言对客观事物的本质及其规律进行间接、概括反映的能力，或者也可以说是以概念、判断、推理的形式解决问题的能力。在大学生的智力发展过程中，思维力的发展是其核心内容。思维力对大学生的观察力、记忆力、想象力等方面具有运筹和加工的关键作用。进入大学阶段后，大学生在思维的独立性、广阔性、深刻性、灵活性、逻辑性和创造性上都有了很大的发展。他们不再满足于一般的现象罗列和教科书、教师所提供的现成答案，不轻信名人或书本上的话，喜欢独立思考、深入探索，喜欢怀疑和争论，也会反复论证自己的想法。在想法得到同学的支持或有事实证明时，会更加自信。

想象力是指对表象进行加工改造，创造出新形象的能力。其集中体现在想象的主动性、丰富性、鲜明性和新颖性上。在社会高速发展的今天，想象力对于大学生而言，可以有效地提高其智力的活跃程度，加快其智力成熟的节奏。随着大学生知识经验的增多和思维能力的发展，他们的想象力也出现了一些新的特点。首先，由于活动领域的拓宽，大学生与客观现实的接触范围日益扩大；由于独立思考能力提高，在现实与理想、思想与行为、个人愿望与社会要求之间出现了各种矛盾，他们原来那种天真烂漫的想象不断受到冲击，使他们开始注重从现实思考问题，从现实憧憬未来，从现实设计自己。其次，随着大学生生活范围的扩大和表象积累的增多，他们想象的内容也逐渐丰富起来。他们不仅对自己所学内容有关问题展开想象，而且对专业学习以外的各种现象进行想象；不仅考虑与自己切身利益有关的问题，而且十分关心社会和国家的前途命运。再次，随着大学生抽象逻辑思维的迅速发展,其思维的批判性、独立性和创造性进一步增强,他们克服了少年时期想象力的局限性,想象中的创造性成分日益增多。有关资料表明,大多数大学生具有较丰富的创造想象力,他们创造性想象的形象常具有新颖、奇特的特点。

二、自我意识获得进一步发展

自我意识是指个体对自己的意识,其主要是由个体的自我认识、自我体验和自我控制三个要素所构成。自我意识对于大学生的个性发展有着十分重要的意义,是大学生个性结构中的核心成分之一,同时也是大学生个性形成和发展的重要前提。大学生的兴趣、能力、性格、情感、意志和道德行为,几乎都要受到自我意识的影响或制约。随着年龄的增长和知识水平、文化素质的提高,大学生的自我意识进一步增强。这具体表现为以下几个方面。

(一)自我意识逐渐趋于稳定

对大学生自我意识进行相关调查研究,不难发现其已达到了一个相对较高水平的自我意识发展阶段。这可以从自我认识、自我体验、自我控制三者之间的关系比较协调、成为一个有机整体中看出。不过,这并不意味着大学生的自我意识就已发展成熟和完善了。例如,在理想自我和现实自我等方面,大学生还存在着较多矛盾。所以,结合大学生的自我意识发展趋势来看,大学时期是学生自我意识发展相对稳定的时期。

(二)自我认识水平更高,自我评价能力更强

在进入大学之后,由于学习活动范围的扩大、社会各方面的施压,大学生深入了解自己的愿望更为迫切,并且还经常主动地与自己周围的人作比较来认识自己。这就表明了大学生的自我认识具有更高的自觉性和主动性。同时,大学生的自我评价能力也得到了较大发展,并日益成熟。除此之外,大学生对自我的评价也变得更为客观可信,自我形象更具丰富性。不过,其自我评价能力的发展还具有一定的不平衡性,如一些大学生会对自己进行较高的自我评价,而一些学生的自我评价则会表现得过低。

(三)自我体验深刻,自尊心显著增强

大学生的自我体验比较丰富,有喜欢、满意或讨厌、不满意的肯定或否定的体验等。这些自我体验基本都保持了积极、健康的基调。

自尊心是个体要求人们尊重自己的言行,维护一定的荣誉和社会地位的一种自我意识倾向,同时也是一种与自信心、尊严感、社会责任感、集体荣誉感密切联系的良好的心理品质,而且还是个体积极向上的内部动力。自尊心的需要在大学生身上会表现得非常显著。他们大多数都好强、好胜、不甘落后、具有强烈的自我保护意识、迫切渴望得到他人的尊重,对涉及自尊的事非常敏感。这里需要注意的是,由于一些大学生存在着自卑感,如果不及时克服,那么将来可能会造成性格上的重大缺陷,严重的还会产生自暴自弃的不良后果。

三、情感体验更为丰富,高级情感日趋成熟

人的情感主要是以客观事物是否符合个体需要所产生的一种态度体验,主要体现在人脑对客观事物与人的需要之间关系的反映。大学时期是个体情感发展最为迅速的时期。而情感对于大学生心理发展和教学活动的进行,都具有相当重要的意义。在大学的学习阶段,大学生保持自身良好的情感发展,是其全面、和谐发展心理的一个重要保障。同时,情感作为一个极为关键的非智力因素,也是搞好教学、提高教学质量所不容忽视的重要方面之一。大学生的情感主要表现出了以下两个显著的特点。

(一)情感体验更为丰富

进入大学后,全新的校园生活环境不同于高中紧张的学习状态,使得大学生开始将精力分散于更多的事情上,他们的认知范围更大,人际交往范围更广,因而情感体验也越来越丰富。与中学时期相比,大学生更加渴望被理解,更加珍视友情,同时对爱情有了较大的憧憬。

友情作为个体与个体之间一种友好的情感,同时也是大学生生活中十分重要的人际关系,对充实大学生情感生活等方面发挥着积极作用。多数大学生由于远离了家庭,面临着独立处理学习、生活等方面的诸多问题,因此总是需要向他人倾吐自己内心的体验,以求得精神上的安慰、理解和实际的帮助。与此同时,他们也十分愿意为朋友分担忧愁,具有十分强烈的交友动机,并且希望在双方相互理解、相互信任的基础之上建立起纯真的友谊。

爱情是一种特殊的情感,同时也是人类十分高尚的一种情感。其是异性个体之间友谊进一步发展的情感。拥有诚挚的爱情,对于塑造一个和谐完美人格而言是必要的。在大学时期,学生的身体发育基本成熟,性意识也日渐觉醒,并且十分期望得到爱情的体验。由于大学生活往往在开放、

活跃的环境中进行,因此异性学生之间接触的机会增多,从而为大学生获得异性的爱情提供了条件。在这种环境中,大学生的爱情会因不同的动机而蕴涵着不同的内容,并且也会在不同的层次上逐渐发展起来。

（二）高级情感日趋成熟

随着大学生知识经验的不断增多、能力的逐渐提高,他们的理智感、道德感和美感也获得了较高水平的发展,并且日趋成熟、稳定,成为个性特征的重要部分。

在理智感发展方面,根据相关研究表明,大学生的求知需要在其众多需要中占有重要的地位。正是这种强烈的求知需要,为大学生理智感的高度发展提供了内在基础。他们在学习新知识的过程中,往往会出现迫不及待的紧张感,会由于一个理论观点而争得面红耳赤,或者也会因一道难题冥思苦想而倍感学习中的甘苦喜忧。

在道德感发展方面,大学生随着对社会认识的不断深入,其道德意识也得到了相应提高。他们的使命感和责任感越来越高,更注意遵守社会法律道德规范,更期望平等、和谐的人际关系,更注重颂扬助人为乐、无私奉献的道德行为,更加珍惜集体荣誉,崇尚团结、正义。

在美感发展方面,大学生的审美观念和审美情趣都有较大幅度的提高。他们对美好事物的追求之心更为强烈,也能对美好事物进行一定的审美评价;他们也能积极地去感受美、表现美;他们还注重从品德、心灵、语言、行为等方面加强自身修养,以追求真善美的境界,培育完美的人格。

四、心理发展体现出了明显的过渡性和差异性

（一）心理发展的过渡性

进入大学阶段后,大多数大学生的心理都迅速走向成熟又没有完全成熟的时期,因而体现出了明显的过渡性。这可以从以下几个方面看出来:从认知核心要素——思维来看,已由经验型向理论型转化;从情感来看,也从激情体验、易感状态,逐步升华、过渡到富有热情、青春活力、社会道德感和社会责任感的状态;从意志行动上来看,由容易冲动发展到具有一定的自控力,形成了相对稳定的行为习惯;从个性心理特点看,大学生的性格、能力、气质等都达到了相对稳定和渐臻成熟的水平;从理想、信念、价值观、世界观等来看,大学生的水平已逐渐接近成人的发展水平。

（二）心理发展的差异性

大学生心理发展的差异性主要表现在不同阶段的大学生有着不同的心理发展特点。

在入学适应阶段，新生带着无限憧憬从高考成功的喜悦中走进大学校园。然而，一切并不像他们想象得那么美好，他们需要面对一系列急剧的转变，包括生活环境、学习方式方法、人际关系等，这使他们很恐慌，一时适应不过来。所以，这一阶段的大学生需要花费较多的精力来适应大学生活，建立新的人际关系。

在稳定发展阶段，也就是大学二、三年级，大学生基本适应了大学生活，新的心理平衡已初步建立起来，大学生活进入相对稳定的时期，这是大学生成长、成才的关键时期。在这一阶段中，大学生会遇到许多新问题、新情况，需要做出抉择和回答；大学生极强的心理可塑性得到充分的诠释，每个人都按自身独特的方式塑造着自己。这一阶段突出的心理问题是：恋爱与性心理健康，成才道路的选择与理想的树立，学习目标的实现与学习态度、学习方法的掌握以及良好的学习心理结构的形成。

在准备就业阶段，也就是大学四年级，尤其是快毕业的时候，大学生经过之前的生活和学习，世界观、人生观逐步形成，心理渐臻成熟。这一时期是大学生从学生生活向职业生活过渡的时期，他们又将面临新的心理挑战，如是继续深造还是就业？是留在国内学习还是出国深造？择业就业中双向选择的压力等，又使大学生的心理掀起波澜。此时期大学生的主要心理特点是：紧迫感、责任感和忧虑。这就需要大学生努力调适自己的心理问题，做好走向社会的心理准备。

五、心理发展体现出了明显的矛盾性

当代大学生社会生活经验比较缺乏，心理社会化成熟度滞后于生理成熟度，经济上不独立，受传统价值权威衰落及现代多元价值的影响等，心理发展既存在积极面，又存在消极面，这势必导致矛盾和冲突。这个时期产生的心理矛盾，有环境适应方面的、学习方面的、人际关系方面的、自我观念方面的、恋爱和性方面的、升学和就业方面的，等等。具体的矛盾主要有以下几种。

（一）新鲜感与恋旧感的矛盾

面对全新的校园环境、现代化的设施、高水平的老师、新交往的朋友，大学新生往往对周围的一切都有着说不出的新鲜感。但随着时间的流逝，新鲜感慢慢退却。紧张的学习、激烈的竞争、单调的生活会使一些学生产生强烈的恋旧心情，眷恋父母、思乡心切、情绪低落，怀念过去的生活，想念中学时代的老师和同学，甚至常常因思念而寝食难安，出现抑郁心理。

（二）独立感与依赖感的矛盾

告别了中学时代，摆脱了父母的监督和老师的约束，进入了较为自由和开放的大学环境，大学生的独立意识逐渐增强，他们渴望独立、渴望自由，处处想显示个人的主张，很多事情也愿意自己独自处理。然而他们与社会接触不多，社会经验不足，经济上又依赖于家长，所以不能摆脱长期形成的依赖感，面对复杂的环境，常常心中无数、束手无策。

（三）自豪感与自卑感的矛盾

大学生都是通过激烈的竞争跨入大学校门的，可以说是高考的胜利者，所以会在一片赞扬声与羡慕的目光下，油然而生一种优越感、自豪感和出类拔萃感。但在大学中，群英荟萃、强手如林，很多大学生往日的优势不复存在，强大压力使他们稚嫩的心灵背负了沉重的思想包袱和心理负担。因此，学习中、生活中一遇到挫折就容易产生自卑心理，甚至悲观、消极、"破罐子破摔"，特别是由于家庭贫困而引起的自卑，会导致学生在人际交往中表现出沉默寡言、孤僻和不合群的特点，从而影响心理健康。

（四）轻松感与被动感的矛盾

经过多年的高考重压，大学生终于进入了大学校园，因而刚开始感觉卸下了沉重的包袱，有一种说不出的轻松感，思想上也就容易产生松懈情绪。但很快就发现，大学的学习从内容、方法到要求都与以往的教育大不相同，需要他们付出更大的努力和心血，于是一种学习上的被动感油然而生，这让一部分大学生陷入一种消极、迷惘、无奈的状态。

（五）理想与现实的矛盾

理想作为一种社会意识和一种精神现象，是人们在对社会现实及其发展规律认识的基础上形成的具有实现可能性的对未来的向往和追求，是人们的政治立场、世界观、人生观和价值观在奋斗目标中的集中体现。理想具有现实可能性、时代性、阶级性、超前性、实践性等特征。理想高于现实，是对现实的超越和升华；理想又不脱离现实，与现实是相互统一，必然联系的。脱离现实的理想不仅没有立足的基础，而且也没有实现的可能性，只能是一种空想。大学生是朝气蓬勃、富于理想的一代,然而由于他们涉世不深,思想认识水平有一定的局限性,加之生活环境等各种因素的影响,常常处理不好理想和现实的关系,存在着理想和现实的心理冲突。他们的理想有些脱离实际,常有一些幻想成分,理想和现实的一致性不高,而对于刚入学的大学生来说,理想和现实的差距更大。中学生心目中的大学校园应该是温馨浪漫的,大学教师是侃侃而谈、超凡不俗的,同学之间的友谊是纯洁美好的,校园生活是多姿多彩的。然而,入学后,现实并非如此,于是多数学生产生了不同程度的失落感。加之他们对自己的评价缺乏客观性,造成理想与现实之间的差距,差距越大,内心就越不平衡。

第三节　大学生心理健康的内涵

对于大学生而言,身体健康固然重要,但心理健康更有着其突出的地位。那么,大学生心理健康的标准是什么,哪些因素影响大学生心理健康,本节就对此进行相应的探讨。

一、大学生心理健康的标准

大学生从高中升入大学,环境与要求发生了重大变化,需要与之相适应的心理机能,需要面对、解决由于自身成长所带来的心理矛盾以适应环境。所以,大学生的心理健康标准应是适应与发展的结合体。根据国内外学者的心理健康标准,再结合我国大学生的实际情况,这里将大学生心理健康的标准概括为八条。

(一)智力正常

智力是人的观察力、注意力、记忆力、思维力、想象力、实践活动能力等的综合。智力正常是人的一切活动(学习、生活与工作)的最基本的心理条件,也是适应周围环境变化所必需的心理保证。智力一般由 IQ 来代表,正常人的 IQ 在 90～109 之间,110～119 是中上水平;120～139 是优秀水平;140 以上是非常优秀水平;而 80～89 是中下水平;70～79 是临界状态水平;69 以下是智力缺陷。所以,当大学生的 IQ 低于 70 时,就是智力不正常了。除了 IQ 的测量外,衡量大学生的智力是否正常,可以看其是否能积极参与学习活动和愉快地完成学习任务,是否能有效地协调各种智力因素,发挥自己的创造潜能。

（二）心理行为与年龄特征相符

人的一生包括不同年龄阶段，每一年龄阶段其心理发展都表现出相应的质的特征，称为心理年龄特征。一个人心理行为的发展，总是随着年龄的增长而发展变化的。一个人的心理健康，那么其认识、情感和言语举止等心理行为表现与他的年龄特征应当是符合的；如果严重偏离相应的年龄特征，发展严重滞后或超前，则是行为异常、心理不健康的表现。大学生与其年龄段不相符合的过分老成或过分幼稚、过于依赖或过于闭锁，都是心理不健康的具体表现。

（三）自我评价正确

正确的自我评价也是大学生心理健康的重要标准之一。能够正确评价自己的大学生，既能了解自我、接纳自我，又具有自知之明，能体验自我存在的价值，能对自己的能力、性格、情绪和优缺点做出恰当的评价，不苛求自己，自尊、自爱、自强、自信，能正视现实，制定与实际切合的生活目标。

（四）社会适应良好

心理健康的大学生能与客观环境保持良好秩序，能进行客观观察以取得正确认识；在面对理想与现实的矛盾时，不是怨天尤人，而是主动调整个人与社会现实的矛盾冲突，与社会协调一致，思想和行为跟上时代的发展步伐。反之，心理不健康的大学生，总是会逃避社会现实，玩世不恭，并常常做出与社会背道而驰的各种反社会行为等。

（五）勤奋好学，求知欲强

学习是大学生活动的主要内容，心理健康的大学生会珍惜学习机会，求知欲望强烈，能不断克服学习中的困难，学习兴趣浓厚，学习效率高，成绩稳定，善于从学习中体验满足与快乐，并通过学习知识和思考人生延展阅历空间、蕴蓄文化积淀、丰富精神世界。

（六）人际关系和谐，乐于交往

"归属与爱的需要"是人类五大基本需要之一。良好和谐的人际交往是满足这一需要的必要手段，也是衡量一个人心理是否健康的重要标志。心理健康的大学生一般就具有良好而和谐的人际关系，他们乐于与他人交往，并在交往过程中，能愉快地接纳自己与他人，能正确对待自己和其他人所不一样的地方；能在交往中保持独立而完整的人格，不卑不亢；善取人之长补己之短，宽以待人，助人为乐，交往动机端正。

(七)情绪反应适度

情绪对大学生的影响是十分大的。心理健康的大学生一般不会被情绪所控,他们的情绪稳定、心境良好,对外界刺激能够保持适度的反应,做到"当喜则喜,当怒则怒"。此外,他们的愉快、乐观、开朗、满意等情绪状态总是占优势,虽然也免不了因挫折和不幸产生悲、忧、愁、怒等消极情绪体验,但不会长期处于消极情绪状态中,会合理宣泄和调适自己的情绪。他们情绪的表达既符合社会的要求又符合自身的需要,在不同的时间和场合会有恰如其分的情绪表达,情绪反应与环境相适应,反应的强度与引起这种反应的情境相符合。

(八)人格完整统一

心理健康的大学生有健全统一的人格,个人的所想、所说、所做都是协调一致的。他们具有正确的自我意识,不产生自我同一性混乱,会以积极进取的人生观作为人格的核心,并以此为中心把自己的需要、目标和行动统一起来。他们思考问题的方式适中合理,待人接物的态度恰当灵活。需要注意的是,上述大学生的心理健康标准并不是绝对的,而是相对而言的。我们在理解和运用心理健康的标准时,应注意以下几点。

第一,心理健康的标准无论是哪种表述,都是一种理想的尺度。它不仅为我们提供了衡量是否健康的标准,而且为我们指明了提高心理健康水平的努力方向。

第二,人的心理健康水平可以分为不同的等级,是一个从健康到不健康的连续状态,从健康状态到不健康的状态之间有一个较长的过渡阶段。一般来说,心理正常与异常并无确定的界线,只是程度的差异而已。

第三,心理健康状态并非是固定不变的,而是一个动态的变化过程。既可能从不健康转变为健康,也可能从健康转变为不健康。随着人的成长,经验的积累,环境的改变,心理健康状况也会有所变化。因此,心理健康与否只能反映一个人某一段时间内的固定状态,并不是他一生的状态。

第四,心理健康的基本标准是能够有效地进行工作、学习和生活。如果正常的工作、学习和生活难以维持和保证,就应该引起注意,及时调整自己。

二、大学生心理健康的影响因素

人的心理健康是一个有相对独立性的极为复杂的动态过程,所以影响心理健康、造成心理障碍的因素也是复杂的、多样的。就大学生而言，影响其心理健康的因素主要有以下几种。

（一）个体因素

1. 生物因素

影响大学生心理健康的生物因素主要是指个体的身体健康状况，个体有无身体上的缺陷和疾病，以及身高体重等外显的生理指标是否严重偏离平均水平。而这两方面受遗传因素、病毒感染与躯体疾病因素的影响。

（1）遗传因素。根据相关的统计调查和临床观察资料表明，人的心理主要是在后天环境影响下形成和发展起来的，但遗传因素对心理的发展还是有一定的影响。北京大学医学部精神卫生研究所曾经对躁狂抑郁症和精神分裂症患者亲属的患病率进行调查，结果如表1-2所示，表中数据明显支持躁狂抑郁症和精神分裂症患者受遗传和生物学因素影响的说法。结果也表明，血缘关系越近，对患者的遗传影响也就越明显，这是遗传因素起作用的最为明显的证据。同时，遗传上的易感性在某些人身上也是存在的，以遗传素质为基础的神经类型及各个年龄阶段所表现的身体特征也可以影响人的心理活动。

表1-2　躁狂抑郁症和精神分裂症患者的遗传影响

疾病种类	与患者关系	患病率（%）
躁狂抑郁症	父母	11.5
	子女	22.2
	异卵双生	23.0
	同卵双生	95.7
精神分裂症	表兄弟姐妹	3.9
	堂兄弟姐妹	7.3
	父母	9.8
	同胞兄弟姐妹	11.9
	异卵双生	12.5
	子女	16.4
	同卵双生（分居）	77.6
	同卵双生（同居）	91.5

(2)病毒感染与躯体疾病。由病菌、病毒(如脑梅毒、斑疹伤寒、流行性脑炎)等引起的中枢神经系统的传染病会损害人的神经组织结构,导致器质性心理障碍或精神失常。显然,病毒感染也是影响个体心理健康的一个因素。此外,脑外伤或化学中毒、某些严重的躯体疾病、机能障碍等,也是造成心理障碍和精神失常的因素。

2. 个人的认知、情感和行为因素

个人的认知风格、情感的状态,以及行为习惯,都会对个体的心理健康产生影响。在认知风格方面,场独立型认知风格的学生在处理和解决问题时通常习惯于通过自己的努力和思考来达到目标;场依存型认知风格的学生更多借助于别人的建议和帮助。在情感状态方面,积极、愉快的情感对人的生活起着良好的作用,有利于发挥机体的潜能,提高工作效率,增进人体健康;消极、悲伤的情感不利于机体潜能的发挥,生活不如意,工作效率不高,心理会越来越不平衡。在行为习惯方面,那些具有良好行为习惯的学生往往更容易获得足够的信心,养成良好的心理品质;而行为习惯不好的学生生活一团糟,行为乱,内心也乱,无法达到心理的和谐统一。

3. 个性特征

每个人都有自己独特的个性,个性也深深地影响着大学生的心理健康。很多时候,大学生是根据自己的个性特点对产生心理问题的原因及已形成的心理问题做出各种反应。研究显示,各种精神疾病特别是神经官能症,往往都有相应的特殊人格特征作为其发病的基础。例如,强迫性神经症,其相应的特殊人格特征称为强迫性人格,具体表现为谨小慎微、求全求美、自我克制、优柔寡断、墨守成规、拘谨呆板、敏感多疑、心胸狭窄、事事容易后悔、责任心过重、苛求自己等。又如,和癔症相联系的特殊人格特征是富于暗示性的、情绪多变的、容易激动的、耽于幻想的、以自我为中心的和爱自我表现的。因此,培养和完善健全的人格是预防和减少心理障碍或精神疾病的一项重要措施。

4. 与个人有关的重大生活事件

大学生在生活中遇到一些突然发生的重大生活事件时,容易出现心理失常或精神疾病,如家人死亡、失恋、天灾、疾病等。在对生活事件与心理健康之间的关系进行解释时,一般人都认为是由于生活事件的产生增加了大学生适应环境的压力。换句话说,大学生每经历一次生活事件,都要付

出精力去调整由于这一事件的发生所引起的生活变化，如失恋就意味着两人生活的结束，单身生活的开始。而升学、就业等也会不同程度地促使大学生生活的改变，如果生活事件增加，那么大学生的生活变化也会相应增加，大学生要适应变化了的生活，所付出的努力也需要相应增加。所以，如果在一段时间内发生太多的生活事件，大学生的躯体和心理健康状况都会受到影响。

（二）家庭因素

首先，父母亲的心理状态。作为生命中的重要他人，父母亲各自的心理状态，包括父母亲的认知、情感和行为等方面的表现，以及父母亲的脾气、性格、气质、人生观、价值观等，都会深深地影响大学生的心理发育和健康。

其次，父母亲的教养方式。所谓教养方式就是指父母在抚养、教育子女的活动中使用的方法和形式，是父母各种教养行为的特征概括，是一种具有相对稳定性的行为风格。国内对父母教养方式的分类也各不相同，最常见的是，将父母的教养方式分为放纵型、溺爱型、专制型和民主型。相关研究表明，民主型教养方式有助于大学生心理的发展，而放纵型、溺爱型、专制型都不利于大学生的心理健康。

再次，家庭结构。从社会现实情况来看，独生子女家庭、单亲家庭、祖孙同堂等不同的家庭结构，对大学生的心理健康也会有不同的影响。此外，子女与父母亲之间能否存在有效的、健康的交流模式至关重要，良好的交流模式是维护大学生心理健康的重要保证。

最后，家庭的经济情况和社会地位。大学生的家庭经济状况、生活背景等，会在一定程度上影响大学生的心理状态，虽然不是直接的影响，但也不容忽视。

（三）学校因素

进入大学后，大学生的大部分时间都在校园中度过。于是，学校环境首先就与大学生的心理有了一定的关系。学校的物质环境（如学校的建筑设施、交通位置、环境安全、校园师资与安静程度等）和人文环境（如学校文化、学术氛围、同学关系、师生关系等）都会在很大程度上影响大学生的心理健康。良好的大学环境，往往能够让学生的心理处在一种放松、积极的状态下，有利于他们的心理健康。相反，糟糕的大学环境必然不利于大学生的心理健康，甚至还会导致一系列不良的心理问题。

在学校中,教师和同学是影响大学生心理发展的两个极为重要的因素。教师的心理健康直接、间接地影响到学生的心理健康,影响到心理健康教育的成效。德国著名教育家第斯多惠说:"只有不断地致力于自我教育,你才能教育别人。"所以,教师必须努力提高自身的心理素质,言传身教、潜移默化地影响学生。在进入大学阶段后,同学关系对大学生的影响非常大。同学关系是大学生满足社交需要,获得社会支持、安全感、亲密感的重要源泉。良好的同学关系是大学生心理健康发展的重要促进因素,而不良的同学关系往往容易使大学生产生焦虑、恐惧、自卑等消极情绪体验,以及其他心理问题。

（四）社会因素

社会中的每一个人都是生活在一定的社会文化环境中的,因此社会经济状况、社会意识、社会风气、社会舆论、社会制度等都会对人的心理产生一定的影响。随着社会的发展和改革开放的不断深化,新生事物不断出现,新旧思想、新旧观念的斗争不断撞击着每个人的心灵,大学生也不例外。很多大学生面临深刻的社会变革就一时难以适应,心理上产生种种矛盾和冲突。例如,社会中出现的过度看重文凭、名牌学校、唯升学论等观念,对大学生正确的价值观的树立会产生较大干扰,并致使其心理出现问题。此外,面对东西文化交汇、多种价值观念冲突与碰撞,大学生常常感到茫然、疑惑而不知所措,诸如在个人利益与个人主义、个性发展与个性放纵、自我意识与自我中心等问题上,感到困惑不解。

第四节 大学生的心理健康教育

一、大学生心理健康教育的概念

心理健康教育是以提高和维护人们心理健康水平,提升人们心理素质为宗旨的教育活动。大学生心理健康教育就是"以大学生为教育对象,教育者根据大学生身心发展特点与规律,运用相关知识理论与专业技术,通过心理咨询、心理健康教育课程、心理健康教育活动、学科渗透、优化环境等多种方法与途径,帮助大学生妥善解决成长过程中的心理问题,增强心理健康、健全人格发展、开发心理潜能,促进大学生自由全面发展的教育活动"①。我们可从以下几个方面来对大学生心理健康教育的概念进行理解。

(1)大学生心理健康教育侧重发展性心理健康教育理念。大学生心理健康教育的对象是大学生。在大学生中,绝大多数学生面对的都是学习与生活、成长与成才等发展性问题,只有少部分的大学生存在心理疾病,有严重心理障碍,因此,大学生心理健康教育在关注矫治性、预防性目标的同时,更要立足于面向全体大学生的发展性心理健康教育理念,以提高大学生心理素养、健全人格发展、促进大学生全面健康发展为旨趣。

(2)大学生心理健康教育的教育内容会不断拓展。大学生心理健康教育健康的教育内容不断拓展,主要有以下三大方面的原因:第一,大学生作为主要的教育对象,他们的学习生活、忧思困惑、成长发展与时代发展和社会变迁紧密相连,这决定了大学生的心理会随着社会的发展而发生变化,大学生心理状况的不断变化要求大学生心理健康教育的内容也要随之更新、拓展,以便能够与大学生的心理变化相契合。第二,随着社会的不断发展,人们对心理健康的认识也在不断地提高,一些原来并不被认为是心理问题的现象现在可能被认为是心理问题;原来没有的心理问题表现现在可能会随着时代变迁而出现。第三,社会发展对大学生心理素质的要求不断提高,要求大学生心理健康教育要加入新的内容,以便更加全面地提升大学生的心理素质。

(3)大学生心理健康教育要以大学生为中心。对大学生进行心理健康教育,主要的目的还是在于让大学生能够正确面对生活与学习中出现的各种问题,掌握相应的心理调适方法,提高心理适应能力,拥有健康的心理状态。因此,大学生心理健康教育必须要以大学生为中心,而不是传统教育所强调的以知识为中心、以教师为中心。

(4)大学生心理健康教育要重视"助人自助"。在大学生心理健康教育中,所谓的"助人自助"是指教师的咨询、指导和帮助不仅要帮助大学生解决某项心理问题,还要在问题解决过程中让大学生学会相关的方法,提高自己解决问题的能力。

大学生心理问题的出现是由多种因素造成的,从整体上看,可以分为外部因素和内部因素两种。外部因素主要有家庭因素、学校因素、社会因素等。内部因素主要有自身的遗传因素、生物化学因素、脑损伤因素、性别因素、神经活动类型因素等。环境作为外因从来不是某种外在力量单方面

---

① 卢爱新. 新时期大学生心理健康教育发展研究[M]. 北京:中国社会科学出版社,2008:28.

赋予学生的,而是学生与环境相互作用的产物,"人创造环境,同样,环境也创造人",因此,大学生心理健康教育只有重视"助人和自助",才能够提高心理健康教育工作的效率,更好地达到心理健康教育的目的。

二、大学生心理健康教育的目标

大学生心理健康教育目标能够指明大学生心理健康教育的方向,确定大学生心理健康教育的内容,同时也为大学生心理健康教育评价提供参照标准。由于大学生心理健康教育目标的制定涉及多角度、多层面,下面主要从心理素质的结构,即认知、情感、意志、个性四个基本层面出发,探讨大学生心理健康教育目标。

(1)大学生心理健康教育的认知目标。感知、记忆、思维、注意、想象等认识形式都属于认知。由于学习活动是大学生活的主要内容,因此,大学生心理健康教育的认知目标应包括开发大学生的智能、掌握学习策略、改善学习品质三方面内容,以促进大学生更好地进行学习,不断提高大学生的学习品质。

(2)大学生心理健康教育的情感目标。情感是人在认识客观事物过程中所表现出的情绪与态度。大学生心理健康教育的情感目标主要包括培养大学生的社会性情感品质,增强大学生的自控能力等。这就需要高校通过大学生心理健康教育帮助大学生对情绪、情感有一定的认识,能够做到合理表达、控制情绪和情感。

(3)大学生心理健康教育的意志目标。对大学生开展心理健康教育,主要是为了使大学生能够根据自己的实际情况制订行动计划,采取有效的方法,克服各种困难,逐渐完成自己的计划。因此,大学生心理健康教育的意志目标是为了提高大学生承受挫折的能力,培养其良好的意志品质,同时引导大学生消除自身消极的思想观念。

(4)大学生心理健康教育的个性目标。一个人的个性品质主要通过他的性格特征、成熟程度及个人修养等体现出来。具有完善的个性品质是心理健康的重要表现,大学生心理健康教育的一个主要目的就是对个体不良的个性品质进行矫正,培养其良好的个性品质。因此,大学生心理健康教育的个性目标主要是通过培养大学生完善的个性品质来实现的。

三、大学生心理健康教育的任务

《教育部关于加强普通高等学校大学生心理健康教育工作的意见》明确了大学生心理健康教育的主要任务,即依据大学生心理的发展规律和特点,指导他们掌握一定的心理健康知识,通过开展心理辅导或心理咨询活动,使大学生树立起健康的心理意识,不断提升自身的心理品质,增强情感情绪调控能力以及对新环境的适应能力,预防和缓解心理问题。教师应帮助他们处理好环境适应、自我管理、学习成才、人际交往、求职择业等多方面带来的心理困惑,不断提高他们的健康水平,促进德、智、体、美全面发展。具体而言,大学生心理健康教育的任务包括八个方面。

(1)帮助大学生准确认识自我,树立自尊、自爱、自强、自信的意识和积极向上、乐观豁达的人生态度。

(2)培养大学生具有坚强的意志品质和战胜各种困难的勇气和决心,学会积极面对和处理生活中遇到的各种问题,以适应社会环境的变化。

(3)培养大学生具有健康的情绪情感,能够合理控制、调节自己的不良情绪,能够与他人进行和谐交往,树立团队精神。

(4)积极培养大学生的创新精神和实践动手能力,学会学习,促进学生各种潜能的综合开发与发展。

(5)帮助大学生解决成长过程中遇到的各种心理问题,排除心理障碍,不断优化他们的心理品质。

(6)指导大学生树立健康的性意识和性心理,使他们能够正确处理成长过程中遇到的各种性问题和恋爱问题,逐渐具备建设婚姻家庭的能力。

(7)指导大学生做好职业生涯规划,使他们掌握对自身资源开发、补充、整合和利用的能力。

(8)积极预防大学生心理问题引发的各种突发事件,建立健全大学生心理危机干预系统,进行必要的危机干预。

大学生心理健康教育的任务应根据大学的阶段性以及学生的具体情况进行安排。例如,对于新生,主要帮助他们解决环境适应等问题,使他们尽快适应大学环境;对于中年级的学生,主要侧重于指导他们掌握心理科学基础知识、学会心理调适技能并能够处理好各种心理问题;对于毕业生,主要侧重对他们进行就业指导,帮助他们在对自我有一个准确认识的基础上做好职业生涯规划,做好就业心理准备。

四、大学生心理健康教育的原则和方法

(一)大学生心理健康教育的原则

大学生心理健康教育是一项复杂的系统工程,在实际开展过程中,应采取科学的方法和态度,不仅要遵循学校教育的一般性原则,还应根据大

学生心理健康教育的实际情况和具体要求,遵循自身的一些原则。

(1)教育性原则。大学生心理健康教育要求教育者在对大学生的实际情况进行具体分析的基础上,注重培养大学生积极进取的精神,帮助其树立正确的人生观、价值观和世界观。作为社会主义精神文明建设的重要组成部分,心理健康教育遵循教育性原则,能够满足社会主义精神文明的时代性和进步性的要求。遵循教育性原则,要求大学生心理健康教育在马克思主义思想的指导下,结合中国的具体国情,有选择地借鉴西方有关心理健康教育的先进经验;要求大学生心理健康教育与思想道德教育等相结合,促进大学生综合素质的提升;要求教育者对大学生进行正面的启发教育和积极引导,培养大学生积极进取、乐观向上的精神,帮助其解决成长过程中遇到的心理问题。

(2)全体性原则。大学生心理健康教育的对象是全体大学生,学校的一切心理健康教育的设施、计划、组织活动都要着眼于全体大学生的发展,充分考虑绝大多数学生普遍存在的问题。努力提高全体学生的心理健康水平和心理素质是大学生心理健康教育的主要任务,而只有将全体学生作为服务对象,才有利于教育目标的实现。

(3)针对性原则。由于每个大学生都拥有自己的个性特点,具有不同的成长环境、生活经验和价值观念,其心理发展水平具有一定的差异性,这就需要心理健康教育工作者充分了解大学生的个别差异,根据其心理发展特点、身心发展规律以及具体的心理需要,开展形式多样的心理健康教育活动,对大学生有针对性地实施心理教育。

(4)主体性原则。大学生是心理健康教育的主体,因此,大学生心理健康教育工作的开展要以大学生为出发点,注重调动大学生参与的积极性与主动性,充分发挥其主观能动性。认识到大学生在心理健康教育中的主体地位是心理健康教育顺利开展的关键,这就要求心理健康教师要充分尊重大学生的主体地位,充分发挥其主体作用。只有这样才能够促进大学生的成长和发展。实际上,成长和发展是在学生主动意识和精神的驱动下发生的,学生也只有具备了主动意识和精神,才会在学习过程中占有主动性。大学时期是大学生自我意识、独立性迅速发展的时期,心理健康教育遵循主体性原则,能够使大学生的需要得到满足,主体作用得到充分发挥。

(5)客观性原则。客观现实性是大学生心理健康教育的源泉。只有做到实事求是,一切从大学生的实际出发,从大学校园的环境出发,才能把握素质教育的基本方向,贴近大学生的身心特点和发展规律,符合大学生的实际需要,进而促进大学生的心理健康发展。

（6）保密性原则。大学生心理健康教育过程中，教育者不得泄露学生的个人情况以及谈话内容，应使大学生的名誉和隐私权受到保护。在心理健康教育过程中，尤其是个别教育与辅导过程中，大学生会向教育者袒露自己内心的秘密以及自己的心理问题，而对这些信息进行保密则是教育者的责任与义务。具体而言，遵循保密性原则应做到以下几点。第一，不得以求助学生的资料和信息作为社交闲谈的话题。第二，训练之外，要充分隐藏求助学生的个人身份，教育者的公开演讲和谈话中不得运用学生的个案资料。第三，任何咨询与辅导机构都应设立健全的保管系统以保障当事人档案的保密性，教育者不得将记录档案带离咨询与辅导机构。需要注意的是，对来访学生信息的保密性并不是绝对的，有时为了配合科学研究，或避免求助学生和他人的利益受到伤害，可以进行正当解密，但前提是不能损害求助学生的利益，不得伤害求助学生的自尊。

（7）系统性原则。大学生心理健康教育遵循系统性原则，在社会价值取向方面要重视学生德、智、体、美的全面发展；在学生自我完善的需求方面要重视学生知、情、意、行几方面的相互协调。在内外关系方面，应注重家庭、学校、社会之间的相互影响与制约。从系统的观点出发，心理健康教育的对象是一个完整的生命个体，而人的心理也是一个有机整体。因此，大学生心理健康教育工作应从整体、全局、多方面的角度对大学生的心理发展进行分析，对其进行系统的指导；要树立使大学生全面发展的观点，教育活动要时刻关注大学生人格整体的完整和身心素质的全面提高；要采取综合模式对大学生心理问题进行教育与辅导。

（8）发展性原则。一切事物都处于发展之中，大学生生理和对心理不断发展成熟，观念也在不断发生变化，因此，对大学生开展心理健康教育应遵循发展性原则，找准规律，分清主次，做到因材施教。

（二）大学生心理健康教育的方法

具体而言，当前大学生心理健康教育的方法主要有以下几种。

1. 设置系统化的课程

设置系统化的课程，让大学生系统地学习心理学知识，对自身发展变化的规律和特点有一个清楚的了解，做到合理调节和控制不良的心理情绪，进而实现心理的健康发展。

心理健康的课堂教育应充分考虑大学生身心发展的特点以及生活环境的现状，对大学生中普遍存在的心理问题进行集体心理指导。心理健康教育课堂教学应注重对学生健康的情绪、良好的生活态度等方面的培养，而不是侧重对心理障碍和疾病的分析。营造良好的课堂教学环境,对个别案例进行研讨,定期开展心理健康方面的讲座是大学生心理健康教育的常用手段。

2. 建立学校心理咨询中心

很多高校建立了大学生心理咨询中心或心理咨询室,积极开展心理咨询与辅导,从而发挥其对大学生心理障碍的预防和对心理疾病的矫正作用。在新生中进行心理调查、心理测量,充分掌握第一手的信息资料,建立学生心理档案,摸清每个学生心理发展的水平和特点,使心理健康教育更有针对性。高校应设立专职的心理咨询人员,定期针对学生的不同问题进行个案咨询,以帮助来访者调适心理,克服心理障碍。需要指出的是,大学生心理和行为表现从整体上看是健康的,即使出现问题,大部分也是伴随成长过程的发展性问题,诸如挫折、人际关系、考试焦虑、学习紧张问题等。因此,心理辅导着重解决的是一般心理问题,即心理困惑或心理不适应,而非严格意义的心理障碍。

学校心理咨询中心可以团体辅导、个别心理咨询的形式开展心理健康教育工作。团体咨询又称为小组咨询,是在团体情境中为来访者提供心理帮助与指导的一种心理咨询形式。咨询心理学家奈特认为,学生在团体咨询中可以学到以下十项内容:了解到真正存在的问题,并采取改进措施;逐渐掌握分析问题的能力;能够做到利用现有资源对问题进行研究和解决;对自我的内心有一定的认识;了解别人,并做到和谐共处;拟定长期的人生规划;平衡处理短期目标和长期目标;学习选择经验的标准;做到理论与实践结合;根据实际情况对目标和计划进行调整。可见,通过团体辅导能够有效提高大学生的自我认识、自我规划的能力,并不断提升自己的心理素质。

个别心理咨询是比较严格意义上的心理咨询,是心理健康教育工作的主要形式和经常性工作。一些学者将大学生的个别心理咨询分为大学生心理发展性咨询、大学生心理适应性咨询、大学生心理障碍性咨询三种。其中,发展性咨询的学生心理是正常的,没有明显的心理冲突,能够基本适应环境,这类咨询主要是为了让学生更充分地认识自己,做到扬长避短,充分发挥自身的潜能,进而提高学习质量;适应性咨询的学生具有明显的心理矛盾和冲突,这类咨询主要是为学生排解心理上的烦恼,减轻其心理压力,以更好地适应环境;心理障碍性咨询的学生通常患有某种心理疾病,已经影响到自己正常的学习和生活,这类心理咨询主要是对学生存在的心理问题进行矫正,并对其进行积极引导,排除心理障碍,进而促进其心理健康发展。个别心理咨询的内容涉及多个方面,具体包括新生的适应问题、学习辅导、人际关系、情绪性格、就业择业、恋爱问题等。个别心理咨询主要采取一对一的形式,在充分尊重学生个别差异的基础上,对学生进行针对性的指导。要重点关注那些患有心理疾病或心理不健康的学生,保障他们的身心健康发展。

学校心理咨询中心还可通过拓展性心理训练提升大学生的心理调控能力。从本质上讲,拓展性心理训练是一种体验式培训,参加训练的大学生能够在活动中获得个人的体验和感悟,然后在培训者的指导下,进行相互交流,分享个人体验,从而提高自我认识。拓展性心理训练不同于传统的以"教"为主的教育模式,重视学生在实践中获得认识,让学生在活动过程中不断提升自己,充分开发自己的潜能,培养其创新精神和实践能力,进而形成优良的品格。

此外,学校心理咨询中心还应做好心理普查工作。相关调查显示,近年来大学生的心理健康情况越来越复杂和多变,把握大学生心理变化情况和心理健康状况对于心理健康教育工作的开展发挥着重要的作用,这就需要积极落实心理普查工作。心理普查工作的落实要做到全面、规范、深入、灵活。首先,心理普查工作要面对全体大学生,积极争取不愿意参加心理普查的学生。其次,心理普查应采用规范的心理测量量表,心理咨询师结合心理谈话、学生谈话、教师和同学的访谈等方式,通过质性评价和量化评价相结合,得出比较客观的结果。再次,心理普查工作不应停留在表面的普查结果上,还应根据学生个体的特殊情况,作进一步的咨询、调查,帮助检查出问题的学生进行心理康复。最后,根据学生的心理问题及恢复情况,对其进行灵活的指导。

3. 完善心理健康教育工作队伍

大学生心理健康教育工作的开展,还需要建立一支以专业人员为主体的工作队伍,根据师生比例配备专职人员,并注重对心理健康教育工作人员进行业务培训。专职人员要进行定期的专业培训及督导,确保其能够准确了解和把握大学生心理发展的特点和规律。

除此之外,应在高校建立起一个完善的心理健康教育组织系统。在心理健康咨询机构下,以学生政治辅导员、学生班主任等为联系纽带,建立班级心理健康联络组,及时发现学生的心理问题和心理疾病,并及时进行解决,促进学生身心的健康发展。

4. 建立健全大学生心理危机干预机制

心理危机是指"人在遇到各种各样的应激事件,自己不能解决和处理时发生的一种严重的心理失衡状态"。当个体无法利用个人的资源和应对机制解决面临的困难时,就会产生紧张、焦虑的情绪,如果这种情绪得不到及时地缓解和控制,就会导致个体出现心理问题。

危机既可以造成危险,也可能变成一种机遇。这主要是因为危机能驱动个体积极寻找机遇化险为夷,进而使自己获得健康成长。因此,建立健全大学生心理危机干预机制是十分必要的。

5. 寓心理健康教育于校园文化活动、社会实践中

首先,积极健康的校园文化活动,能帮助大学生保持乐观的生活态度,缓解和释放心理压力,保持良好的心境和快乐的情绪。通过开展丰富多彩的文体活动、社会活动,能够改变大学生教室、食堂、宿舍三点一线的单调生活格局,让学生在参与活动中陶冶性情、加强沟通,锻炼意志,坚定自己的信心和能力,提高心理承受力。校园文化活动有利于学生间的交流,促进和谐人际关系的建立。学生融入集体活动中,不仅增加了生活的乐趣,而且能够产生归属感和安全感,避免孤独、失意、沮丧等不良情绪的产生。

其次,大力开展大学生心理健康教育宣传活动。组织建立大学生心理协会等社团组织,不断提高大学生自我认知、自我调控、自我激励、自我发展的能力,充分发挥学校广播、专栏、校园网等媒体的作用,开展各种心理健康活动;通过举办心理沙龙、心理访谈等活动,广泛宣传并丰富大学生的心理卫生知识。并利用班级、团体的活动,主动深入学生,了解学生内心需要和困难,对学生的情绪、行为和思想问题给予心理辅导。开展形式多样的社会实践活动,锻炼学生意志力,培养学生适应社会的能力和良好的心态。

6. 加强大学生的自我教育

心理学研究表明,人的心理发展是运用个体自我调节机制活动的结果,受教育者只有积极主动地参与,才能更好地领会、体验和内化教育者的要求,实现自己心理的健康发展。所以,在心理健康教育中,加强大学生的自我教育十分重要。首先,大学生应该重视自身的心理健康,掌握心理卫生的一般知识。当遇到自己无法解决的心理问题时,能够主动向他人

和心理教师寻求帮助。其次，大学生要树立科学的目标，制订合理的计划，要自信、自强，将学业放在第一位。目标和理想的设定，应当切实可行，符合自身实际，能够充分发挥自己的优势。最后，大学生应当积极主动参加各种社团活动、丰富业余生活，形成良好的人际关系，有利于自身的健康成长。

第二章 融入环境:大学生适应心理问题研究

大学生在学校中的学习和生活并不是一帆风顺的,他们总会遇到各种问题。这时,大学生如果不能尽快地调整自己,提高自己的适应能力,积极地融入这个环境中,就会产生很多心理不适问题,这将严重影响大学生的生活和学习。因此,为了大学新生的成才和健康成长,能顺利完成大学学业,必须指导他们积极适应大学生活,以便有效利用大学生活的时间学到更多的知识和技能。在本章中,将对大学生的适应心理问题进行详细探究。

第一节 适应概述

一、适应的含义

适应本是一个生物学术语,主要指生物体根据环境条件改变自身,协调自身与环境关系使之一致的现象。后来,众多心理学家对适应这一概念做了阐述。例如,皮亚杰认为从生物学来说,智慧的本质是一种适应,它既可以是一个过程,也可以是一种状态。著名心理学家沃尔曼认为,适应是一种与环境融洽和谐的关系,包括满足一个人的绝大多数需要,并且拥有符合生理和社会方面的绝大多数要求的能力;人满足需要和符合要求必须做出行为变化,以便一个人能与环境建立起一种融洽和谐的关系。换句话说,适应就是一个和人的需要与满足相联系的心理过程,是个人通过对自我身心的不断调整,在现实生活环境中维持一种良好的、有效的生存状态的过程。我国学者贾晓波认为,适应就是主体在面对变化了的外部环境时,通过对自我系统进行调节,使自己的心理活动、行为方式等与变化了的环境以及自身的发展要求更加符合,继而达到自己与环境重新实现平衡的过程。

根据以上学者对于适应的界定可以知道,人的适应从本质上来说就是人与环境相互作用的过程。对于个人来说,要生存,首先要适应生存的环境,包括自然环境和社会文化环境。在很多时候,个人的力量往往比较渺小,很难把握或者是改变复杂的社会环境,因而为了获得生存,个人就只能依靠调整自己来适应环境。

此外，人生存是为了更好地发展，人适应环境是为了创造出更利于自己发展的新环境，发展是目的，但为了发展，首先要生存、要适应，因此适应是人类生存和发展的前提。与此同时，人所处的客观环境总是处于不断地运动变化之中，因而适应只是相对的、暂时的，人需要不断地调整自己，使自己和环境处于一种和谐、相适宜的状态。从这个角度来说，适应是人的一种需要，这种内在的、独特的要求，使人的适应成为一种自觉的、能动的适应。

总之，适应为个体的充分发展提供良好的条件。个体的每一次适应，都是一次成长。

二、适应的内容

个体的适应不仅是维持生存的本能式的适应，还是一种通过改造自然和自身以创造新的发展条件、获得新的发展机会的能动的适应，这是具有社会属性的人所特有的一种适应。具体来说，个体的适应需要包括以下几方面的内容。

第一，个体社会角色的适应，主要指个体掌握各种不同角色的行为规范，并进一步发展。

第二，个体社会活动能力的适应，主要指生活、学习、工作、交往、劳动、休闲等能力的形成与发展。

第三，个体社会法制与道德观念的适应，主要指维护社会安定和人与人之间相互关系方面的行为规范。

第四，个体生活方式的适应，主要指个体对不同生活条件与方式的适应。

第五，个体社会态度的适应，主要指政治态度、工作态度、学习态度以及价值观、人生观、世界观、友谊观、爱情观等观念的形成与发展。

三、适应的层次

一般认为，适应包含以下几个层次。

第一，生理适应。生理适应即生物学意义上的适应，指在有机体的机能和感知水平上，个体对声、光、味等刺激物的适应。在此层次上的适应，包含两方面的内容：一是长期性适应过程，指个体或群体为了求得生存和发展，在生理机能或心理结构上产生改变，以适应自身生存环境的历程；二是即时性适应过程，指有机体感官随着刺激在时间上的延续，感受性水平发生变化的现象，如感官适应、个体学习等。

第二，心理适应。心理适应指个体遭受挫折后借助心理防御机制来减轻压力、恢复平衡的自我调节过程。心理适应的机制是由认知调节、态度转变和行为选择等环节构成的动态过程，与此相关的心理素质是心理适应能力培养的重点。

第三，社会适应。社会适应包括为了生存而使自己的行为符合社会要求的适应和努力改变环境以使自己能够获得更好发展的适应。

四、适应的类型

人们对现实环境的适应，从方向上来说有积极与消极之分。

（一）积极的适应

所谓积极的适应，就是个体在面对所遇到的客观环境时，积极主动地调整自身心理与行为，使其与环境相适应，并使自己的积极性、主动性增强，从而获得更好的发展。这种适应是一种健康的适应，是一种发展。因为个体在积极的适应过程中，承认环境中存在的对自己有利的和不利的因素，并能够正确看待自身的优缺点，通过对环境与自身的分析找到自己可以前进的方向。

对积极的适应进行深入分析可以发现，其包含着两层含义。第一层是从自身的改变出发，对环境及其中的某些变化客观接受；第二层是不断尝试选择自己需要做出的积极行为，与不良的环境作斗争。所以，积极的适应实际上也是发展的适应。个体要想获得发展，就必须在适应中去追寻。当然，适应和发展实际上是共生共存的，它们是同一过程的两个方面。适应是发展的基础，发展是积极的适应。个体通过适应谋求发展，也在发展中体验适应。

这里还需要指出的一点是，在积极的适应中，个体最关键的是要调节自己的内部心理活动。调节自己内部心理活动的能力就是心理适应的能力，这是一个人的一项核心心理素质。对于大学生来说，应当具备这一能力，因为这也是社会对其的基本要求。大学生进入大学校园后，要面临学习、生活、人际交往等各方面的环境变化，因此要努力提高自身的适应能力，以便更好地应付环境变化，通过自我调节系统做出能动反应，使自身与环境相协调。

（二）消极的适应

所谓消极的适应，就是人与环境的消极互动过程。在这种适应中，个体将自身的积极思想及自身的潜能压抑了下来，而对环境中的消极因素却进行了认同与顺应。这样，人就是被环境所改变了，而完全遗忘或是忽视了自身对环境的能动作用。正常的心理发展方向显然不应是这样。在大学学习过程中，有的学生因为某次考试成绩不理想，就悲观失望，觉得前途渺茫。这就是消极的适应。消极的适应是不被提倡的，因为它不是一种发展，而是一种退化。

五、适应的心理过程

心理学的研究表明，适应的心理过程包括四个环节：一是要有一种需要的存在；二是要有阻止这种需要得到满足的阻挠的存在；三是个人能提供克服这些阻挠的各种各样的行为反应方式；四是要有一种反应导致紧张的减轻，即解决问题的结果。

（一）需要

人只要活在世上，就会有各种各样的需要。马斯洛提出，人的需要从低到高分为五个层次，分别是生理的需要、安全的需要、归属与爱的需要、尊重的需要以及自我实现的需要。每一个低层次需要的满足又会产生更高一个层次的需要。人的各种需要如果得到满足，就会产生心理平衡，反之，则会感到紧张、失望、恐惧、不安，产生情绪波动。具体来说，适应过程首先要有一种需要的存在，为了满足需要而去适应。

（二）阻挠

个体在利用其现有的习惯机制满足其需要时所遇到的阻力，便是阻挠。一般来说，人们一旦对某种环境已经建立了某种可以适应的机制，这就是习惯性机制。但是，当环境发生变化，原来的习惯性机制达不到问题的解决时，就发生了阻挠。

人们在现实生活中面对阻挠时，会不自觉地产生不同程度的紧张与焦虑。此外，人们所遭遇的阻挠主要有以下几种情况。

第一，个人的缺陷，即个人在生理、智力、能力等方面的某些缺陷。例如，某个大学生很想当演员，但是他的身材、相貌条件都比较差，这就使他的愿望实现受到了很大的阻挠。

第二，一些相反需要的冲动。例如，某个大学生需要马上静下来集中精力学习，但是他又想好好地轻松一下，因而不愿意认真听课看书，这种需要相互冲突的境况使他产生了紧张不安的情绪，他需要寻找一种新的适应机制来适应大学生活。

第三，环境的阻挠。例如，有很多大学生是从农村来到城市，对于他们来说,新的生活环境、生活方式、日常生活接触的社会群体都和以前有了很大的不同,如果还用以前的习惯就难适应了。

（三）反应

人们在面临一种新环境时,若是运用自己习惯的方式尝试对问题进行解决但未成功,便会主动寻找一种新的、能够对问题进行有效解决的方式,这便是反应。客观来说,人适应环境的效果很大程度上取决于其通过不断变更自己的反应,直到取得成功为止。人们在找到一种成功解决问题的反应方式之前,往往会表现出紧张、焦虑、沮丧之类的负面情绪。由此可见,我们在面对不适应时,不但要积极尝试,寻找成功解决问题的反应方式,更为重要的是要保持一种积极解决问题的心理状态。这是因为,消极的心态不利于思考和寻找新的解决问题的方式。

（四）适应

从心理学的角度来看,要衡量一个问题是否得到了解决,唯一的标准便是能否减轻个体的紧张。只要任何一个反应能够减轻个体的内驱力所引起的紧张,原来的活动就要结束,这就是一种适应问题的解决。在社会实践中,人们总是以各种方式不断地适应新生活与新环境。

六、适应的应激源

心理学将由外界刺激引起生理、心理和行为的反应称为应激反应,应激反应是一种适应性反应。通过应激反应,使社会成员在新的条件下达到心理上的平衡和行为上的适应。引起应激反应上的刺激因素则为应激源。相关研究表明,各种文化的、理化的、生物的、心理的、社会的刺激以及各种生活事件,都可以成为应激源。其区别就是对于不同的人群、个体、情境所引起的应激反应的强度不同而已。就大学生而言,其适应的应激源概括起来主要有四大问题和三大压力。

（一）四大问题

大学生适应的应激源中的四大问题,具体如下。

第一,自我认识与评价问题,即如何在新的集体中对自己有一个正确的认识和准确定位。

第二,学校生活环境与生活习惯的适应问题。

第三,人际关系问题。

第四,恋爱与异性交往问题。

(二)三大压力

大学生适应的应激源中的三大压力,具体如下。

1. 经济压力

我国高等教育自 1997 年起开始实行缴费上学。二十多年来,随着社会生活水平的发展与变化,大学生所缴费用与上学的花销逐年迅速增加。在这种情况下,经济困难成了一部分大学生尤其是贫困大学生的压力源。这些大学生由于经济困难,在与同学交往中很容易产生自卑感,而且会因为缺乏学习期间的经济保障而忧虑。

2. 学习压力

对于大学生来说,学习是其最主要的活动。在大学生身上,社会的竞争主要体现为学业的竞争,具体表现在两个方面。一方面,大学生们必须要完成繁重的学习任务,同时还要承受考试的压力。另一方面,为了能够适应将来社会的需要,又要参加各种各样的技能培训班,例如,近些年来在大学校园内出现的"考证热"。有相当一部分大学生因为担心考试不及格,而导致其在考试前后的紧张不安、焦虑和恐惧。

3. 择业就业压力

随着大学生就业实行双向选择,不少大学生深感择业、就业的压力。一方面,他们认同竞争,赞成双向选择;另一方面,他们担心机会不均,害怕找不到自己满意的工作岗位。由此一来,大学生便会面临较为严重的择业就业压力。

第二节　大学生常见的适应心理问题

一、大学生的适应心理认知

(一)大学生适应心理的内容

大学生适应心理的内容,具体来说有以下几个。

1. 环境的适应

对于大学生来说,其面临的第一个重大变化便是环境的改变。在进入大学之前,大学生基本生活在家庭中,处于家长的帮助、照料和监护下,自我活动的空间很小。学校、家庭为他们界定了具体的、严格的行为规范,为其选择学习的榜样,家长还可以用赏罚手段督促他们掌握所界定的行为规范。但是,大学生在踏入大学校门后,大学环境较中学有了很大的变化,且学习生活也随之发生了重大改变。具体来说,大学生离开家庭后,以前被家长强化的环境一下取消了,对社会事物及自我的行为反应主要依靠自己的人生价值尺度和认知能力来评判、取舍、确定,高校环境是按照成人方式来对待学生的。这种转变使大学生们在这个过程中不可避免地出现不适应。这些都是大学生应该在进入校园前做好心理准备,并在进入校园后尽快予以适应的。

除此之外,大学生需要对人文环境进行适应。大学往往都拥有深厚的人文底蕴、独特的文化内涵,大学生们在校园里享受着知识与校园文化的熏陶,这是大学的一项资源与财富。但是,也有一些大学生无法从这种人文环境中获得自己需要的养料,具体表现在以下两个方面。

第一,大学里要求上课与日常交流都要使用通用语言——普通话。这种语言环境使得部分普通话基础不好的学生产生了不适感。尤其是一些来自偏远地区方言很重的学生,说话别人经常听不懂,觉得尴尬甚至遭到别人的嘲笑,更加不敢开口,上课不敢提问与发言,压抑了与人交流的欲望。

第二,大学一般有丰富多彩的课外活动与社团组织。有不少大学生都根据自己的特长参加了各种社团,天天有各种各样的娱乐活动。然而,也有一些学生看别的学生积极地参加,自己虽然也想参加,但不知自己的特长是什么,不知道自己喜欢什么,于是因一时找不着位置而迷失其中。

大学生活对独立生活的要求很高,自我管理意识与能力更加重要。大学生大多远离家乡与父母,中学老师一切包办的管理模式也不复存在,师生关系相对疏远,同学关系相对复杂,一切事情从学习到吃住到人际关系都要自己选择、安排、解决。于是,一些独立能力差依赖性强的学生就出现了不适感。

2. 生活的适应

大学的生活相比中学的生活来说,也发生不小的变化。对此,大学生应有充分的心理准备,以便更好地适应大学生生活。以生活方式来说,中学生的主要任务是为高校输送学生,追求的是升学率,所以中学生一般都会在教室里听课、做题、考试,不仅活动范围要比大学生小得多,而且由于主要活动在校内和家庭之中,中学生的活动范围更加简单。而大学的一个重要目标是为社会培养合格的建设者和接班人,因此会追求就业率。这就决定了大学必须面向社会,使学生通过课堂教学、社会实践、专业实习、勤工俭学、社团活动等多种渠道向老师、同学、社会各界人士学习,促使大学生加快社会化进程,所以大学生的活动范围呈现开放性和复杂性的特点。

3. 学习的适应

大学生在进入大学校园后,其在学习内容、学习任务和学习方法上都发生了深刻的变化,注重自学、学会学习、发展能力已是大学学习中较为突出的方面。如果不能及时改变自己高中的刻板而单调的学习习惯,就会带来学业的压力。相关研究表明,对大学生的身心造成很大威胁的一类应激源就是考试和学业负担。当前,不少高校设置的课程在种类上和数量上都非常多,加上老师在课堂教学中大多采用满堂灌的方式,重难点不能突出,因而学生很难抓住中心去学习,自学起来更是费劲。考试的时候也不得要领,主要死记硬背。所以学生的学习负担很重,完全没有想象中的轻松。也有一部分大学新生在学习方面急功近利,迫切希望在大一就把英语、计算机等各种等级证书拿到,但却没有科学的计划和统筹的安排,因而导致学习压力过大,产生紧张、焦虑等症状。还有一些大学生一直适应不过来就产生了学习焦虑、考试恐惧等不良心理反应。此外,大学的学籍管理主要实行的是学分制和弹性学制,更具开放性和自主性,而中学的学籍管理实行的刚性的学年制,这种管理模式的改变也需要大学生不断进行适应。因此,大学学习的适应也是大学生适应心理的重要内容。

4. 人际关系的适应

中学生一心只读"圣贤书",人际关系较简单。而进入大学后,大学生的人际交往变得日益广泛,人际关系也发生了改变,共同生活的人多了,矛盾也多了起来。过去的优越感已不复存在,某些个性特征,比如胆小、退缩、敏感、多疑等也成为妨碍大学生人际关系适应的因素。此外,中学里父母对男女生之间的接触畏之如虎,致使有些新生进入大学后不知如何与异性相处。这些学生往往会出现因人际关系不适造成的人际交往心理问题。

(二)大学生适应心理的特点

大学生特别是大学新生的适应心理,从总体上来说呈现出以下几个鲜明的特点。

1. 独立与依赖共存

进入大学后，大学生身边少了父母的唠叨和老师的监督，开始独立地做出决策和自由地选择生活方式，这着实令不少大学生特别是新生感到轻松和快慰，独立意识也更为强烈。但很多时候，不少大学生特别是新生社会生活经验不足，认识水平和自我调节能力尚未达到真正独立的程度，有独立的愿望却又信心不足，从而表现出一定的依赖性。

2. 理想与现实的距离较大

每个大学生都有自己远大的理想，对未来充满期望，特别是大学新生，期待着进入大学后按照自己的理想来规划未来。但现实却很复杂，例如，校园并非想象中的诗情画意，学习并非预料中的妙趣横生，专业也并非是自己的兴趣所在等，这会让大学生产生理想与现实之间的落差，从而情绪低落，充满失落感。

3. 自豪与自卑交织

有一些大学生在中小学时期一直是"天之骄子"，他们经历"十年寒窗"苦读考入名牌大学，却发现在人才济济的校园，自己不再出类拔萃，这时如果不能正确定位自己、客观地评价自己，强烈的自尊心便会转变为自卑感，形成自豪与自卑交织的一种心理状态。

4. 归属感与孤独感交融

进入大学，大学生特别是大学新生有着强烈的交往需要，他们希望建立新的交际圈，希望得到一份友情，渴望获得他人的理解、认同和帮助，也希望能了解和帮助他人，丰富自己的社会经验。然而，由于多种因素的影响，他们虽有强烈的归属感，但又不敢敞开心胸去与他人交流，由此而矛盾、压抑、苦恼，陷入深深的孤独，于是，归属感与孤独感的相互交融，让不少大学生躲进虚拟网络中寻求精神满足。

二、大学生常见的适应心理问题及其产生原因

（一）大学生常见的适应心理问题

大学生常见的适应心理问题，概括来说有以下几个。

1. 目标失落导致的困惑心理

在没有进入大学之前，对于很多学生来说，高考就像黑夜里前方一盏

明亮的灯，学生们都纷纷朝着这盏灯前行，虽然身心疲惫，但方向清晰，目标明确，因而也就有强大的动力作支撑，生活紧张而充实。上了大学，好像天亮了，灯的光芒消失了，太阳却还没有出来，一下子分不清东西南北，不知道该朝哪个方向跑了。这种无目标、无动力的情况，使相当一部分学生在最初的大学生活的新鲜感过去之后，产生一种莫名的迷茫，行为上表现为一种"无目标状态"，情绪上有明显的郁闷，不适感。这种迷茫感主要有四种表现，具体如下。

第一，高考紧绷的弦放松了，一时找不到新的目标。

第二，学习模式变了，还不知道怎么样的学习方式适合自己。

第三，可以自由支配的时间增多了，却不能很好地管理自己，白白浪费很多时间。

第四，出现了很多新的问题，但似乎都找不到标准答案。

2. 环境不适导致的焦虑心理

环境不适焦虑是个体由于不能适应陌生环境而产生的一种复杂、综合、不愉快的情绪体验。从具体表现上来说，大学生的环境不适焦虑主要表现在以下两个方面。

（1）生理焦虑。这种焦虑主要包括运动性的紧张和不安，如颤抖、肌肉紧张、坐立不安、来回走动、经常变换姿势等；植物性神经功能的紊乱，如呼吸紧迫、心跳加快、胸闷、心悸、心慌、手脚发麻、怕光、怕噪声等。这些由于环境适应困难而产生焦虑的情况大多发生在大学一年级性格内向的学生中，有时突出地表现在那些来自经济和文化比较落后的边远农村地区的大学生身上。

（2）心理焦虑。这种焦虑主要是对不确定对象的紧张忧虑，常常感到烦躁、易怒、惴惴不安，预感会发生不好的事情，但又说不出具体是什么；经常处于警觉状态，很难集中注意力，记忆力减退，以致不能正常地学习和生活。

3. 强烈独立感导致的矛盾心理

正处于青年时期的大学生，通常具有十分强烈的自我意识。在刚刚进入大学时，通常会被一种强烈的成人感和独立意识所包围，于是想要独立地学习和生活，极力想摆脱家长和老师的管理与约束。然而，很多大学生并不具备较强的独立自理能力，与人交往的能力较弱，对日常中的困难和挫折难以做出正确的判断，常常犹豫不决，不由自主想依赖他人。这种较强的依赖性与强烈的独立愿望就使大学生产生了极大的矛盾心理。

4. 怀旧依赖导致的孤独心理

进入大学这个崭新的环境之后，大学生的生活空间突然变大，获得了更多的人身自由。他们不再受父母的直接管教，不再绝对听从教师的学习安排。当然，他们同时也没有了父母和朋友无微不至的关怀和照顾，所有的事情都要自己独立去完成、去决定、去处理。这又让不少大学生感到自己就像那远离家乡的游子，漂泊无根，于是开始怀念和留恋起中学的时光，怀念家乡、亲人、老师以及中学的生活环境。这种怀旧又使空荡、空虚、孤独的情绪时时萦绕在大学生心头，有的大学生甚至因为强烈的孤独心理出现苦闷、烦恼、失眠等症状。

5. 遭遇挫折导致的挫折感

挫折指的是人的需要得不到满足时而产生的紧张情绪状态。大学生在日常生活中，不可避免地要遭遇到各种各样的挫折。

根据我国学者王晓刚的研究，学习、人际关系构成大学生活的主要挫折事件，社会期待、恋爱、就业也极易产生挫折感。此外，根据挫折强度的大小，可以把大学生适应过程中的挫折分为一般性挫折和严重性挫折两种情况。其中，一般性挫折是指大学生在对自己而言不太重要的事情上遭受的挫折，也就是日常生活中的"小事"或"不愉快"。例如，学习成绩下降，自己有烦恼找同学倾诉但对方不理解自己，因一件小事与同学关系紧张，害怕不被朋友接受，感到孤独和悲伤等。严重性挫折是指大学生在与自己关系密切或影响个人前途发展的问题上遭受的挫折，如亲人亡故、家庭悲剧、失恋、重要考试失败等。通常情况下，大学生遭受严重挫折的概率较小，更多情况下是遭受一些小挫折的烦扰。但是，如果一个人对生活中的小事应变能力极差，就会导致其他一系列的麻烦的出现，就很容易导致比较严重的挫折，这样对身心健康是十分不利的。

6. 地位变化导致的自我认知偏差

经历千军万马过独木桥的高考之后，大学新生往往还没有从自己考上大学的胜利喜悦中走出来，自我感觉还非常好。可是，不用多久，他们就会发现身边的同学一个比一个优秀，一个比一个有才华。于是，有相当一部分大学生面对如此巨大的角色变化，产生了诸多的不适应问题，尤其是产生了自我认知偏差，不能准确地认识自己，不能合理地定位自己。

一部分大学生对角色的变化视若无睹，因为觉得自己有出众的长相，有优异的学习成绩，有优越的家庭条件，还在某方面具备特长，于是将自己看得很高，觉得自己了不起。由于高估自己，这些大学生总是自以为是，在人际交往中非常骄傲、以自我为中心。还有一部分大学生，尤其是那些长相平平、成绩不理想或家境贫寒的大学生，面对角色的变化，开始很沮丧，总是低估自己的能力，这些大学生很容易产生自卑感、羞辱感，总是承受着非常大的心理压力，最后变得畏畏缩缩，不敢尝试任何事情，怕失败、怕被嘲笑，有的甚至自我封闭。严重的甚至倾向于采取攻击行为来减缓压力。

7. 经验不足导致的迷失感

在当代社会中，大学里各种流派观点不断涌现，现代与传统碰撞，新的观念层出不穷，中西文化交融，主流文化、地方文化、民族文化、非主流文化形成文化的"大会餐"。但是，由于大学生阅历较浅，分辨能力还不够，对于传统文化和主流文化的社会价值标准认同度也比较低，因而容易在多元文化的价值观冲突中感到无所适从。

(二)大学生常见适应心理问题的产生原因

导致大学生产生适应心理问题的原因，具体来说有以下几个。

1. 个人原因

导致大学生产生适应心理问题的个人原因，又具体涉及以下几个方面。

(1)对大学环境有过高的期望。大学生在进入大学校门之前，会对大学生活抱有很多不切实际的幻想，在他们的想象中的大学应该是环境优美的高楼深院，老师应该都是知识渊博、风度翩翩，学生应该是积极进取、和善恭谦，大学生活应该丰富多彩、轻松浪漫。然而，当他们真正踏入大学后，他们会发现大学的校园还有不少地方不尽如人意；大学老师也不是个个都令人满意；大学同学还不如中学同学亲近好处，知心朋友难寻；大学的学习深度、广度和难度都高于中学，如果放松自己不抓紧时间学习，考试就过不了关；大学生活也十分单调，生活中的琐事全都要自己处理，再加上各种各样的人际关系都要自己去适应，在高手如林的大学生群体中充满了竞争、压力和挑战。希望越高，失望越大，不适感越强。

(2)未形成积极的环境适应意识。个体对环境通常存在两种态度：一种是积极适应，即在顺应、了解的基础上去选择、抗争、追求。积极环境意识者能够及时调整自己的心理，使自己尽快适应环境后再用自己的行动慢慢地改变环境。另一种是消极适应，即保持保守、盲动，固守常规。消极环境意识者面对环境的变化，采取回归的心态固守舒适圈，抵触危机圈。环境适应不良与对环境的态度密切相关,有的大学生把具有挑战性的新环境当成自己前进的拦路虎,知难而退。而有的同学却把新环境的挑战当成是锻炼自己的极好机会,他们面对困难所持的是一种知难而进的积极态度,非常乐观地去迎接挑战,他们的口号是抓住机遇发展自己。持这种心态的学生很快就适应了新环境,有的还成为军训标兵和学生干部。由此可见,意识决定态度,态度决定成败。因此,消极的环境适应意识是导致环境适应不良的重要原因。

(3)缺乏实践经验。对于现代的大学生来说,绝大多数是"家门—中学门—大学门"的"三门"青年,这就决定了他们与社会接触少,社会实践经验贫乏的角色特点。当然,学校也是社会的一部分,但由于其生活模式的独特性,在获得社会实践经验方面具有明显的局限性。首先,中小学的生活模式是以家长和教师为支柱的。在这种环境中长大的学生,社会对于他们无异于一个五彩缤纷的万花筒,他们感到陌生和奇异,但望而却步。另外,由于社会的复杂性,家长和老师唯恐他们的思想被污染,平静被扰乱,精力被分散而在高考中名落孙山,因此,不支持甚至限制他们去接触社会。这无疑又在学校通向社会的门前增添了一道栅栏。其次,学校传授的理论脱离实际,科目繁多,作业过重,学生应接不暇,而望子成龙心切的家长又频频为学生施加压力,从而使学生连喘息的机会都没有,更谈不上接触社会了。

大学的学习内容和方式有了很大改变,给个体的充分发展提供了条件,学生似乎比过去轻松了许多。但是,低年级大学生需要适应新的生活环境和学习方式,由于还未涉足专业知识,因此他们参加社会实践活动的条件还不具备。高年级大学生虽然对专业知识有所了解,但对校方组织的社会实践活动兴趣不浓,即使参加专业实习,也由于机会太少、障碍较多以及其他原因,效果并不理想。

(4)生理成熟与心理不成熟的矛盾。对于个体来说,大学时期是其一生中较为特殊的一个时期。在这一时期,大学生的生理发育越来越成熟,而心理方面的发展却并没有成熟。有不少大学生想当然地认为上了大学以后,自己就成年了,对各个问题都有了自己的看法、观点。实际上,由于他们并没有真正接触到社会,对很多现实的问题并没有一个客观的看法,只是自认为很对。这就很容易让他们做出一些看起来理智,但却是非常感性的冲动之举。例如,大学生恋爱同居问题,这在家长、学校乃至社会看来都是一个严重的问题,觉得大学生很多不清楚这种同居关系中的责任关系,不应当这么早进入同居生活,非常影响大学生的身心发展。但是,大学生不这么认为,他们觉得自己是大人了,可以做自己想做的事情。又如学习问题,很多大学生认为,大学书本上的知识并没有太大用处,对自己以后的就业、发展没有太大的帮助,所以不好好学习书本知识,但真正进入社会、进入职场之后才发现"书到用时方恨少"。

（5）自身能力缺陷。自身能力缺陷也是导致大学生不能很好适应新环境的内在因素。一般情况下,影响大学生适应新环境的能力缺陷主要有以下几种。

第一,独立生活能力不强。大学生远离父母,自己的衣食住行需要依靠自己的力量安排和料理,而独立生活能力差的学生就很难适应独立生活的要求。

第二,自控能力较弱。大学实施自主管理模式,自控能力弱的学生不能严格遵守大学的作息时间,不能很好地安排自己的学习,也很难控制自己的情绪调整自己的心境,他们就容易陷入被否定的困境。

第三,人际交往能力较差。大学环境为大学生创造了广交朋友的条件,大学生活中需要与方方面面的人打交道,在交往的过程中难免产生矛盾和冲突,需要运用化解人际矛盾的方法和技巧去解决矛盾缓解冲突,人际交往能力较差的学生就很难与方方面面的人搞好关系,建立良好的人缘。

第四,性格缺陷。比如,自我中心者为人处世以自己的兴趣和利益为中心,一心只为自己打算,要求别人必须服从自己,必须满足自己;固执偏见,不愿意接受他人的规劝,听不进别人的意见,言行粗暴;虚伪,待人不真诚,浮夸不讲信用;狂妄自大、自命不凡;自我期望值过高,苛求别人,不尊重他人;自卑孤僻,既不相信自己,又不相信别人,猜疑心重,对人态度冷漠,不愿意与人交往,不合群等。

2. 家庭原因

在我国,由于受到传统思想的影响,有相当多的父母对子女期望值过高,望子成龙,经常将自己的梦想投射在孩子身上。于是,花很多钱给孩子买各种穿的、各种吃的;自己以前想学钢琴但没有学,就买钢琴让孩子学;千方百计地让孩子上重点小学、初中、高中;花很多钱请私教、上各种补习班。然而,就是很少去关注孩子真正想要什么,孩子的心理是否健康发展。在高期望与高投入下长大的孩子,学业可能出色,但难以独立起来,因为一旦离开父母,总会有诸多的不自在,会比较偏执,比较以自我为中心,不适应家庭以外的世界。可见,大学生出现的适应问题与家庭有着极大的关系。此外,家庭的变迁和离异、父母错误的价值观和不当的言行,也会对大学生的心理适应产生消极影响。

3. 社会原因

导致大学生产生适应心理问题的社会原因，又具体涉及以下几个方面。

(1)"应试教育"的弊端。"应试教育"通常被视为一种以提升学生应试能力为主要目的且十分看重于考试成绩的教育，这种教育的教学活动基本上就是以应对考试这一内容展开的。成绩的高低往往成了很多学校判断学生好与坏的标准，获得高分的就是好学生，而没有考上高分的就是坏学生，不受老师和学生喜欢。这种现象大大影响了教学思想。学校普遍比较注重培养学生的智力因素，而不太注重培养学生的情感、意志、性格、情趣、爱好等非智力因素的培养。学生心理健康教育和良好的心理素质培养更是受到极大的冷落。这种"应试教育"的结果自然是非常不利于学生的全面发展，尤其是创造能力、适应能力和自主能力的发展。

从学生方面来看，应试教育也让他们非常看重分数的高低，总是为了考高分而卖力地读书、学习，却不太注重自身其他方面的发展。所以，有不少大学生生活自理能力差，遇到一点点挫折就觉得承受不了。这样的学生必然会面临各种适应问题。

(2)激烈的社会竞争。大学生能跨入大学校门是"过五关、斩六将"，一路竞争的结果。竞争可谓无处不在。竞争会对个体产生一系列心理需要和行为活动。处于竞争环境下，个体的自尊需要和自我实现的需要更为强烈，就会对很多事情产生更加浓厚的兴趣，克服困难、争取成功的意志也更加坚定。可以说，竞争给社会注入了活力，促进了社会各方面的飞速发展。然而，竞争环境过于激烈或是在一个不公平的环境中竞争也不利于个体的发展。大学生刚刚经历一场意义重大的竞争性考试，进入大学校园后，又马上面临成才和就业的巨大竞争压力。这让他们身心疲惫、精神压抑，久而久之会形成对未来竞争的恐惧。

(3)较大的城乡差异。依据相关学者的研究，来自城镇的大学生的心理健康水平比来自农村的大学生心理健康水平明显较高。出现这种情况的主要原因就是城乡差别。一般来说，来自农村的大学生在进入大学之前很少接触外界，而进入大学之后，与外界有了很多接触的机会，环境的巨大变化，使不少农村大学生难以适应。

此外，来自农村的大学生在之前受经济条件的限制，没有专门去培养一些特长、爱好，到了大学，发现那些来自城镇的大学生有很多特长与爱好，不管在文艺方面还是体育方面，都有非常突出的表现。这让他们常常在羡慕的同时产生了较大的失落、自卑之感。再者，经济方面的捉襟见肘也让来自农村的大学生感到在很多方面与来自城镇的大学生不同，很多集体活动都不愿参加，过后又很懊悔、自责。长此以往，他们对自身的评价会降低，自卑心理会越来越强烈。有不少来自农村的大学生甚至慢慢失去自我，产生了严重的心理问题。

（4）社会期望值过高。对于大学生的社会期望反映在国家、家庭、社会等方面。国家为大学生规定的培养目标是"高级专门人才"，家庭则期望子女有更高的地位和更优厚的待遇，"望子成龙""望女成凤"等是国家和家庭对大学生期待的真实写照。在国家和家庭对大学生的高期望下，社会各界对大学生的期望值也相当高，这一点主要表现在用人单位的要求上，似乎一个大学生毕业后应当无所不能、无所不通。过高的社会期望值容易使大学生产生心理失调，也不利于大学生进行正确的自我评价，这对于大学生更好地适应大学生活与学习都是极为不利的。

4. 学校原因

导致大学生产生适应心理问题的学校原因，又具体涉及以下几个方面。

（1）大学环境较中学复杂多变。大学同中学相比，其客观环境和人际环境都存在很大的差别。可以说，大学是个准社会，人际环境更复杂，学生的交往面更宽，交往的难度更大，人们对大学生的要求更高。在适应环境的幅度和难度上有着明显的个体差异，但所有大学生都必须完成客观环境的改变、人际关系的改变、对自己认识的改变三个方面的适应过程。同时这一过程还包括逐渐从过去熟悉的环境中解脱出来，逐渐摆脱过去环境中所形成的各种期望以及生活方式、思维方式和行为方式，以适应新环境的要求，这对于初入大学的新生来说也是一个不小的挑战。因此，当大学新生从熟悉的环境进入陌生的环境时，都有一个从不适应到适应的过程。

（2）大学管理模式的变化。大学与中学的管理模式不同，管理模式主要表现在管理体制、管理方法等方面。在管理体制上，大学实行党委领导下的校长负责制，其管理属于网络管理、全面管理，学校、院（系）、各职能部门和辅导员都参与学生管理。在管理方法上，大学除了采用学年制外，较多地采取学分制，学分是衡量学生是否完成学业的标准，学生不受学年限制，只有修满学分才能毕业。此外，大学更多地强调学生的自我管理、自我教育、自我服务，许多活动由学生自己组织安排。

第三节 大学生常见适应心理问题的调适

当大学生出现了适应心理问题后,必须及时对其进行调适,以确保大学生能够获得健康成长。具体而言,大学生可以通过以下几个举措来调适自己的适应心理问题。

一、尽快熟悉校园环境

大学生在刚刚进入大学校园时,不论是其自身的角色还是其所处的环境,都发生了重大变化。在新的角色和环境面前,大学生特别容易产生焦虑不安的情绪,这就需要其尽快地熟悉大学校园的客观环境。总体上来说,正确认识客观环境对一个人的心理发展有着重要作用,否则个体由于不能融入环境,长此下去,容易产生心理疾病或行为偏差。大学校园毕竟不是世外桃源,所处的社会环境也不会尽善尽美,因此,我们不能奢望有一个完全理想化的环境。每个大学生都有权设计自己的未来,但是每个人的理想、愿望、动机或目的都应该和周围环境相一致。如果大学生能够正确认识和对待环境,就能积极适应环境,减少环境对自己心理的负面影响。

通常而言,大学生在熟悉校园环境时,需要了解学校的历史、发展现状、办学宗旨和培养目标;了解学校的机构设置及其功能;了解学校的各项规章制度;积极与同学进行交往,尽快融入班集体,与教师、同学等都形成良好的人际关系等。只有这样,大学生才能获得一个愉快的学习与生活环境,

二、正确地认识与悦纳自己

大学生只有对自己进行客观评价,正确认识自己的优缺点,并不为自己的优点而骄傲,真正接纳自己的缺点并进行弥补,才能不断完善自己的个性,使自己获得更大的发展。为此,大学生需要经常审视自我,全面客观地认识自我,明白"我是谁",总结自己的优点是什么,缺点是什么,自己追求的人生目标是什么,既看到优点长处,也承认存在弱点和短处,并积极地去改善和弥补,从而努力地正确认识自己,悦纳自己,为良好的心理适应做好准备。此外,大学生要不断加强修养,学习别人的优点,取长补短,不断完善自我,逐步树立起具有自己个性特点的正确的大学生角色形象;要树立自信心,即使在学习成绩相对下降或表现不如以前突出时,也没有必要

为此自卑。

三、培养自我调控的能力

对于大学生来说,学会对自我进行正确的调控,是其应对适应心理问题的一个重要举措。具体来说,大学生可通过以下几个途径来培养自己的自我调控能力。

(一)积极培养理性的认知

认知有理性与非理性之分,其中,理性认知就是人们应当具有的客观性的认知;而非理性认知往往是歪曲客观事实的认知,如认为错误都是由他人造成的,危险是长期存在的,对别人总是以偏概全地过分概括,对于困难逃避比面对更合算等。这种认知常常导致人们消极的心理反应,进而让人产生心理问题。所以,培养正确的、理性的认知有着非常重大的意义。理性的认知是人适应与发展的前提和基础。大学生要培养自己的辩证思维方式,改变自己对自我、对他人、对环境的不恰当的认识,多增加正确的、理性的认识。例如,全能的人是没有的,人各有所长;人不可能得到所有人的喜爱与赞许;世界上没有绝对的事,凡事以不同的角度观察便会得出不同的结论;人的情绪大多是由自己的知觉、评价引起的等。理性认知将会产生积极的心理反应。

(二)学会控制自己的情绪

情绪在个体的发展中有着十分重要的作用,也影响着个体能否良好地适应环境。也就是说,个体要想顺利适应环境、生活等,必须学会控制自己的情绪。

大学生在进入大学校园后,开始面临环境和角色的较大改变,因而会不可避免地会产生不良情绪,如自卑、自负、焦虑、抑郁等。如果不及时进行调控,则很容易影响个人的适应与发展。因此,大学生要想让自己拥有积极、乐观、稳定的情绪,以应对更多的适应问题,就一定要学会正确控制自己的情绪。为此,大学生要特别注意以下两个方面。

第一,大学生要学习心理学、哲学、伦理学等学科的知识,提高文化知识素养,从广博的知识中接受教育和启迪,从而调整好自我的欲望、爱好,把握自己复杂的心态变化,充分发挥内部心理因素的积极作用。

第二,大学生要在工作、学习、生活和活动中积极寻找乐趣,努力发掘其光明面;即使处在逆境中,也能够不断控制和调节自己的情绪,使自己成为心境的主人。例如，听音乐、做运动、参加文化娱乐活动等，都能有效地转换大脑兴奋中心，调节自己的情绪。

（三）积极满足角色要求

大学校园就是一个复杂的、半社会化的环境，大学生处在这样的环境中，不可避免地会面临诸多的变化，其中角色变化是十分突出的一项变化。在中学的时候，很多大学生可能是班级干部或名列前茅的尖子生，总是受到夸奖，但是在大学校园中，人人都很优秀，如果自己不努力，很可能就只是一名普普通通的大学生。由高材生到一般学生的转变，大学生要适应这种转变，就必须充分了解自己，包括自己的优点，也包括自己的缺点；同时要充分了解自己所处的客观环境，以及客观环境对自己的要求。这其实就是说要满足自己的角色要求。只有积极满足角色要求，形成良好的态度与行为，才更能使自己的"角色采择"与他人的"角色期望"相一致，也才能更好地适应大学生活。角色意识如果滞后，大学生就很容易发生心理行为歪曲，继而产生各种适应心理问题。

四、养成良好的生活习惯

大学生在进入大学后，由于脱离了父母的管束，普遍会有一种"解放"的感觉。在这种相对宽松的环境中，大学生很容易养成很多不良的生活习惯，如作息、饮食不规律等。这对于大学生形成健康的心理、更好地适应大学生活是极为不利的。因此，大学生更应该注意培养自己良好的生活习惯，具体包括以下几个方面。

第一，应养成良好的饮食习惯，要按时、按顿吃饭，避免过多地以零食充饥或暴饮暴食。

第二，应制定合理的作息时间，保证生活和学习的规律性，不能随心所欲。

第三，应注意劳逸结合，坚持参加适当的体育锻炼，保持充沛的精力。

五、培养独立自主的能力

依靠自我的力量进行各项活动的能力，便是独立自主能力。大学新生在中小学阶段，由于自己的依赖心理和家庭、学校教育方式的影响，多数人独立自主能力不强，于是进入大学后不能适应大学学习和生活的新环境。为了扭转这种情况，大学生必须注重培养自己的独立自主能力，具体可采取以下几个有效的措施。

第一,大学生要改掉娇生惯养的坏习惯,摆正心态,从点滴的小事学起,不断积累生活经验、大胆实践、不怕失败,尝试独立处理生活中遇到的各类问题;还可以向身边的优秀学生学习,借鉴他们的经验和方法,逐步提高生活的自理能力。

第二,辅导员或班主任可以通过各种方式,关心和指导学生处理生活自理方面的问题,不仅教给他们处理问题的具体方法,而且多鼓励他们从小事做起,在反复实践中成长。

第三,各院系可以组织高年级学生为新生提供帮助,带领他们熟悉校内外环境,并以自身为例子,介绍自己成长的经验和体会。

六、学会有效地管理时间

时间的短缺也是导致大学生出现适应心理问题的重要因素。与中学时期相比,大学的时间明显比较充裕,那么为什么有不少大学生觉得自己的时间不够用呢?这主要是因为有些大学生不能科学合理地管理好自己的时间,而使自己陷入一团乱的状态中,出现诸多适应不良问题。所以,提高大学生有效管理时间的能力非常有必要。科学合理地管理时间,不仅能够缓解紧张情绪,提高学习效率,提高生活质量,使繁杂的事情变得井井有条,使自己变得自信从容,还能够降低压力带来的焦虑和抑郁程度。

具体来说,大学生可采取以下几个措施来有效地管理时间。

第一,大学生应制订整个大学阶段的总体规划。例如,规划专业学习、考取职业证书、参加各类培训、参与社会实践及考研复习等的时间,以使各个阶段的学习和生活更有针对性。

第二,大学生要分清重要和紧急的事情。可运用时间管理的四象限法。在运用四象限法的时候,大学生要特别注意下面几点:一是重要且紧急的事情,立即行动;二是重要不紧急的事情,投入主要精力,缩小第一象限范围,使工作学习更加从容;三是紧急不重要的事情,学会说不,能不做就不做;四是不重要也不紧急的事情,尽量不去做。

第三,大学生要利用好零碎时间,如清晨起床或走路时可听英语、背单词,晚上睡觉前可回忆一天的学习内容,抓住零散时间会收到意想不到的效果。

七、制定明确的发展目标

大学生在中学阶段一般都富有理想,但理想和目标往往具有模糊性和短期性,他们大多数为应付高考只考虑近期目标,缺乏长远目标。进入大学后,新的目标体系没有建立,引发了诸多适应不良的问题。此时,要想解决这一问题,就应当积极调节主观状态和认识客观环境,为自己确立新的、合适的奋斗目标。没有目标,人的活动就没有方向,没有力量,当然也就难以突破自我,走向成功。也就是说,对于处于失落与迷茫期的大学生来说,他们首先要做的是积极地确立自我的发展目标。有了目标的指引,就会增加大学生努力前进的动力,在遇到挫折或困难时,会使他们坚定信念,避免盲目、彷徨和不安,按部就班地完成所有任务。

确立明确的发展目标,可以使大学生有针对性地在大学阶段积累更多的经验,培养各方面的能力,以积极的态度面对生活。确立目标时应全面认识和了解自身的兴趣、特长和能力,综合考虑未来社会的发展趋势,长短结合,科学合理,使目标真正成为大学阶段努力的方向和支点。此外,大学生在制定自己的发展目标时,要特别注意以下几个方面。

第一,要及时制定发展目标。大量事实证明,那些进入大学后及时确立学习和生活目标的学生,往往学习热情不减,生活内容充实,充满朝气。

第二,制定的发展目标必须是恰当的、科学的。不切实际和违背规律的目标不仅不能使大学生适应环境,而且会使人误入歧途,甚至到不可自拔的地步。

第三,在制定发展目标时要尽力做到"四个结合",即个人的奋斗目标与现实可能性相结合、个人的奋斗目标与自身条件相结合、个人的奋斗目标与社会发展的需要相结合以及远大目标与具体目标、长期目标与近期目标相结合。在这"四个结合"之下确立自己发展的目标,目标才会有价值,才能使大学生适应不断变化着的内外环境。

八、建立和保持融洽的人际关系

融洽的人际关系是心理健康的一个标志,也是适应角色和环境的一个重要条件。因此,建立和保持融洽的人际关系,能够大大提高大学生的适应能力。关于如何建立和保持融洽的人际关系,本书第四章中会进行详细论述,这里不再赘述。不过,还是要强调大学生在建立和保持融洽的人际关系时要注意处理好的几个关系:一是自知和知人的关系;二是自尊与互尊的关系;三是自爱与爱人的关系。

九、提高正确处理应激事件的能力

心理学家阿德勒认为,每次重要的经历都会引起我们对自身做出新的认识和评价。从高中到大学、从大学结束到走入社会，随着环境的变化，都会引起我们对自我重新的认识和定位。从起源上来说，引起大学生适应心理问题的原因主要在于应激事件，因此，培养大学生正确处理生活应激事件的能力也是相当重要的。

关于大学生生活的压力或应激事件，不同的学者有不同的归纳和偏重。霍尔姆斯等人在 1967 年编制了一个社会适应评定量表（Social Readjustment Rating Scale，SRRS），共包括 43 项内容，每项都有相应的生活事件单位（Life Change Unite，LCU）分。该量表可被用来量化一个人在最近时期所经受的应激事件。如果总分大于 300 则可确定有重大生活危机，总分低于 150 则可以认为是正常的。这里的应激事件通常是一些重大的负性事件。与霍尔姆斯不同，理查德·拉扎洛斯认为应激是许多小烦恼的积累。所谓的小烦恼是一些小的负性事件，这些小的负性事件（小应激）每天都在某种程度与环境有着交互作用。拉扎洛斯基于这点编制量表来评估日常生活中的应激程度（表 2-1）。他指出，与生活的变迁如离婚、亲人死亡相比，小的应激与疾病的关系甚至大于生活变迁与疾病的关系。值得指出的是，应激事件的可预见性、可控制性及反馈信息对于是否发生应激具有重要意义。大多数情况下，如果能够控制可预见事情的发生并能对所造成的影响有反馈信息便能大大降低应激发生的概率。

表 2-1　大学生活中的小应激事件量表

指导语：以下是一些大学生日常生活中常见的事件，如果一项事件"几乎从不"引起你的不愉快，计 0 分，如果"有时会"引起你的不愉快，计 5 分，如果"经常会"引起你的不愉快，则计 10 分。		
学校周围的停车问题	别人对自己的看法	莽撞的骑车人
室友的欺侮	图书馆里太吵闹	饭菜质量
室友太吵	睡眠太少	做饭
钱太少	天黑以后的安全问题	决定穿什么
家务	洗衣服	每天早上整理头发
所需资料图书馆没有	写文章	早晨起床
工作中的关系	自己的体重	恋爱关系紧张
没时间锻炼	同家人争吵	吵闹的邻居
拥挤	与室友冲突	其他的驾车人
需要找教师时找不到	想家	老师讲课太枯燥

续表

购物	时间太少	考试
没有自己的信件	持续的学习压力	孤独
教师难以理解	别的同学不友好	准时上课
没有足够的时间同朋友谈话	与异性约会太少	没有足够的密友
室温不适	缺乏计划性	自己看上去如何
将来的打算	亲热太少	

如果你的总分达到了 70 分或更高,则表明你比大多数大学生的分高了,生活事件已成为你的应激源。

事实上,大学生产生适应问题的外部原因无外乎学业挫折或失败、职业目标的迷惘和求职受挫、经济问题造成长期的心理负担和压力、与同学或老师关系的不协调、恋爱的失败以及家庭的重大变故(如父母的离婚和亲人生病或离去)等。这些方面的事件发生的频率到达一定的程度,持续的时间过长,就会使人产生挫折感和心理压力。当这种心理压力超出了我们的心理承受能力时,就会影响我们的身心健康。因此,大学生要学会处理所面临的各种应激事件,可具体从以下几方面着手。

第一,大学生对可能出现的一切应激事件,要有一个清楚客观的认识和充分的心理准备,做到有备无患,降低心理的挫败感。

第二,大学生要正确认识大学,明确其并不是理想化和神圣化的,会存在各种各样的挫折与挑战,继而树立不断磨炼自己和发展自己的理念。

第三,大学生在遇到了应激事件后,要冷静、理性,同时采取积极主动的行动,将应激事件所带来的负面影响降到最低。

第四,大学生在面临巨大压力时,要积极寻求社会支持(如家长、同学的帮助等)来尽快解除压力,适应大学生活,维护身心健康。也就是说,大学生在遇到困惑与挫折时,要主动地敞开心扉,充分利用社会支持系统,帮助自己渡过困难时刻。

第五,大学生在存在适应不良情况时,可以通过心理咨询来缓解心理冲突,恢复心理平衡,增进心理健康,健全和完善人格,同时开发潜能,促进自我发展。

第三章 充实自我:大学生学习心理问题研究

学习是大学生活中最重要的一部分,是大学生活的主旋律,学习对于大学生充实自我有着重要的作用。一方面,大学的学习是让大学生掌握某一学科的专门知识和专门技能以便日后服务于社会;另一方面,通过大学阶段的学习可以使大学生掌握学习的一般方法,以便于个人的终身学习。但是,因为大学的学习与之前的学习有着本质的不同,大学生在学习过程中很容易产生各种各样的心理问题,这些心理问题会对大学生的学习造成很大的阻碍,因此要及时加以调适。

第一节 学习与学习动机概述

一、学习的内涵

(一)学习的概念

学习是人和动物在生活过程中通过实践训练而获得的由经验引起的相对持久的适应性的心理变化,即有机体以经验方式引起的对环境相对持久的适应性的心理变化。

这个定义,体现了四个方面的内容,第一,学习作为一种心理现象,是人和动物所共有的;第二,学习并非本能活动,而是需要通过后天的努力来习得;第三,不管是什么水平的学习都会引起适应性的行为变化,不仅是外显行为的变化,也有内隐行为或者内部过程的变化;第四,不是所有个体的变化都可以归为学习,只有通过学习活动产生的变化才可以称之为学习。

(二)学习的类型

1. 根据学习的不同内容和结果进行的分类

根据学习内容和结果的不同,学习有以下四种类型。

(1)知识的学习。知识的学习包括对知识的感知和理解等,主要解决人们知与不知的矛盾,是人类学习的主要内容之一。

(2)技能的学习。技能的学习主要指运动的、动作的技能学习。技能是使某种活动得以顺利进行的动作方式。它与知识不同,技能主要解决会与不会、熟练与不熟练的问题。

(3)心智(以思维为主的能力)的学习。能力是直接影响人们顺利而有效地完成学习和其他各种活动任务的个性心理特征。它是在掌握各种智力技能过程中形成并发展起来的更为概括的一种本领。学生的学习,不仅要掌握知识、形成技能,而且要培养分析问题、解决问题的能力,其中包括自学的能力。

(4)道德品质和行为习惯的学习。个体要适应社会生活,正确处理与他人、与社会的关系,就必须掌握一定的道德准则和行为规范。因此,它是学生学习的一种极重要的内容。

这种分类的优点是比较符合教育工作的实际,在日常教育工作中常常被采用。另外,采用这种分类有助于教师按不同类型的学习特点和规律去指导学生的学习。这种分类的缺点是容易使知识的学习和品德的形成、能力的发展相互脱节。在采用这种分类时,应该注意这几种学习类型之间的内在联系,把它们有机地结合起来。

2. 奥苏伯尔的学习分类

美国教育心理学家奥苏伯尔以学校教育为条件提出学习的分类,他按学生学习的不同方式,把学习分为接受学习和发现学习。

(1)接受学习。接受学习是指教育者以定论的形式系统地向学习者呈现知识,学习者以接受的方式学习知识和经验。

(2)发现学习。发现学习是指教育者只提示有关的学习内容以及解决问题的方式和方法,学习者需依靠自己的力量,通过独立发现的步骤去寻求知识的一种学习。

他根据学习内容的不同,又把学习分为机械学习和意义学习。机械学习指学习者记住了由语言文字符号所组成的学习材料,但没有真正理解符号所代表的知识。意义学习则指学习者理解符号的意义和它所代表的知识,并能应用这些知识解决问题。这种分类有一定的实践意义,但未能包括技能、品德等方面的学习,未免失之片面,缺乏说服力。

(三)大学生学习的特点

1. 学习主体发生了变化

中、小学时期的学习,以教师组织教学为主,大学生学习是以教师为主导、学生为主体进行的,这就决定了大学的学习带有一定的创造性,即学生不仅能举一反三,还能提出自己的独到见解,活化所学知识。

2. 学习的自主性

大学生学习无论从学习内容、学习时间及学习方式都更加强调个体在学习活动中承担角色,主要强调学习的自觉性与能动性。大学生学习的能动性表现在三个主要方面:第一,大学生对学习内容具有较大的选择性,特别是随着高等教育改革的深化,大学的课程安排更加科学合理,既有公共必修课、专业基础课,又有辅修课程及大量选修课,学生可以根据自己的专长、爱好、兴趣自由选择。大学生选择学习课程内容主要考虑以下几方面:学科内容与职业的契合性、学科的实用性、自己兴趣及将来的职业选择以及对自身素质的拓展等。例如,计算机、外语始终是学生学习的重点与热点,就是因为科技发展日益显示出其重要性。第二,大学生可以控制学习时间、改进学习方法与合理安排学习内容。自学能力已经成为衡量大学生学业拓展能力的重要指标。第三,高校更加重视知识活化能力,即知识应用能力。课程设计、学年论文、毕业设计与毕业论文都体现着知识的运用能力,也充分体现学生的主观能动性。

3. 学习的专业性

大学生的学习是在确定了基本的专业方向后进行的,因此其学习的职业定向性较为明确,即为将来走上工作岗位,适应社会需要所进行的学习;专业与学科群的划分也把大学学习与未来职业生涯紧密联系在一起,而专业学习要求大学生既要了解本专业的前沿知识与经典理论,又要掌握与专业相关的基础知识与专业基础。

4. 学习方式的多样化

信息时代,教师不再是知识的中心,获取知识的多元化带动了学习方式的变迁,网络又开辟了一条学习的新途径。大学开放式的教学为学生提供了多种多样的学习机会,除课堂教学外、课外实习、课程设计、科研训练计划、学年论文、专家讲授、学术报告及社会实践、咨询服务等都为大学生学习提供了广阔的道路。

5. 知识的学习与能力、素质的培养并重

无知必然无能,目前正在进行的高等教育改革一再强调知识技能的学习与实践能力的培养同样重要。必须摒弃受应试教育的影响,只重视学生

学习具有实用价值的知识,忽视学生创造能力的培养方式。

6. 大学生学习的研究探索与创新性

大学生学习已具有一定的探索性,即对书本之外的新观点、新理论进行深入的钻研与探索。大学生学习不仅仅在于掌握知识,更在于探究知识的形成过程与科学的研究方法,了解学科发展前沿、存在的问题及解决的思路。目前,高等学校普遍加强大学生创新能力的培养,在课程设置、课程安排、课程衔接上突出学生的主体地位,体现创新,并加大了学生实践环节的培养,旨在提高大学生的创新能力。

二、学习动机的内涵

(一)学习动机的类型

1. 间接的远景性动机与直接的近景性动机

从作用的永久性角度出发,学习动机可以分为间接的远景性动机和直接的近景性动机。

间接的远景性动机是与社会意义相联系的动机,这是社会要求在大学生学习中的体现,这种动机的特点是比较稳定和持久,可以在很长的一段时间内持续发挥作用。

直接的近景性动机是与学习活动直接联系的动机,由对学习的直接兴趣以及对学习活动的直接结果的追求所引起。这种动机的作用比较短暂而且不是很稳定,容易受到干扰。

2. 内部动机与外部动机

学习动机从内部和外部可以分为内部动机与外部动机。内部动机指的是大学生根据自身的兴趣爱好而进行学习的动机因素,比如明确的学习目的和旺盛的求知欲就都属于内部动机,这种动机的特点是主动性和持久性。

在外因的驱使下,学习者因为自身以外的人所提供的诱因来进行学习,这些因素就是外部动机,这种动机引起的学习是被动的,其作用比较短暂。

3. 表面型动机、深层型动机和成就型动机

表面型动机指的是学生为了应付各种检查和通过考试而进行学习的

动机。这种动机产生的后果大多是不良的,因为学生很容易采取一些比较应付、肤浅、消极的方式来学习。

深层型动机指的是学生对于所学习的内容是非常感兴趣的,他学习是为了弄清楚和掌握一定的知识。在这种动机的作用下,学生会积极主动地采取一些有探索性、钻研性、主动的学习方法,其自我监控学习行为较多,水平也较高。

成就型动机指的是学生为了获得更高的分数和得到表扬和奖励而进行学习的动机,在这种动机推动下的学习行为非常容易受到外界评价的影响,特别是老师和家长等的影响。

4. 适应性动机和非适应性动机

有的研究者根据学生学习的适应性状态,认为学生在学习行为方面存在两种动机模型,一种是适应性动机模型,即学生的学习目标是掌握目标,表现为掌握技能、提高能力,他们认为智力、能力是可塑的,可以通过自己努力而改变,对学校同伴的情感和态度积极,对自己的班组有归属感,在学习时多采用深度加工策略;另一种是非适应性动机模型,学生的目标是表现目标,即表现自己、获得赞赏或者避免失败,他们认为智力、能力是固定的,在学习时表现得比较焦虑,对学校、同伴的态度、情感比较消极,在学习中认知加工深度低,往往采用避免努力学习、自我价值保护策略来保护自己。

5. 自我中心的动机、道德中心的动机、任务掌握的动机

有的研究者总结了在课堂教学中所建立的三种目标结构激发的三种不同的动机系统:一是由竞争目标结构激发的动机系统——自我中心的动机系统,二是合作激发的动机系统——道德中心的动机系统,三是个体化激发的动机系统——任务掌握的动机系统。

(二)学习动机的作用

学习动机在学习中发挥着重要作用,具体表现在以下几点。

第一,学习动机决定着学习方向,学习动机是以学习目的为出发点的,它是推动学生为达到一定的学习目的而努力学习的动力。没有明确的学习目标的学生自然不会产生动机力量,因此,学生动机首先要求学生懂得为什么学,朝着什么方向努力。

第二,学习动机决定着学习过程,学生是否能持之以恒,差异在学习动机。美国心理学家阿特金森于1980年全面探讨了有关动机研究得出了

"完成某项学习任务所需要的时间与对这项任务的动机水平为正相关"。

第三,学习动机影响着学习效果。沃尔伯特研究了动机水平与学习成就的关系后得出"学习动机越强烈的被试者学习成绩越好,其正相关达98％"。

(三)大学生学习动机的特点

学习动机产生于对学习的需要,是受社会环境、教育过程和个体身心发展水平的影响而发展起来的。随着大学生身体心理与社会性发展,大学生的学习动机呈多元化特点。

1. 学习动机的多元性

大学生学习动机的多元性主要表现为以下四类。

第一类是报答性和附属性学习动机。如为了报答父母的养育之恩,为了不辜负老师的教诲,为了取得其他同学的认可和获得朋友的支持等。

第二类属于自我实现和自我提高的学习动机。如为了满足荣誉感、自尊心、自信心、满足求知欲等而学习。

第三类属于谋求职业和保证生活的学习动机。如为了获得一个理想的职业和高回报的收入而学习。

第四类属于事业成就的学习动机。如希望自己在专业上有所建树,希望自己能对社会有所贡献,具有使命感、责任感和义务感等。

大学生学习动机的四种类型,实际上也表现出大学生在学习中的不同层次和水平。在同一个大学生身上,其学习动机也是多种多样的,而不是受其中单一的动机所支配,但它们有主有从。

2. 学习动机的职业性

我国在校的大学生,虽然绝大多数是按其报考志愿录取的,但学生的高考志愿往往并非出自学生个人的意愿而带有相当大的盲目性。因此,不少大学一年级学生都有专业思想不巩固的问题。但是随着年级的升高,学生对所学专业的了解日益加深,认识到所学专业的作用,从而对自己所学专业的喜爱程度逐年加深,职业化的学习动机开始逐渐巩固。

3. 学习动机的间接性

大学生的直接性学习动机,如分数赞赏、奖励、避免惩罚等随着年级的升高而逐渐减弱;而间接性学习动机,如求知欲、探索、成就、创造、贡献等,随年级的升高而逐渐加强。

教育实践的经验也表明,低年级大学生对考试分数很重视,常常因不能取得高分而苦恼。随着年级的升高,学生对分数仍重视,但注重的程度减弱了。相当多的高年级学生,在某些课程上只要求通过考试,在另一些课程上则特别注重广泛吸取知识,参与创造性的探索工作,掌握现代化的科学研究方法。这也说明了随着年级的提高,大学生的直接性学习动机逐渐减弱,而间接性学习动机则逐渐增强。

当然,大学生学习动机的发展也存在着很大的个体差异。造成这种差异的原因是多方面的。如社会、家庭、教师及大众传播的影响,学生集体的相互关系,个人的成败经验及成就动机,都直接影响大学生的学习动机。

(四)大学生学习动机的相关因素

1. 学习目的

学习目的,是指学生进行学习所要达到的结果或实现的目标。学习动机是促使学生达到学习目的的动因,只有树立明确的学习目标,才能产生强烈的学习动机,保持高度的学习自觉性。因此,学习目的作为产生和保持学习动机的因素,在学习行为中起着重要的指导作用。

学习目的有远大与近期之分,远大的学习目的是建立在社会需要基础之上的,例如"为实现中华民族的伟大复兴而学习"。近期学习目的是与学习的具体活动或具体教学要求相联系,如准确理解某个词的含义就是课堂教学要求的反映。大学生在学习过程中,既要有长远明确的目标,又要有短期具体的学习目的,后者是有效完成学习任务,从而成功地达到远大学习目的的关键。

确定具体的学习目的时,应掌握三个原则,一是求近不求远,要完成某项学习是眼前的事而非距离指向未来的学习目标;二是具体明确而非笼统模糊,没有明确的学习目标,就不能做到有的放矢;三是分析个体情况,制定具体的学习目的,具有适中的挑战性。

2. 学习兴趣

学习兴趣是一种力求认识世界,渴望获得文化科学知识的意识倾向,这种倾向是与一定的情感体验相结合的,它是学习动机中最现实、最活跃、带有强烈情绪色彩的因素。值得指出的是,学习兴趣不是天生就有的,是可以通过后天培养的,主要取决于以下因素:一是事物本身的特性。凡是相对强烈、对比明显、不断变化、带有新异性和刺激性的事物都会引起人们的兴趣;二是人的已有的知识经验,能满足人们获得新知识,如实用的计算机、外语等易激发学生的学习兴趣;三是人对事物的愉快体验,一个人在学习过程中获得别人承认,或内在的满足等积极情感体验,会加强学习兴趣的稳定性。

教师在学习中也起着不容忽视的作用,如教师的人格影响力、知识水平、教学内容的新颖性与多样性,教学难易安排等。

3. 成就动机

人们在成就动机强度上的差异可以用避免失败来解释。有成功倾向的人善于确立适中的奋斗目标,避免失败倾向的人常常把目标定得偏高或偏低。

一般来说,大多数学生将学习中的成功与失败归因于四种因素即学习能力、努力程度(内归因)、学习的难度水平和运气(外归因)。低成就动机的学生常把成功归为好运气,失败归为自己的学习能力差;而高成就动机的学生常将成功归为个人的能力与努力程度,将失败归为功夫不够,这类学生失败并不能降低他们的自信心与对成功的期待水平,反而促使他们更加努力,研究结果也表明,成就动机与学习行为成正相关,即成就动机在学习中起着很大的推动作用,它与学生的学习毅力、学习成绩与学习效率成正相关。

4. 交往动机

交往动机是指人们愿意与其他人进行交往,建立友谊关系的需要,在教学环境中,学生的交往动机表现在主动参与探索讨论,喜欢与其他同学交流学习问题。麦基奇的研究表明,在热情、友好、热爱学生的教师负责的班级,交往动机高的学生占多数;在对学生冷淡、缺乏热情、不友好的教师的班级中,交往动机低的学生占多数,其学习成绩稍逊于交往动机高的学生。可见,教师对学生的态度和与学生的交往需要相互作用,从而影响着学生的学习效果。

(五)培养和激发大学生学习动机的方法

1. 培养学习兴趣

兴趣是最好的老师,可以激发学生的学习热情,明确学习的方向,获得学习的成就。学生一旦对某学科产生浓厚的兴趣,就会以积极的情绪去探究和探索它,就会产生强烈的求知欲望,充分挖掘自己的学习潜能。

(1)寻找学习兴趣。寻找兴趣，确定自己的中心兴趣，这样才能保证学习的针对性和有效性。寻找兴趣点的最好方法是开拓自己的视野，接触众多的领域。大学生应当更好地把握在校时间，充分利用学校的资源，通过使用图书馆、旁听课程、搜索网络、听讲座、勤工俭学、参加社团活动、与朋友交流、使用电子邮件和电子论坛等不同方式，接触更多的领域、更多的工作类型和更多的专家学者，通过开阔视野和接触尝试寻找属于自己的兴趣。

(2)迁移已有兴趣。兴趣迁移法是利用我们对某些科目的兴趣来带动不感兴趣的科目的方法。相信每位同学都有自己相对感兴趣的方面，在训练兴趣迁移时，可以做好以下三个方面。

第一，问自己是否愿意把这门课学好，并用肯定的语言来回答，比如"我一定能学好物理""我肯定可以理解这篇英语文章"。这样反复默念，给自己积极的暗示。

第二，告诉自己这门课的重要意义。

第三，将学习自己喜欢的科目的愉快心态迁移到不喜欢的科目上，让自己在学习该科目时也有一种轻松和愉快的心情。

(3)增强自信心。许多同学正是缺乏学好某门课的信心，产生了畏惧心理，丧失了兴趣。所以要建立起学习的兴趣，可以从增强自信心入手。想象自己曾获得成功的事情，努力回味那种成就感，以获得对学习的兴趣。尽量想愉快的事情，令人愉快的事物能够激发兴趣，如"今天的实验会做得很成功""我今天再学会20个单词"。让自己知道每天都在超越昨天，树立起"每天多做一点，就是成功的开始"的信念。

2. 正确归因

正确的归因不仅能使我们端正学习态度，激励我们通过努力不断提高自己，而且还会使我们产生愉快的情绪体验，积极地看待学习中的成与败。

(1)了解自己的归因倾向。成功或失败的学习体验会影响后继的学习动机，但是体验对学习动机的影响并非绝对，关键是要学会对成功或失败进行合理归因。在面临成功或失败时，大学生可能会把它们归因于内部因素的作用，如能力或努力等；也可能认为是由外部因素造成的，如任务难度、别人的作用或运气等。对失败的归因方式，一种是认为失败的原因是内部产生的，而且认为造成这种结果的因素是稳定的和不可改变的，如"我没能力学好这门课"；另一种则把失败看作外部因素的结果，如"考试不公平"，以及是不稳定的或可变化的特定时间的结果，如"如果我下次更加努力的话，我就会做得更好"等。

(2)进行积极归因训练。积极归因是指把学习成功归为自己的努力、端正的态度和学习方法的正确运用;而把失败归于自己努力不够、学习方法不正确,而不是缺乏能力,更不是社会和教师的因素。积极归因可以通过两种方法来实现:一是观察成功的榜样——观察周围成绩优秀的同学努力学习的过程和日常学习的安排,使自己明白出色的成绩是建立在不懈的努力和不服输的意志基础上的,以此来鼓励和调动自己学习的积极性;二是获得成功的体验——从基础知识、简单的内容开始学习,当对基本的知识能够应对自如之后,成功的喜悦会把学生带进快乐的天堂。

3. 合理设置目标

目标不仅要明确,而且要设置合理,要从客观实际出发,把目标建立在切实可行的基础上,具体可从以下几点入手。

(1)分析实际。分析实际时需要考虑四个因素,即本专业的总体培养要求;各专业课基本要求及特点;自己现有的知识基础;可利用的时间和精力。

(2)确定目标。目标对动机起引导、激发和维持作用。大学生可以根据当前社会对人才的要求以及自己的实际需要来制定自己的目标,具体做到以下几点。

第一,对自己有比较正确的认识。每个大学生只有在充分了解自己的智力水平、学习风格、个性特征、情感特征等的基础上,才能建立正确的自我概念,才能清晰、科学地明确自己的学习目标。

第二,从实际出发。目标定位要准确,太高的目标难以激发学习热情和学习动力,得不到自己和他人的认同;太低的目标则容易影响自己的自信心和自我评价的能力。

第三,突出重点。所谓重点,一是指专业知识体系中的重要学习内容;二是指自己学习中的弱势学科;三是指自己觉得应该列入重点的学习目标。

第四,具体化。大学生应该具备将大目标分解为具体目标的能力。如具体的课程、内容、时间和要求等。目标越具体,越容易获得信息反馈,越便于对照检查和调整修订。

第五,排除困难和干扰。明确学习目标后,就要把自己的行为置于目标之中。为了实现学习目标,要排除一切困难和干扰。

总之,目标是学习的方向和动力,是制订学习计划的依据,是评价学习效果的标准。

4. 做学习的主人

在中学时，相对来讲大多数同学还不成熟，只知道埋头学习，将来考大学，但还没有把学习和将来祖国的现代化建设真正联系起来；上了大学，随着年龄的增长，他们慢慢地产生社会责任感，知道学习不是个人的事情，自己的成才实质上是社会的需要。大学生只有将自己作为学习的主人，才能产生强烈的学习动机。

第二节 大学生常见的学习心理问题

一、专业不称心

有一些大学生，由于种种原因对自己所学的专业感到不称心，甚至感到厌倦和反感，如不予以重视和及时解决，不仅直接影响到他们专业知识的巩固，而且还可能导致其他消极的情绪或过激的行为出现。

（一）专业不称心的主要表现

专业不称心的大学生的主要表现有以下几个方面。

1. 焦虑反应

一般来说，那些对自己所学的专业感到不称心的大学生，都希望能尽快地更换一个自己感兴趣的专业。然而，对他们当中的大多数人来说，不可能都实现这一愿望。于是就出现了这样一种局面：一方面学生千方百计地想脱离原来不称心的专业，另一方面由于条件的限制而无法实现自己的愿望。理想与现实的尖锐矛盾与冲突必然导致当事人的焦虑反应：心烦意乱、紧张不安、无所适从，同时可能伴有某些躯体不适，严重的还会形成神经症。

2. 抑郁反应

抑郁反应是对专业不称心者容易产生的另一种困扰。一个学生在升学的时候，如果没有被自己所喜欢的学校或专业所录取，而是随机地分配到一个不称心的学校或专业去学习，则内心必然会产生相当强烈的失落、沮丧、郁闷、忧伤，甚至绝望等情绪反应。在这些消极情绪的影响下，当事人对本专业知识的学习缺乏兴趣，甚至感受到厌烦，终日无精打采、消沉冷漠、无所事事。

3. 逆反情绪

逆反情绪是一种与社会现实或社会观念相对立与相抵触的情绪。那些对所学专业感到不称心如意的学生，常常通过这种抵触情绪的释放，使自己受压抑和遭受挫折的心态得到平衡或转移，从而寻求一种自我肯定。具有逆反情绪的学生在日常生活中容易被激怒，常常因为一些不顺心的小事而迁怒于他人，甚至还会做出一些失去理智的事。

(二)专业不称心的原因

大学生对所学专业感到不称心的原因比较复杂，其中既有客观原因，也有主观原因。具体而言，主要有以下两个。

1. 招生制度不完备

许多考生在填报高考志愿以前，由于不了解个人的特长和所报专业的性质、特点，而是根据家长的意愿和社会舆论的影响盲目地填报志愿，结果造成对录取的专业感到不称心、不适合。

2. 个人的专业理想与现实条件严重脱节

大学生的生活阅历比较简单，对专业的性质、特点及未来的就业出路不甚了解，当他们在选择所学专业的时候，具有浓厚的浪漫色彩，富于想象，容易造成个人的专业理想与现实条件(如专业的招生人数和个人的高考成绩等)脱节。或因刚刚步入大学校门时，对所学专业倍感兴趣，对个人的未来发展踌躇满志，然而，时间一长又逐渐感到乏味，觉得不合自己的心意，于是有意或无意地移情到其他新异的专业上，破坏了原有的心理平衡，对专业的兴趣迅速减退，甚至反感，结果产生了"专业不称心"的心理困扰。

二、学习动机不当

(一)学习动机不当的主要表现

学习动机不当包括学习动机不足和学习动机过强，这二者都会影响大学生的学业效能感。学习动机不足的主要表现为：无明确的学习目标，为学习而学习甚至厌倦和逃避学习；学习动机过强的主要表现为：成就动机过强，奖励动机过强，学习强度过大。

（二）学习动机不当的原因

学习动机不当包括两种，一种是学习动机不足，另一种是学习动机过强。

1. 学习动机不足的原因

学习动机不足主要是学习动机不明确，社会责任感不强，价值观念不强，学习态度不端正，学习毅力不强，对专业不感兴趣，对自我的学业期望不足，学业自我效能感低。

2. 学习动机过强的原因

个体学业期望过高，自尊心强，对自己的学习能力缺乏恰当的估计，因而造成学业自我效能感下降，心理压力大；渴望学业成功而又担心学业失败，受表面的学业动机的驱使，渴望外在的奖励与肯定，特别是由于学业优秀带来的心理满足使学生更看重自己的学业优势，因而造成学习强度过大，引起心理疲劳。

三、学习无助感

学习无助是指学生由于各方面的负面反馈而接受自己在学业上的失败。这些负面反馈通常包括：来自教师的负面反馈，来自负面的学校经验，来自同伴和学生自己的负反馈。大量研究表明，如果学生的学习目标屡次受挫，他们最终会放弃这些目标而觉得无助。由此可见，这种无助感不是先天形成的，而是在后天的学习生活中逐渐产生的。

（一）学习无助感的主要表现

学习无助感主要体现在以下几方面。

1. 情绪失调，负性情绪较多

由于学习上多次尝试的失败，学生失去了耐心，情绪容易变得烦躁，对引起失败的事件产生抵触情绪，进而感到悲观、失望、灰心丧气、抑郁、自卑，对自己缺乏信心。

2. 自我效能感低下

自我效能感指个体在执行某一行为之前，对自己能够在什么水平上完成该行为所具有的信念、判断或主体的自我感受。由于多次的失败，缺乏成功体验，因此对自己失去了信心，学生对自己完成学习任务的能力持怀疑和不确定的态度，认为自己没有成功的能力。在制定学习目标的时候，倾向于制定较低水平的学习目标，以避免获得失败的体验。

（二）学习无助感的原因

引起大学生学习无助感的原因主要有以下两点。

1. 外部因素

外部因素主要是来自教师的消极评价。许多学生刚入学时对学习充满热情，渴望获得成功。他们对事物充满了好奇，一切活动都愿意去尝试。但在遭受失败后，如果经常受到教师的批评和嘲笑，缺乏鼓励和支持，就容易产生焦虑情绪，对于探求事物和学习活动产生恐惧心理，感到信心不足，导致完成任务时就显得格外的困难。尤其是经历了一系列失败后的学生，进而开始怀疑自己缺少取得成功的能力。因此，教师的消极评价是学生产生无助感的外在因素之一。

2. 内部原因

内部原因主要来自学生对自己不正确的归因。学习无助的学生倾向于把自己学习上的失败归因于内部稳定的因素，认为自己的能力差、智力低；而把偶尔的成功归因于运气、任务容易等不稳定的外部因素。因此，无论成功或失败，都无法激起他们获取成功的动力。

四、学习焦虑

学习焦虑是指大学生感到来自现实的或预想的学习情境对自己自尊心构成的威胁而产生某种担忧的心理反应倾向。

（一）学习焦虑的主要表现

大学生学习的过程是一个长期的过程，要历经艰苦的探索，同时要面对身边对他而言重要人物的检验，会偶尔遭受错误和失败。不论是学习优秀的学生还是学习较差的学生，都将体验到学习所带来的各种压力，并由此引发不同程度的紧张和焦虑情绪。学习焦虑主要表现在以下几方面。

1. 心理压力过大

学习中感到忧虑、紧张、恐惧、坐立不安，面对繁杂的学习内容茫然无措,不知道从哪里着手寻求问题的解决方法,情绪压抑。

2. 怀疑自己的学习能力

怀疑自己的能力不足,总担心学习会达不到自己的期望,对可能取得的成绩顾虑重重,信心不足,害怕失败,忧虑过度。在学习中不能集中自己的注意力,记忆力下降,思维迟缓,学习效率下降,性情变得更加急躁等。

3. 夸大学习中的困难

由于长时间担忧、紧张等负性情绪的积累,导致情绪抑郁、容易发怒、烦躁,对学习活动逐渐丧失耐心和信心。心绪不宁,焦虑不安,在学习中遇到困难会觉得自己无法克服。在生理上多表现为食欲缺乏、困倦疲乏、睡眠不良、神经衰弱、大小便频率增加、多汗、恶心、胃肠不适等症状。

(二)学习焦虑的原因

大学生产生学习焦虑的原因主要有以下几点。

1. 学习压力过大

学校对课程进行改革后,专业课程和各种基础课程都大大增加了,一部分大学生在学习中感到力不从心、身心不堪重负。同时进入大学后,他们发现身边"高手如云",大家在学业上既是帮手又是竞争对手,在各种评选和比赛中,难免会遭受失败与挫折。在失败与挫折的经历中,多少会体验到痛苦与难过,他们开始害怕给自己带来失败的刺激,从而引起学习焦虑。

2. 理想与现实的冲突

有些大学生对自己的能力缺乏正确的认识。确立的目标远远超过了自己的实际能力所能达到的水平,就会感到现实与自己的期望相差甚远,他们会担心学习结果能否如己所愿,容易出现学习的焦虑。

3. 对专业学习缺乏兴趣

部分大学生在不断的学习中逐渐丧失了对所学专业的兴趣。自己感兴趣的不是所学的专业,对专业课学也不是,不学也不是,在这种矛盾冲突中,会产生学习的焦虑,不知道如何应对学习。

五、学习疲劳

学习疲劳是指由于学习时间过长、学习强度过大而造成学习效率逐渐降低，并渴望停止学习活动的生理和心理现象。

(一)学习疲劳的主要表现

学生学习疲劳可能是生理性的，也可能是心理性的，还可能同时包含了这两种成分。学习疲劳分为生理疲劳和心理疲劳。

1. 生理疲劳

生理疲劳通常的表现是肌肉痉挛、麻木、眼球发疼、腰酸背痛、动作失调、乏力、姿势不正确、感觉迟钝、思维混乱等。学生在学习过程中如果不注意适当的休息，就会产生肌肉的疲劳和神经系统的疲劳。

2. 心理疲劳

心理疲劳一般是由于长时间从事心智活动，大脑得不到休息引起的。通常的表现是对学习的内容不感兴趣、感觉器官活动机能降低、注意力涣散、思维迟钝、学习效率下降，另外还会使情绪消极低落，如忧郁、易怒、焦虑、烦躁等。

(二)学习疲劳的原因

学习疲劳是一种保护性抑制。在长期持续的学习中，大脑皮层细胞产生强烈的兴奋，消耗了大量的能量，致使兴奋性逐渐降低而转入到抑制状态。所以，学习疲劳的产生具有生理上的依据。引起大学生学习疲劳的原因主要有以下几个方面。

1. 生理原因

身体疲劳与体质、同一动作持续时间的长短有关。例如，坐姿不端正的学生在长时间的学习后会腰酸背痛，体质弱的学生与体质强的学生相比更容易产生疲劳。另外，还有很多因素会导致学生的身体疲劳，如很多学生挤在一个封闭的空间内学习，空气中的含氧量较少易引起疲劳；晚上睡眠不足，第二天的学习就会受影响；老师上课内容乏味，语音、语调缺少变化也易引起学生疲劳等。

2. 心理原因

学习动机不足、学习情绪不佳、缺乏学习兴趣、坚持性差是引起学习疲劳的主要心理因素。学习动机是学习的内在推动力量，决定了学习的效率和质量，如果不足则易产生学习疲劳。学习情绪低落、浮躁、厌烦、倦怠，心理疲劳感受就多，学习效率就会下降。对学习兴趣淡薄，又不得不学，学习时缺少快乐体验，易产生学习疲劳。遇到学习困难信心不足，意志不强，在学习上坚持性比较差，难以花费较多的时间和精力，都容易产生身心疲惫。

3. 学习本身原因

学习本身因素是造成学习疲劳的主要因素，表现为学习负担过重和学习方法不当。学习活动过于紧张，需要高度的注意、积极的思维、努力的记忆，需要消耗大量的能量，这些都容易让人疲劳。比如，持续长时间的学习、作业量太大、学习内容过于复杂、考试要求太高等都会使学生身心疲惫。部分大学生缺乏良好的学习方法，不注意劳逸结合，学习时间过长，生活没有规律，使人体生物钟遭到破坏，因此在学习中难以保持很好的效率，难以好好学习。

六、注意力不集中

注意是心理活动对一定对象的指向，具有指向性、选择性和集中性。注意力是知识的窗户，没有它，知识的阳光就照射不进来，所以注意力是重要的学习心理因素。

（一）注意力不集中的主要表现

注意力不集中主要体现在以下几点。

第一，上课不专心听讲，大脑常常开小差，盯着黑板却心猿意马，自己不能控制思维飘逸。

第二，易受环境的干扰，教室外的小小动静都能引起注意力的转移，而且长时间不能静下心来。

（二）注意力不集中的原因

引起大学生注意力不集中的原因主要有以下几点。

第一，对注意力在学习活动中的重要作用认识不足，因而缺少集中注意力的自觉性。心理学研究告诉我们,注意力与记忆力、思维力、想象力是紧密联系在一起的,注意力集中,学习效果就好,注意力不集中,学习效果就差。

第二,对某些学习内容的社会价值认识不足,缺少学习兴趣,因而缺少集中注意力的自觉性。有些学生对某些课程不重视,认为这些课与自己所学专业关系不大,因而兴趣不浓,在学习过程中就难以把注意力集中在不感兴趣的学习内容上。

第三,由于大学生发展任务多,因而导致压力与心理冲突加剧,特别是恋爱、性幻想等更容易引发注意力问题。

第四,生活事件导致心理应激,如考试失败、家庭生活发生重大变故、经济困难、评优失败、失恋、宿舍关系失和等造成的思想负担重,精力分散。

第五,因为身体过于疲劳,影响了注意力的集中。有些同学在学习中不注意劳逸结合,整天把自己搞得精疲力竭。在这种情况下,人的脑细胞工作负担过重,人就昏昏欲睡,注意力自然集中不起来。

第三节　大学生常见学习心理问题的调适

一、专业不称心的调适

专业不称心的调适具体可从以下几点入手。

(一)了解情况,改变原有的不合理认知

当自己对所学专业感到不称心如意的时候,不要马上肯定或否定,应通过各种途径进一步加深对有关情况的了解。例如,可以到专门的心理测试机构进行有关本人的智力、人格、能力倾向以及职业兴趣等方面的科学测试,以便准确地了解自己的特长;另外也可以找本专业或其他专业的老师和高年级同学进行咨询,倾听他们对本专业和其他专业的情况介绍以及他们的建议。以上这些做法都将有助于对自身的客观认识,有助于全面地了解各专业(尤其是所学专业)的特点及其发展的前景,促使自己改变以往对所学专业的不合理认知,不断地矫正自己的专业理想,去除其中的不现实成分,激发自己对本专业的学习兴趣和学习动机,增强对本专业的心理认同。

(二)立足本专业,不断挖掘新意,升华本专业的学习动机

任何一个专业都不是十全十美的,都有其局限性和不尽如人意之处。

然而，每个专业又有其独一无二的特点和诱人之处。不同学科之间也不是截然分开的，而是互相渗透、紧密关联的。因此，一旦从事了某专业的学习，就不要患得患失，过于追求完美，应该立足本专业，善于在专业学习过程中挖掘新意，捕捉诱人之处，还应不断巩固自己的专业学习动机，提高自己的职业抱负水平，这样才能够提高自己的专业学习兴趣，克服"专业不称心"的心理困扰。

（三）重新选择专业

如果采取以上两种心理调适方法仍然不能克服因"专业不称心"而带来的心理困扰，则不妨考虑采取重新选择专业的办法。这一方法在具体操作上又分为三种情况：一是直接转换专业。目前国内的某些高等院校允许入学新生经过一年的原专业学习后重新选择专业，并直接转入自己所喜欢的专业继续学习。二是修读双学位或第二学位。如果个人所在学校不允许直接转换专业，那么可以在修完所学专业的第一学位之后或者同时，再修读自己喜欢或感兴趣的第二学位。三是借升学之机重新选择专业。如果本人是大学生，可以借助报考研究生的机会选择某些自己感兴趣的专业。

二、学习动机不当的调适

（一）学习动机不足的自我调整

一是正确认识学习的价值与大学的目标，积极规划学业与人生；二是调整心态，以积极的心态对待学习特别是学习中遇到的挫折与困难，用自身的意志战胜惰性；三是改进学习方法，提高学习效率与学业自我效能感，提高学业的自我价值与社会价值。

（二）学习动机过强的自我调节

一是正确认识自己的潜质，制定恰当的学业目标与学业期望，调整成就动机，与此同时，脚踏实地，循序渐进，不好高骛远；二是转换表面的学习动机为深层学习动机，淡化外在奖励特别是学业成就的诱因，正确对待荣誉与学业成绩；三是端正学习态度，树立远大理想，保持旺盛的学习热情，坚持不懈，以取得预期效果。

三、学习无助感的调适

学习无助感的调适具体可从以下几点入手。

（一）强调优点、淡化缺点

教师要善于发现学生的长处，并利用这些长处帮助学生克服学习无助感。每个学生都有长处。比如，有的学生写作能力很差，但他们很善于讲话。这时教师如果能够首先肯定他们能讲是一个优点，使学生坚信自己的确具有这个优点，再慢慢往写作方面引导，就是比较好的做法。

淡化缺点不是真的看不到学生有缺点，而是采取一种比较有策略的方式去纠正它们。有时，教师不直接指出学生的缺点，而是在他有缺点的方面指出教师对他的期望，这样往往可以收到比批评、指责更好的效果。

（二）结合经验、正确归因

学生往往对于那些与自身经历有关的课程比较感兴趣，也比较容易学好。如果教师能够要求学生把他们在校外的问题带到课堂上来，对于提高学生的学习兴趣将起到很大的促进作用。

教师要指导学生进行正确归因，把成功归因于内控的、稳定的因素，把失败归因于外控的、不稳定的因素，帮助学生克服因失败、挫折等而产生的无助感。

四、学习焦虑的调适

（一）找出学习焦虑的原因

在看清了自己的焦虑以及焦虑的表现以后，应该找出焦虑的原因并加以解决。学习负担过重的学生要学会放松自己，合理地宣泄自己抑郁、焦虑的心情，保持良好的心态。例如可以向自己信赖的亲朋好友诉说，这样既可以缓解自己的焦虑情绪，也可以从他们那里获得一些有益的指导。

（二）正确认识和评价自己的能力

根据自己的能力，确立切实可行的学习目标；培养良好的意志品质，勇敢地面对困难和挫折；寻找快乐，保持情绪的和谐稳定；善于总结经验，找出适合自己的学习方法等。

（三）改变不合理的认知

大学生的学习焦虑有时来自一些日常琐事，几年、几个月、几天甚至只有几个小时过去之后，会突然发现自己许多次的焦虑只是为了一件琐碎的小事。心理学家艾利斯认为个人的情绪等心理问题不是由于遭遇的事件本身决定的，而是由个人对该事件的认识和看法决定的。俗话说的"天下本无事，庸人自扰之"正道明了自己对个人、对事件的认识影响到自己的情绪反应。所以，要改变不合理的认知，不要让小事使自己变得焦虑。

五、学习疲劳的调适

学习疲劳是影响学习效率的重要因素，因此，要注意对学习疲劳现象的防治，具体方法有以下几种。

（一）培养学习兴趣

对学习感兴趣，学习时情绪高涨，不易产生疲劳；反之，就会感到学习枯燥无味，学不进去，很快进入疲劳状态。生理学研究表明，人在精神饱满时，脑垂体就会通过分泌激素作用于肾上腺，从而使肾上腺分泌出更多的肾上腺素。肾上腺素可以调动人体的潜能，可使人的学习效率相应提高。反之，如果情绪低落、心情烦躁，神经系统就会处于抑制状态，不但会使学习效率下降，而且很快就会产生疲劳。所以，为了提高学习效率，预防学生产生学习疲劳，应该引导学生培养对学习的兴趣，这样能够使他们在学习中体验到学习的乐趣，从而延缓学习疲劳的产生。

（二）善于科学用脑

科学用脑，合理地安排不同学科的学习时间顺序，不仅能提高学习效率，而且能使人保持旺盛的精力。研究表明，大脑两半球具有不同的功能，左半球擅长抽象逻辑思维，主管计算、阅读、分析、书写等活动；右半球则擅长具体形象思维，主管想象、色觉、音乐、幻想等活动。如果一个人长时间从事一种活动，则容易引起疲劳。因此，我们应根据大脑两半球的不同分工科学用脑。比如在从事计算、分析、哲学等活动时穿插进行音乐、绘画、幻想等艺术活动，这样可延缓疲劳的产生。

（三）注意劳逸结合

建立合理的作息制度、注意劳逸结合和保证充足的休息时间对预防和治疗学习疲劳起着关键的作用。紧张学习之后，适当休息可以使疲劳得到消除。睡眠是一种良好的休息方式，它可以消除疲劳，恢复肌肉和神经系统的功能，是消除疲劳的重要手段。一般来说，处于学习阶段的学生应保证每天八小时的睡眠。除此之外还有听音乐、打球等其他的休息方式，大学生具体应当采取哪种休息方式不仅要考虑环境条件,还应考虑到疲劳的性质。

(四)要掌握科学的学习方法

制订科学的学习计划,并保证学习计划的有序性、节奏性和弹性,将有助于克服自身的懒惰心理和急于求成心理。学习上要循序渐进,要储备足够的能够继续深入学习的基础知识,并及时复习巩固。学习方法要灵活多样,如果遇到暂时不能理解但又并不妨碍深入学习的问题就先跳过去,有时学到后面的内容,前面不太懂的知识也就随之弄懂了;如果遇到自己弄不懂而又妨碍深入学习的内容时,就应该及时请教老师或专家。

(五)创造良好的学习环境

如果学习环境不理想,也容易造成学习疲劳,所以学习环境应尽量布置得优雅、整洁,使人感到身心舒畅。学习的桌椅高矮要合适,室内空气要清新,温度要适中。不在嘈杂的地方学习,避免使自己心烦意乱、焦躁不安;不在光线过暗或过亮的地方学习,避免头晕目眩,产生视觉疲劳;不在空气污浊的地方学习,避免出现胸闷、呼吸困难等情况。

六、注意力不集中的调适

注意力不集中的调适具体可从以下几点入手。

(一)提高对注意力作用的认知

"天才不过是具有持久的注意力"这句话颇含哲理。俄国著名教育家乌申斯基曾把注意力比喻为"获取知识的门户",这就是说要获得大量知识,进行创造性思维,必须最大限度地开放"注意"这一门户,高度集中注意力。

(二)转移注意力、保持好奇心

遇到生活应激事件与挫折,能够尽快从中解脱出来。当纷乱思想出现时,把眼睛闭上,反复握拳、松开,使肌肉收缩,并同时对自己说"停止",如此反复数次,可以帮助集中注意力。

巴甫洛夫说:"好奇是专注的第一要素。"要保持不倦,首先要对所学内容不断地回顾和不断地发问,这样才能永保好奇和新鲜感。

（三）建立有效的学习规律

包括规划固定的学习时间，选择合适的学习地点，学习要有劳有逸、有张有弛。每天必须保证有一段时间全神贯注地进行学习。在这段时间里，一定要把注意力集中在一项学习任务上，肯定能有效地促进学习。在选择学习地点时，无论是在学校还是在家里，学习的地方必须要舒适、安静、光线好、通风良好、无干扰。保持头脑清醒，精力充沛，生活要有规律，不搞疲劳战术。

第四节　大学生学习的策略研究

一、促进知识理解和学习迁移的策略

（一）促进知识理解的策略

1. 知识理解的重要性

理解是利用已有的知识去认识新事物，或把某个具体的事物纳入相应的概念和法则中去才称作理解。一般所说的知识的理解主要指学生运用已有的经验、知识去认识事物的种种联系、关系，直至认识其本质、规律的一种逐步深入的思维活动。它是学生掌握知识过程的中心环节。了解一个词的含义，明确一个科学概念，学习一个定理、定律、公式，掌握法则的因果关系，把握课文的段落大意及全文的中心思想都属于理解。无论是初步地、不完全地或比较完全地认识教材的联系、关系，认识其本质和规律，只要不限于单纯地通过感知觉或记忆的直接认识，而是通过思维活动的都可称为理解。

理解在学习过程中有重要作用，是掌握知识的重要环节。在学习的初级阶段，对事物必须有直接的感知，但是"感觉到了的东西，我们不能立刻理解它，只有理解了的东西才能更深刻地感觉它"。有些知识需要记忆，而在理解的基础上进行，记忆的效果就高。如不理解即使记住了某些公式、定理、定律，用处也不大。理解与迁移、应用的关系也很密切，不理解就难以应用和迁移，只有理解的知识才有可能迁移和应用。

2. 影响大学生知识理解的主要因素

一般来讲，影响知识理解的因素主要有以下几个方面。

(1)学习材料本身的性质。内容有逻辑意义和内在联系,就比无内在联系的容易理解。知识的具体—抽象化程度,也影响理解。在一般条件下,具体事物的概念最容易理解。

(2)原有知识的概括水平。若原有知识的概括水平较高,那么在原有知识背景上,再理解新的知识就比较容易。

(3)有理解学习的心理准备。知识的理解是一个积极主动的过程。为此,先要有积极理解的心理准备,要将学习的材料与自己原有的知识进行有机的内在联系。

(4)已掌握的基本概念的正确程度。高一级的概念或复杂的概念和法则、原理的学习,往往要借助于已有的基本的概念。基本概念掌握得不准确,往往会影响后面要掌握的概念、法则和原理。

当然,教师讲授中的启发等,学习者动机、兴趣、思维发展水平等也会影响对知识的理解。

3. 促进知识理解的方法

促进知识理解的方法有很多,下面就其中几种方法进行阐释。

(1)丰富有关的经验和感性材料。在学习中通过提供感性材料所采用的直观形式有以下三种。

第一,实物直观,即通过实物获得直接的感性经验。如标本展览、实验、实地参观、访问和考察等。

第二,模像直观,即通过模拟实物的形象提供感性材料,如各种图片、图表、模型、幻灯片和教学电影等。

第三,言语直观,即通过形象化的语言描述或举例,在头脑中形成有关事物的表象,从而获得感性知识。

(2)扩大关键特征。实验研究和教学经验证明,概念的关键特征越明显,学习越容易;无关特征越多、越明显,学习越难。因此,在概念学习和理解中,可以采用扩大有关特征(定义的特征)的方法,促进概念的学习。扩大关键特征可采用实物直观、模像直观、挂图、电影、幻灯片等手段,使关键特征明显化,从而使获得的概念精确化。

(3)注意新旧知识的联系。重视知识本身的结构和体系的学习,有助于对知识的理解。任何知识都不是孤立的,它都处于一定的知识体系之中,其本身都有一定的结构。知识的类化、系统化有助于使知识形成有机的理解网络,甚至达到触类旁通的境界。如大学生在学习完每一章的知识后,可以做一个知识结构图。在头脑中具有良好知识结构来储存的知识,形成有核心、有条理、有层次的知识体系,这样的知识体系使得对知识的理解更透彻。

（4）积极的思维活动。知识的理解是要通过一系列的思维活动来实现的，因此，学习的积极主动性是知识理解的一个重要前提条件。因此，大学生要善于通过自己的思考来寻求对知识的了解，发现要点，获得各种知识，养成勤于思考的习惯，形成善于思考的本领。积极的思维还表现在学习上要富有一定的批判精神，对教师、教科书的讲解和论述，力求有自己深刻的理解和独到的见解，不盲从，敢于质疑或否定，这样才能提出问题并真正理解所学知识。

（二）促进学习迁移的策略

学习迁移是在某一种学科或情境中获得的技能、知识、理解或态度对在另一学科或情境中技能、知识、理解或态度的获得的影响。简单地说，学习迁移就是指一种学习活动对另一种学习活动的影响。学习与迁移不可分割，只要有学习，就有迁移。迁移是学习的继续和巩固，又是提高和深化学习的条件。

促进学习迁移的策略可以从以下几个方面入手。

1.掌握基本知识

研究表明，迁移的条件是对刺激（信息）的反应如果相同时迁移量就大，反之则小。迁移量取决于刺激和反应的类似程度。为了获得迁移学习的成功，在平时的学习中就要注意掌握最基本的知识，这样就可以形成基本知识对一些具体知识与应用的正迁移。另外，还要注意使新学习材料与原有知识由"近"至"远"的安排，即使新学习的材料先尽可能接近原有的知识，然后逐渐扩展到新知识的范围。

2.理解基本原理，促进原理或法则的迁移

两种学习间的迁移部分地是由于两种学习中的共同成分，其中主要是由于共同的原理造成的。在学习中相似的原理及法则的迁移是最常见的迁移现象。为促进原理的迁移，学习中应准确地理解基本原理，为了理解基本原理，最初给予恰当的学习内容或必要练习，充分掌握以达到过度学习的程度是十分必要的。此外，在学习中自己总结、归纳和概括学过的知识，充分掌握运用基本原理的条件、方法，使基本原理达到最有效的迁移。

3. 总结学习经验,运用学习的心向和定势

学习定势也称学习心向,是指学习者进行学习活动时的心理准备状态。学习者在以往的学习中形成的愿望、态度、知识经验、思维方式等都能构成其学习的心理准备状态,使后继的学习活动具有一定的倾向性,朝着一定的方向进行。先前的学习对后面同类或相似课题的学习的影响即为学习定势。总结学习经验,运用学习的心向和定势是促进学习迁移的又一有效方法。学习经验和学习方法多半都是自己总结出来的,也有教师在教学中有意传授或暗示的。一般包括认知策略、分析和综合的方法、识记和回忆的方法、分析问题和解决问题的方案或技巧等。

4. 创设与实践相似的学习情境

学习情境与日后运用所学知识内容的实际情境最好相类似,这样有助于学习的迁移。为此,在知识或技能的学习中,注意理论联系实际,考虑到实际运用情境中的种种情况,类似于真实的情况下进行训练最为有效。近年来开展的许多室内模拟装置的训练,为培养和训练各方面技能的专门人才起到了既经济又有效的效果。

5. 正确的动机和态度

对学习者的动机、情绪和态度的作用的研究表明,学习动机的强和弱,情绪和态度的积极与消极都对学习迁移有重要影响。如果学习知识时能认识到所学知识对以后生活和学习的重要意义并能联想到当前知识的应用情境,会有助于在以后的具体情境中运用已有知识来学习或解决问题。

二、复习策略和阅读策略

复习策略解决如何对所学内容进行适当的重复学习,主要用于信息的长时记忆与保持。根据遗忘发生的规律,采取适当的复习策略来克服遗忘,即在遗忘尚未产生之前,通过复习来避免遗忘。

(一)复习策略

1. 复习的时间

应该注意及时复习和系统复习。及时复习可以较大限度地控制遗忘,

但它也不是一劳永逸的,要想长时间保持所学的内容,还必须进行系统的不断的复习。根据有关研究,有效的复习时间最好做如下安排:第一次复习:学习结束后的5～10分钟,比如下课后将要点加以背诵;或者阅读后尽快用自己的语言来表述所学的内容。第二次复习:学习当天的晚些时候或学习结束后的第二天,重读有关内容,将要点用自己的语言表述出来。第三次复习:一个星期后。第四次复习:一个月后。第五次复习:半年后。

对人类记忆的研究发现,人们对事件的开始和结尾具有较强的记忆,而对中间的记忆较差。比如,若连续复习三个小时,那么只有一次开始和结尾,可能产生两头记忆效果好而中间记忆效果差的现象。为解决这一问题,可以将连续的集中复习时间加以分散,分为几个小的单元时间,中间穿插短暂的休息。这样,就能够增加开始和结尾的数量,进而提高记忆效果。至于每一单元的复习时间,可根据学习材料的趣味性与难易程度而定。

2. 复习的次数

学习完某一新内容后,复习多少次最有利于记忆? 这涉及过度学习的问题。所谓过度学习,即在恰能背诵某一材料后再进行适当次数的重复学习。这种重复学习绝不是无谓的重复,相反,它可以加深记忆痕迹以增强记忆效果。一般而言,过度学习的程度达50％～100％时效果较好。

3. 复习的方法

要注意选择有效的复习方法。研究发现,许多人经常反复地、一遍遍地阅读某种材料,以期达到记忆的目的。这种方法虽然也能够使学习者最终记住有关内容,但事实上,它并不是一个非常有效的复习方法。较好的方法是尝试背诵法,即阅读与背诵相结合:一面读,一面试着背诵。这样,可以使注意力集中于学习中的薄弱环节,避免平均分配学习时间和精力,进而达到提高学习效率的目的。此外,还应尽量地调动起多种感官来共同地进行记忆,眼到、口到、耳到、手到、心到,多种形式的编码和多通道的联系增加了信息的储存和提取途径,自然就使记忆的效果得到增强。

复习策略的主要目的在于使信息在头脑中牢固保持。而一系列的研究证明,只有理解了的信息才比较容易记忆并长久保持,反之,呆读死记的东西既难记,也容易遗忘。因此,复习策略应该与其他的学习策略协同作用,共同促进学习效果的提高。

（二）阅读策略

1.SQ3R 法

罗宾逊提出的 SQ3R 法是提高学习效率的一种好方法。SQ3R 是由 Survey，Question，Read，Recite，Review 几个单词的第一个字母缩写成的。

概览（Survey）即概要性地阅读。当你要读一本书或一段文章时，你必须借助标题和副标题知道大概内容，还要抓住开头、结尾及段落间承上启下的句子。这样一来，你就有了一个比较明确的目标有利于进一步学习。

问题（Question）即在学习时，要把注意力集中到人物、事件、时间、地点、原因等基本问题上，同时找一找自己有哪些不懂的地方。如果是学习课文，预习中的提问可增加你在课堂上的参与意识。要是研究一个课题时你能带着问题去读有关资料，就能更有的放矢。

阅读（Read）的目的是要找到问题的答案，不必咬文嚼字，应注重对意思的理解。有些书应采用快速阅读，这有助于提高你的知识量，有些书则应采用精读法，反复琢磨其中的含义。

背诵（Recite），读了几段后，合上书想想究竟前面讲了些什么，可以用自己的语言做一些简单的读书摘要，从中找出关键的表达词语，采用精练的语言把思想归纳成几点，这样做既有助于记忆、背诵或复述，又有助于提高表达能力，且使思维更有逻辑性。这种尝试背诵的方法比单纯重复多遍的阅读方法效果更好。

复习（Review），在阅读了全部内容之后，回顾一遍是必要的。复习时，可参考笔记摘要，分清段落间每一层次的不同含义。复习的最主要作用是避免遗忘。一般来说，及时复习是最有效的，随着时间的推移，复习可逐渐减少，但经常性地复习有助于使学习效果更巩固。

2.PQ4R 法

PQ4R 方法也是一个能有效地帮助学生理解和记忆的学习技术。这是由托马斯和罗宾逊提出来的，它是在罗宾逊早期版本 SQ3R 的基础上改进的。PQ4R 分别代表预览（Preview）、设问（Question）、阅读（Read）、反思（Reflect）、背诵（Recite）和回顾（Review）。PQ4R 程序的进行可使学生集中注意力有意义地组织信息、使用其他有效的策略，诸如产生疑问、精细加工、过一段时间后复习等。

PQ4R 方法具体使用方法如下。

浏览。快速浏览材料，对材料的基本组织主题和副主题有一个初步的了解。注意标题和小标题，找出你要读的和学习的信息。

设问。阅读时自己问自己一些问题。根据标题用"谁""什么""为什么""哪儿""怎样"等疑问词提问。

阅读。阅读材料，不要泛泛地做笔记。应通过阅读试图回答自己提出的问题。

反思。通过以下途径，试图理解信息并使信息有意义：把信息和你已知的事物联系起来；把课本中的副标题和主要概念及原理联系起来；试图消除对呈现的信息的分心；试图用这些材料去解决联想到的类似的问题。

背诵。通过大声陈述和一问一答，反复练习记住这些信息。你可以使用标题、划了线的词和对要点所做的笔记来提问。

回顾。最后一步积极地复习材料，主要是问你自己问题，只有当你肯定答不出来时，才能重新阅读材料。

三、提高学习能力的策略

当今世纪是人才竞争的世纪，衡量人才素质的基本标准是看其是否会学习。19 世纪 70 年代，美国预言家阿尔涅·托夫勒就指出"未来的文盲不再是目不识丁的人，而是那些没有'学习能力'的人"。"学习能力"是未来社会人类要具备的头等本领。学习能力泛指个人理解、应用所学知识的能力，是在已有的知识和技能的基础上，在不断获取新知识并运用这些知识的活动中所表现出来的智力和非智力因素的本领。对大学生来说通常包括发现问题和解决问题的能力；收集、分析和利用信息的能力；评价和反思的能力等方面。学习能力包括一定的先天因素，但主要靠在学习过程中获得和提高，比如记忆和思考能力，不能排除先天因素的影响，但后天的训练同样重要。人的学习能力要靠在学习过程中培养和提高，所以就有"学会学习"的提法。当然，学会学习包含的内容比较丰富，但核心是学习能力的提高问题。

（一）大学生学习能力的现状

由于长期以来受应试教育的影响以及大学专业设置太细、知识面窄、技能方面训练不够、不注重思维方法训练等诸多因素的影响，使许多大学生缺乏学习创新精神，创新学习能力不强。其主要表现在以下几个方面。

1. 缺乏批判性评价和反思能力

当前大学生缺乏批判性评价和反思能力表现在：缺乏深层次思考、另辟蹊径的自我总结和学习能力。考虑问题和处理问题的方法常常千篇一律，没有新意和突破。最明显地表现在缺乏新意的发言、作业、试卷、论文比比皆是。

2. 缺乏表达能力

有人对大学毕业生走上社会以后的文字表达能力的现状做过一次调查，统计结果是，认为大学生文字能力还可以的只占12.3％，而有70.4％的人对大学生的文字能力很不满意。但大学生文字表达能力的整体现状不容乐观却是不争的事实。

3. 缺乏观察能力

在观察的速度和广度、观察的整体性和概括性、观察的计划性和灵活性等方面，大学生普遍存在不足。虽然多数大学生表现出不满足于自己学习能力的现状，但往往要么消极应付束手无策要么牢骚满腹埋怨学校，自己缺乏行动的信心，缺乏强烈的提高自身学习能力的决心。

（二）提高学习能力的具体策略

1. 学习观的转变

随着网络的迅速发展、教育技术的深入应用，特别是建构主义教学理论和主体教育思想在实际中的日渐深入，仅仅把学习视作为"增加知识"及"记忆和再现"，属于较低层次的学习观，而把学习视作为"应用"、"个体的改革与发展"及"创造新知"则属于较高层次的学习观。大学生应该转变较低层次的学习观，逐步树立较高层次的学习观。

2. 提高信息素养

学习相关的能力有很多，但在学习化、信息化社会中，尤其重要的能力是处理信息的能力。大学生不断提高信息素养已成为学习的首要课题，必须以"信息素养"作为新的教育和学习立足点。学习者的信息素养，包括有效地寻找信息、确定信息，使这些信息相互联系起来，并且以批判精神对待这些信息，以及创造性地利用信息的能力。信息素养作为一种高级的认知技能，同批判性思维、解决问题的能力一起，构成了学生进行知识创新和学会如何学习的基础。信息社会的学习已不再只是理解知识的问题了，为了找寻最佳发展机会，成为出色的终身学习者与未来劳动者，就必须成为一个有信息素养的人。

3. 多渠道、多途径学习

在《学习的革命》一书中，作者指出，所有通过感受器官通向大脑的活动都是学，"我们所看、我们所听、我们所尝、我们所触、我们所嗅、我们所做"均为学习的途径。布鲁纳认为，要从实践中学习，即边做边学；从观察中学习，即边看边学；从教导中学习，即边听边学。在时空上，走出课堂、学校，走向社会、走向生活，拓展学习的空间，不断积累经验。学问是经验的积累，处处留心皆学问，点滴积累也有用。

4. 通过观察学习、寻找榜样加以模仿

现实世界中，每个人的学习能力有所不同，也有高下之分，有时会觉得别人太高，"可望而不可即"，便放弃了模仿学习，有时觉得找不到榜样可以模仿。大学生如果能在学习过程中有意识观察别人怎么学习、怎么生活，通过观察学习、寻找榜样加以模仿，也可以提高自身的学习能力。其实任何人都有所长。如果去学习他人身上的每一点长处，那些都将会变成自己的巨大财富。

四、MURDER 策略

MURDER 是六种策略的英文单词字母的缩写。由丹瑟洛于 1985 年提出。该学习策略系统包含相互联系的两组系统：一是基本策略系统，主要用于对学习材料进行直接操作，即直接作用于认知加工过程。该组策略主要包括领会与保持策略和提取与应用策略。二是支持策略系统，主要用于确立恰当的学习目标体系，维持适当的学习心态。

可以看到，基本策略与支持策略是相互联系的，二者协同作用完成学习活动。在基本策略中，领会与保持策略主要用于信息的获得和储存；提取与应用策略主要用于信息的恢复和输出。这两组策略虽然在结构和程序上基本相同，但它们分别指向不同的目标，不同的学习阶段，具有不同的作用。

在领会与保持策略中，理解是指自动地分析所学内容中的重点和难点；回忆是指不看课本，用自己的言语表达或重新解释所学的内容；消化是指根据回忆结果来矫正错误，达到真正意义上的理解；扩展是指通过自我提问的方式对前面所理解的内容进行再次的加工，以求融会贯通；复查是指对整个学习过程进行全面的复习，并通过测验来加以考察。

在提取与应用策略中，理解是只在某种具体的情景中，对所面临的问题和任务的理解，形成有关问题的条件、目标、性质等心理表征；回忆是指

回想与问题解决有关的要点；消化是指具体详细地回忆和解释要点；扩展是指把提取出来的信息加以整理和组织，形成解决问题的方案；复查是指对问题解决的适当性进行检查和评价。从上述分析中可以看到，领会与保持策略和提取与应用策略是相互联系的，前者是基础，后者是深入与提高。因此，丹瑟洛将前者称为第一级策略，后者称为第二级策略。

然而，仅有基本策略还不足以顺利地完成学习活动，支持策略在学习活动中也是非常重要的。支持策略，顾名思义，是对基本策略的支持，属于辅助性的策略，但这并不意味着它是可有可无的。支持策略由三类策略构成：计划与时间安排策略、专心管理策略和监控与诊断策略。

计划与时间安排策略主要指确定学习的目标与进程。根据目标的大小、范围等的不同，可以设置一个目标体系，该体系包含了大、中、小、远、中、近等一系列的目标。可以根据所设立的目标来安排学习进程，同时也可以根据学习进程适当地调整学习目标。

专心管理策略是支持策略的中心，包括心境设置与心境维持两种策略。心境设置是指在学习之前使学生处于积极的情绪状态，克服并减少消极的情绪。心境维持是指在心境设置的基础上，使积极的情绪状态在整个学习过程中都得到保持。

监控与诊断策略和基本策略系统中的复查策略相似，但它主要是对整个学习策略系统的监控与诊断。

支持策略与基本策略是密切联系的，它们共同决定了学习策略的有效执行及学习活动的顺利完成。支持策略与基本策略中的领会和保持策略共同构成了第一级策略，即第一级 MURDER。支持策略与基本策略中的提取和应用策略共同构成了第二级 MURDER。

第四章 和谐关系：大学生人际
交往心理问题研究

　　人总是生活在一定范围的人际关系之中，因而人际交往自然而然就成了人们生活的基本内容之一。由于大学是人际关系走向社会化的一个重要转折期，因而大学生会面临众多的人际关系。但是据调查发现，人际交往问题在大学生的心理问题中位居前列。在新的环境和人际群体中，大学生常常会因不端正的交往态度、不恰当的交往方式及缺乏交往技巧而影响人际关系。因此，高校必须重视培养大学生良好的人际交往能力，提高大学生人际交往的心理素质，促使大学生形成健康的人际关系。在本章中，将对大学生的人际交往心理问题进行详细论述。

第一节　人际交往概述

一、人际交往的含义

　　人际交往是指个体与周围人之间一种心理和行为的沟通过程，是人类社会活动的重要内容和形式，是人类社会的本质特征。不管愿意与否，每个人都要与其他人进行一定的交往。在现实生活中，人与人之间的交往频率调节着人际关系的亲疏远近。通常情况下，人们之间的交往频率越高，那么人际关系也就越会向纵深发展；交往频率越低，那么人际关系也就越趋于淡化。

　　此外，良好的人际交往是人们追求的目标，但是，人与人的关系又常常处于矛盾之中，如交往中为利益而产生的摩擦、冲突，造成痛苦、不幸和灾难；交往中因性格、情趣的不协调而发生矛盾，导致人际关系紧张等，这要求人们必须要加深对人际交往的理解，学会与他人进行交往，只有这样才能与他人建立良好的人际关系，化解矛盾，促进沟通。

二、人际交往的理论基础

　　人际交往的理论基础有很多，其中最为重要的有以下两个。

（一）人际需要的三维理论

社会心理学家舒茨提出了人际需要的三维理论，他认为每一个个体在人际互动过程之中，都有情感需要、包容需要、支配需要这三种最为基本的心理需要。

1. 情感需要

个体在人际交往中建立并且维持与他人亲密的情感联系的心理需要，便是情感需要。在个体早期的生活经历之中，适当的关心和爱，可谓是个体形成理想的个人行为的重要因素之一。只有个体在得到充分的关心和爱之后，他们才会善待自己和他人，合理地表现自己的情感和接受别人的情感，与他人最终建立良好的人际关系。

2. 包容需要

个体想要与人接触、交往，并加入某个群体，从而与他人建立、维持一种满意的相互关系的心理需要，便是包容需要。其表现形式通常有主动与被动两种：主动包容，即个体自己主动想与他人交往、相容，表现出积极的态度；而被动包容则指个体期待他人能够接纳自己，总是体现出一种消极、退缩的态度。在个体早期，家庭教养方式对其人际交往的影响颇大。如果父母与孩子交往过少、过密，都不利于个体形成十分理想的社会行为。只有父母适当的陪伴、沟通，才能使孩子具有主动的包容需要，从而在其未来的生活、学习和工作中，产生良好的人际关系。

3. 支配需要

个体控制别人或者被别人控制的心理需要，便是支配需要。在个体早期的生活经历之中，假如成长在既有规则、同时又有自由的民主气氛的环境中，那么其便会形成既乐于顺从又可以支配的民主型行为倾向。如此一来，个体就可以按照具体情况来适当地确定自己的地位和权力范围，也就能合理地解决人际关系中与控制相关的问题。

综上所述，人际需要一旦不能得到充分满足，那么就很可能导致个体产生人际交往的心理障碍或其他心理问题；个体早期的人际需要的满足程度及由人际需要形成的行为方式，对个体在未来的人际关系中有着重大影响。

（二）社会交换理论

美国社会学家霍曼斯提出了社会交换理论，他在解释人的社会行为时，引用了经济学领域中的概念，他主张社会互动行为可以被理解为一种商品交换的过程。当然，这里人与人之间的交换并不只是物质商品上的交换，而且涵盖了信息、地位、情感、荣誉等诸多非物质内容的交换。不仅如此，与商品的交换原则一样，人际交往之间也应是等价的、公平的。当人与他人进行交往时，总是希望获取一些利益，并且也准备给予他人一些回报。

社会交换理论强调，公平性是人际交往的关键因素之一。毕竟公平可以使人建立起一种相对稳定和愉快的关系，不公平则会让交往双方都可能产生不悦的情绪，从而影响他们之间交往的融洽性。

三、人际交往的功能

人际交往有着多方面的功能，其中较为重要的有以下几个。

（一）能够增进个体的心理健康

个体的心理健康，会受到其人际交往状况的影响。通常来说，一个人拥有良好的人际交往，与人关系融洽，心情愉快，有安全感，其心理往往也能获得健康发展，反之则会损害个体的心理健康发展，甚至会导致个体产生神经衰弱、高血压等心理疾病。

（二）能够促进个体的社会化

个体的社会化进程，自出生时刻便开始了。同时，个体从出生开始，便进入了人际交往之中。从这一角度来说，人际交往是个体社会化的起点。而个体随着自身的成长，会与越来越多的人进行人际交往，形成人际关系，并从中获得更丰富的信息，与社会保持更为紧密的联系。长此以往，个体的社会化程度必然得到大大加深。

（三）能够提高个体的学习与工作效率

对于个体来说，学习与工作是十分重要的两项活动。而个体在学习与工作的过程中，往往需要与他人进行接触，并在这一过程中逐渐形成人际关系。此外，个体在学习与工作中所形成的人际关系的好坏，会对其学习与工作的开展和效果产生重要影响。具体来说，个体在学习与工作中所形成的人际关系良好，则会促进其学习与工作的顺利开展，帮助其在学习与工作方面取得良好的成果,反之则会阻碍其学习与工作的开展以及最终的效果。

（四）能够培养个体良好的个性

先天遗传因素会影响一个人的个性,除此之外,后天环境也会对人的个性产生深刻的影响。因此,一个长期生活在互助、互爱、充满热情、友好和睦的人际交往氛围中的个体,会逐渐形成乐观、开朗、积极、主动等良好的个性,反之则可能性格压抑、性格暴躁、疑心猜忌等。

（五）能够促使个体事业的成功

当个体在为自己的事业奋斗时,由于自身能力有限,往往需要与他人进行良好的交往合作,以便能够将各人的知识、专长和经验融合在一起,继而获得事业的成功。从这一角度来说,人际关系能够促使个体的事业获得成功。

（六）能够帮助个体更好地认识自己

人对自己的认识总是以他人为镜,需要通过与别人的比较,把自己的形象反射出来,而加以认识。别人是尊重、喜爱、赞扬你,还是轻蔑、讨厌、疏远你,常常成为认识自我的尺度。从他人对自己的反应、态度和评价中,发现自己的长处和短处,找到自己恰当的社会位置,从中得到丰富的教育意义,为自我的设计、发展、完善创造了有利条件。离开一定的人际交往,就无法弄清这一点。因此,有必要多方位、多层次、与更多的人交往,与他人有更密切的接触和了解,以吸收更多可靠的信息,更清楚地确定自己的形象,更清楚地知道怎样的行为才最符合自身情况、最有利于自身发展。

四、人际交往的特点

人际交往的特点,具体来说有以下几个。

第一,主观性。人们通常是为了达成某种需要或为了满足某种目的而与别人进行交往,这使人际交往具有主观性的特征,即交往对象的选择带有主观性。

第二,实践性。由于人际交往是在双方或多方同时参与的过程中形成的,因此人际交往具有实践性的特点。

第三,社会性。人际交往的社会性特点主要表现在人际交往产生于社会群体,并在社会群体中不断发展,因而具有特定的社会内容;生活在一定的文化环境之中的个人，其思维模式、生活习惯、语言举止等都会带有一定的社会文化特征，因此在人际交往过程中会形成不同社会文化环境中不同的人际交往文化；人作为人际交往的主体，在成长过程中需要依赖人际交往逐步实现社会化；人际交往是社会形成的基础之一，没有人际交往，社会难以成形。

第四，复杂性。人际交往随着个体的生长而不断发展，其在少年、青年、成年、老年等阶段会表现出不同的特征，这也使人际交往具有复杂性的特征。

第五，互动性。人际交往是双方或多方在感情、思想、行为上的互动交流，是一种双向的"输出—反馈"关系，而不是"输出—接受"关系，因此交往双方或多方的心理、情感都会受到互相影响，这也是人际交往互动性特征的体现。

五、人际交往的影响因素

人际交往的影响因素是相对复杂且广泛的，其中较为重要的有以下几个。

（一）社会因素

随着我国高科技信息技术的爆炸式增长、网络技术的普及和新闻娱乐媒体的人性化服务，大众传播媒介对大学生心理健康的影响越来越大。一方面，电视新闻、报刊、图书等传媒以迅雷不及掩耳之势宣传最新的时事信息，它不仅提供社会经济走向、社会热点关注、社会变革的消息，还向人们提供各种不同的角色模式、角色评价、价值标准、行为规范等，对个体的发展起着潜移默化的影响。另一方面，互联网的迅速发展使世界变成了地球村，缩短了地域距离，使人们足不出户便能把天下事尽收眼底。

（二）家庭因素

在个体的人际交往中，家庭因素往往也发挥着重要的作用。具体来说，影响人际交往的家庭因素主要包括以下几个方面。

1. 家庭的教养方式

一般来说，民主型教养方式、专制型教养方式和放纵型教养方式是最为常见的三种家庭教养方式。其中，在民主型家庭中长大的儿童具有个性独立、有主见、乐于交往、思想活跃、富于合作等积极的人格品质；在专制型家庭中长大的儿童容易形成消极、被动、懦弱、依赖、服从、做事缺乏主动性甚至不诚实的人格特征;在放纵型家庭中长大的儿童多表现为自私任性、蛮横无理、唯我独尊、依赖性强、无所事事等,父母对孩子的过分溺爱,阻碍了儿童健康人格的形成。

2. 家庭的生活氛围

家庭的生活氛围对个体人际交往的影响主要有两个方面:一方面,充满暴力攻击和冲突的家庭会致使儿童获得有关人际交往的错误认知和不恰当的攻击性冲突解决策略;另一方面,家庭成员之间和睦相处、相互尊重有助于使儿童形成谦虚礼貌、待人亲切而诚恳的性格。

3. 家庭中子女的出生顺序

根据相关心理学的研究,一个家庭中子女的出生排序也会在一定程度上影响儿童的性格形成。一般而言,由于父母对子女的态度不同及子女在家庭中的地位不同,兄、姐有利于形成独立、主动、果断、善交际的性格特征,而弟、妹则容易形成依赖、盲目、优柔寡断、不善交往的性格特征。

(三)个人因素

影响人际交往的个人因素,又具体涉及以下几个方面。

1. 个人认知

认知是指个体认识客观世界的信息加工活动。个体在人际关系过程中的认知因素,主要包括三个方面:一是对自己的认知;二是对他人的认知;三是对交往本身的认知。其中,最为关键的认识因素是对自己的认知。

对自己的认知关键在于自我评价是否恰当。过高地评价自己,在人际交往中往往会盛气凌人,处于不平等的地位;过低地评价自己,往往会引起自卑,不愿或害怕与人交往。对交往本身的认知,也会影响交往行为,因为交往的过程是双方彼此满足需要的过程,如果只考虑满足自己的需要,忽视他人的需要,就会引起交往障碍。

2. 个人情绪

情绪因素也是人际交往中很重要的一个影响因素。在人际交往过程中,情绪过于激烈或过于冷漠都不利于建立良好的人际关系。如果情绪反应过于强烈,人往往会表现出不分场合、不分对象的冲动,给人造成感情用事、不成熟、轻浮不实的感觉。如果情绪反应过于冷漠,则会被视为不友好、对人没感情、姿态高、瞧不起人。因此，个体在人际交往中，应该培养健康的情绪，既不过于强烈，也不过于冷漠，要适时、适度。

3. 个人人格

人格在个体的人际交往中，也是不容忽视的一个影响因素。不良的人格特征容易给人以不良评价、不愉快的感受乃至一种危险感，因而会影响人际交往。因此，在人际交往中要尽可能避免虚伪、自私自利、不尊重人、猜疑心重、过分自卑等不良人格。

4. 个人交往动机

人际交往的最基本动机就在于希望能从交往对象那里得到自己需求的满足。很自然，如果对方不能满足我们的交往需求，我们就不会产生与之交往的动机。然而，每个人的需求是有所不同的，有的是希望得到金钱财物而交往，有的是为了攀附名利而交往。大多数人的交往动机处于较高的社会意义上，如结识朋友，寻求信息交流，沟通感情，陶冶性格和承担社会责任等。每一种动机，都能促使个体参加相应的交往活动。

（四）时空因素

影响人际交往的时空因素，又可以细分为时间因素和空间因素两个方面。

1. 时间因素

时间是影响人际交往的重要因素之一。个体之间交往的时间越长，接触的机会越多，交往的次数就越多，就越比较容易形成亲密的关系。个体之间长时间不见面，即使原来是比较亲密的朋友，也容易变得生疏起来。

2. 空间因素

空间因素主要指交往双方距离的远近。距离近，则更容易接触，也就更利于建立密切的关系，反之则不然。正如俗话说的"近水楼台先得月""远亲不如近邻"。比如，在学生的同伴交往中，同桌比同班容易，同班又比同年级容易，同年级又比同校容易。家离得比较近的两位同学比家离得比较远的同学更容易形成比较紧密的人际关系。这是因为空间距离越近，越有接触的机会，熟悉的程度越深，互动的速度越快，共同关心的事情越多，利害关系越接近。

六、人际交往的过程

人际交往从最开始建立交往到双方情感的深入发展要经历一个由浅入深、由表及里的渐进发展过程，具体涉及以下几个阶段。

（一）定向阶段

在人际关系的定向阶段，包含着个体多方面的心理活动，如注意交往对象、选择交往对象、与交往对象进行初步沟通。具体来说，在这一阶段中，人们会在产生某种交往的心理需求后，会将注意力优先集中在那些具有某种会激起自己某方面兴趣的人身上，并通过初步接触判断其是否可以作为交往和建立人际关系的对象。这一阶段的时间跨度会随着交往对象彼此之间的契合度而表现出明显的差别，因此会出现在邂逅后即相见恨晚，成为密友的现象；也会出现在初步接触后觉得对象选择错误，而再选择其他对象的现象；还会出现因双方都有较强的自我防卫倾向，而需要经过长时间沟通才能建立人际关系的现象。

（二）情感探索阶段

在情感探索阶段，随着双方发现了彼此之间共同的情感领域，会逐渐进行越来越广泛和深入的沟通。同时，交往双方在这一阶段会越来越多地进行自我暴露。不过，交往双方的自我暴露在这一阶段是比较表层的，并不会对自己根本的方面有所涉及，且讨论的话题以不触及对方的私密领域为前提。由此可以知道，在情感探索阶段，交往双方在进一步接触中寻找共同的心理领域，以形成情感联系的过程。同时，交往双方在这一阶段仍十分在意自己的表现。

（三）情感交流阶段

这一阶段中，随着交往双方对彼此已经产生了较好的信任感和安全感，交往中自我暴露的深度和广度也会不断增加，开始讨论一些私人性的问题，如工作、生活中的烦恼，家庭中的情况等。此外，由于涉及的情感交流越来越多，交往双方的关系会越来越稳定，越来越自在，也越来越真诚。也就是说，这一阶段的交往双方会对另一方进行真实的评价，并将评价的信息如实反馈给对方，以促使对方不断得到完善。

由于在人际关系的感情交流阶段，交往双方投入的情感是非常多的。因此，人际交往一旦在这一阶段破裂，将会对交往双方的心理造成严重的不良影响。

（四）稳定交往阶段

人际交往在进入到稳定交往阶段后，交往双方的心理相容性会进一步增强，也会在更为广泛和深刻的程度上对自我进行暴露。同时，交往双方在这一阶段会允许对方进入自己有高度私密性的领域，与其分享自己的生活空间。不过，在现实生活中，很少有人可以达到这一情感层次的友谊关系，大多数人际交往停留在第三阶段中。

七、人际交往的心理效应

在人际交往中，不同的群体有不同的特点、交往方式。但是，正如每个人都会有人际交往的需求一样，人际交往也遵循着相同的心理效应。具体而言，人际交往的心理效应主要有以下几个。

（一）首因效应

首因又称"第一印象"，因而首因效应也可以说是在人际交往中第一印象形成的心理效果。所谓首因效应，就是人际交往双方在交往过程中给对方留下的首次或最先的印象（即所谓的第一印象）对日后交往活动的影响。它所强调的是第一印象的影响和效果，也就是日常所说的"先入为主"的效果。比如，当某人在首次见面给人们留下了良好的印象时，即使过了一段时间，人们在对他的心理与行为特征进行解释时，也会以这种印象为依据。由此可知，第一印象是十分鲜明且稳固的。但是，第一印象并不总是正确的，随着交往的深入、认识的增多，第一印象会不断得到修正或改变。

首因效应是客观存在的，它的产生主要是由于人们在对他人和事物进行认知的过程中，直觉往往会起到十分重要的作用。而人的直觉具有综合性特点，因此在第一印象得以产生的有限信息基础上，会利用思维对不完全的信息进行贯穿和填补，从而使对对象的认知成为一个统一的整体，进而对对象形成一个整体的印象。但是，这一印象在很大程度上是通过思维、想象而不是直接的接触和认知获得的，而且这一印象会影响到后面对对象的认知，即与这一印象相符合的，很容易进行强化；与这一印象不相符合的，很容易产生冲突。因此，首因效应是一种正常的心理偏差，但也存在一定的片面性。对此，个体应有清醒的认知，同时要特别注意两个方面。一方面，在初次与他人交往时，要尽可能减少首因效应对自己的影响，以便自己能够正确地对他人进行认知；另一方面，要对首因效应进行有效利用，注意在初次与他人交往时给其留下良好的影响,以便日后能够顺利地进行深入交往。

(二)近因效应

近因效应指的是人际交往中人们往往对最近获得的印象清晰深刻,会冲淡和破坏过去一直存在的印象。也就是说,在近因效应的影响下,对他人最近、最新的认识占了主体地位,成为影响人际交往的重要因素。比如,平时表现平凡的同学,因为参加一次竞赛获得全国性的奖励,你很有可能就会一扫其平凡的印象,对其刮目相看;相交多年的朋友,在自己的脑海中印象最深的,可能就是临别时的情景;朝夕相处的室友最近做了一件有损你们友谊的事情,当提起他的时候,你很可能就只记得他的坏处,完全忘了他曾经的好等,这一切都是近因效应的影响。

这里需要特别指出的一点是,近因效应与首因效应并非是对立的,而是一个问题的两个方面。其中,首因效应在人际交往双方彼此生疏的阶段特别重要,但随着双方了解的加深,近因效应就开始发挥它的作用了。也就是说,首因效应在与陌生人的交往中会表现得比较明显;近因效应则在与熟人的交往中会表现得比较明显。

(三)光环效应

所谓光环效应,就是人们在人际交往中往往将对对方所具有的某一特征泛化到其他有关的一系列特征上。这与人们日常生活中所说的"爱屋及乌""情人眼里出西施"是较为类似的。

光环效应可以增加个体的吸引力而助其获得某种成功,因而个体在人际交往中可以利用光环效应有利的一面,也采用先入为主的策略,全面展示自己的优点、掩饰缺点,给他人尽量完美的印象。同时,光环效应对不同的人所产生的影响,在程度上会有一定的差异。具体来说,光环效应对有较强的独立性和灵活性的人所产生的影响往往较小,而对适应性较差且情绪不稳定的人所产生的影响往往较大。此外,在人际交往中,光环效应会产生一定的负面影响,最为鲜明的便是会对人辨别好坏、真伪产生一定的妨碍,而这可能导致某一人被其他人所利用。因此,个体在人际交往中应具备一定的设防意识,并有意识地训练自己从不同的角度和方面对他人进行观察和评价,以尽可能减少光环效应对自己的影响。

(四)投射效应

投射效应就是"以己论人",即常常以自己的喜好为参照,认为别人与自己具有同样的爱好、个性，以为别人应该知道自己的所想所思等。一般来说，投射可以分为两种情况。一种是个人将自身具有但并未意识到的一些特征强加到他人身上。比如，某人对另一个人怀有敌意，则会感觉对方总是对自己带有敌意、十分痛恨，认为对方的一举一动都有挑衅色彩。另一种是个人将自身具有且意识到的一些特征强加到他人身上。比如，一个想在考试中作弊的学生，总感觉其他同学也在作弊，自己要是不作弊就太吃亏了。

应该说，投射效应是一种认知心理上的偏差，很容易造成人际交往中的误会和矛盾。我们耳熟能详的"以小人之心度君子之腹"，其实就是投射效应的典型写照。当别人的想法或行为与我们不同时，我们习惯用自己的标准去衡量别人，从而认为别人是错的。当然，投射效应在人际交往中也会产生一定的积极影响，如帮助人们更好地进行相互理解。因此，个体在人际交往中应该学会辩证地、一分为二地看待自己和他人，严于律己，客观待人，尽量避免以自己的标准去判断他人，在最大限度内克服投射效应的消极作用。

（五）刻板效应

所谓刻板效应，就是认知主体对认知客体形成了一种既概括又固定的看法，且这一看法会对认知主体日后对该类客体进行知觉产生重要的影响。比如，我们一般倾向于认为北方人性情豪爽，胆大正直；南方人聪明伶俐，随机应变。

刻板印象是以人们的经验为基础产生的，并始终在人们的意识中潜藏着。同时，人们一旦形成了刻板印象，便会在不自觉中受到影响，对某一人产生不正确的认知，不论其是否表现出某一类群体的特征便将其简单地归到某一类人群中，并将该类群体的评价强加到他的身上。因此，在人际交往中存在刻板印象，很容易导致人际交往无法顺利进行，妨碍良好人际关系的建立。不过，刻板印象也有其积极的一面，即它简化了人们的认知过程，因为当人们了解某类人的特征时，就相对容易推断这类人的个体特征。但是，每一个人都是独立的个体，在具有群体特征的同时，还具有自己的个性。因此，大学生在对他人进行认知时，要尽可能避免被刻板效应影响。

（六）从众效应

从众效应指的是个人迫于社会群体的压力，不坚持自己的意见，而采用大多数人都会采取的行为。比如，在一个班级中，某一具有很多优点的同学很值得自己与他交往、向他学习,但是这一同学不被其他大学生同时喜欢,于是自己便不与他交往。

在人际交往中,从众效应也会产生重要的影响,即会使一个人的人际交往活动处于被动状态,无法积极、主动地去建立自己的人际关系。在其影响下,人际交往必然无法顺利进行,同时也会对人的内心造成压力,从而既无法建立起良好的人际关系,也不利于自己身心的健康发展。因此,大学生在进行人际交往时,要尽可能减少从众效应对自己的影响。

八、人际交往的吸引规律

在人际交往中,主要的吸引规律有以下几个方面。

(一)接近吸引规律

接近吸引规律中所涉及的相似因素包括民族、年龄、学历、社会地位、职业、兴趣、观点、修养等方面。在人际交往中,交往的双方如果有很多的相似之处,那么他们之间就会相互吸引,这也就是我们常说的"物以类聚,人以群分"。接近点和共鸣点越多,交往深化的可能性越大。

(二)互惠吸引规律

心理学的研究发现,人都有追求奖赏、幸福而避免惩罚、痛苦的心理需求。人们对乐观开朗、助人为乐、富于幽默感、有进取精神的人,常常存在倾慕之情。因为与这种人相处,能给人带来欢乐。对具有相反性格的人,一般来说较为嫌弃。如果交往的双方,能够给对方带来知识的、生理的、心理的收益,就能增加相互间的吸引,换句话来说,就是双方都会因为可以获得愉悦感而进行交往。

(三)互补吸引规律

互补的范围包括能力特长、人格特征、需要利益、思想观点等多个方面。当双方的个性或需要及满足需要的途径正好为互补关系时,就会产生强烈的吸引力。这是因为人们都有要求自我完善的倾向,当个人无法实现这种要求时,便会从他人身上获得补偿,以达到满足个人需要的目的。

(四)对等吸引规律

心理学家研究发现,人们最喜欢那些对自己的喜欢程度不断提高的人,最讨厌那些对自己的喜欢程度不断减少的人。这是因为,没有渐进过程地喜欢一个人，往往使人感到轻率、唐突；喜欢逐渐增加，使人感到成熟、可靠。

（五）诱发吸引规律

在人际交往过程中，如果人们受到某种诱因的刺激，而这种刺激正好投其所好，就会引起对他人的注意和交往兴趣，如得体的打扮、妙语惊人的谈吐、风趣幽默的故事等都可以增加他人对自己的注意，从而吸引他人与自己进行交往。

第二节　大学生常见的人际交往问题

一、人际冲突

人际冲突指的是大学生的人际关系不符合大学生群体对人际关系的基本认识，导致在大学生个体之间出现的人际关系不协调、不适应的现象。这是大学生人际交往中比较常见的一种人际适应不良。大学生的人际冲突总是与自身的心理健康素质有着十分密切的联系，其中以自我为中心、情绪调控力差可以说是导致大学生人际冲突的直接原因。

（一）以自我为中心

自我中心是一种个性特征，自我中心者为人处世以自己的需要和兴趣为中心，只关心自己的利益得失，不考虑别人的兴趣和利益，完全从自己的角度，以自己的经验去认识和解决问题，似乎自己的认识和态度就是他人的认识和态度，而且他们固执己见，不容易改变自己的态度，盲目地坚持自己的意见。自我中心者在心中建立起自负这样一种虚假的自尊，要求别人必须服从自己，必须满足自己，这种做法明显违背了人际交往的平等互惠原则，任何人都不愿意建立或保持这种人际交往的不平衡。由于这种不平衡的人际交往不能建立，自我中心者虚假的自尊需要也无法得到满足，这必然导致人际交往的冲突。

（二）情绪调控力差

情绪调控力可以说是人情商的重要组成部分之一，同时也是建立和维护良好人际关系的重要途径。对于情绪调控力好的大学生而言，其在出现人际关系不和谐时，总是能够控制住自己的情绪，及时调节和引导人际交往，从而使得其能够向和谐的方向发展。而对于一些情绪调控力差的大学生而言，其在人际关系不和谐时，总是无法控制住自己的情绪，进而使得人际关系向着更糟糕的方向发展，使人际关系不和谐逐步升级为人际冲突。

二、交往恐惧

（一）交往恐惧的含义

恐惧是个体在面对情境并企图摆脱而又无能为力时产生的情感体验，而交往恐惧是指在社交时出现的一种带有恐惧色彩的情绪体验，如见生人害羞、脸红，说话紧张，害怕与人交往，甚至表现得有些神经质。

（二）大学生交往恐惧的表现

交往恐惧也是大学生中比较常见的一种人际交往问题。有交往恐惧的大学生不敢与人交往，担心自己不会说话，担心被别人瞧不起，担心自己的表情不自然，等等。总之，交往恐惧的大学生不敢面对别人，不敢在大庭广众之下说话发言，不敢与他人积极交往，对人际交往充满恐惧。

（三）大学生交往恐惧的产生原因

大学生交往恐惧的产生原因，具体来说有以下几个。

1. 大学生在思维方面存在偏差

人们的行为往往受到思维的影响，而思维的偏差或错误必然会导致错误的结论。这种结论又会使人们对交往的对象、周围的环境以及交往氛围中的各种刺激物产生错觉。在这种情况下，就会对一些毫不恐怖的事物产生恐惧感。如有些人害怕毛毛虫，虽然毛毛虫对人没有危害，但由于认识上的偏差，仍然身不由己，害怕不已。还有许多人怕蛇，其实蛇对人的生活和工作也无任何影响，但同样的认识偏差，使人们对蛇产生恐惧，有的甚至连画上的蛇、玩具蛇都感到异常的惧怕，"杯弓蛇影"就是极典型的例子。

2. 大学生自身缺乏辨别能力

在人际交往中，有许多事情都需要凭自己的判断力予以辨别，如正确评价自己和对方，准确解释所处客观环境的状态和性质等。若缺乏必要的辨别能力，就很容易在未经准确和充分认识的人际环境中，面对突发性的刺激而产生恐惧感。

3. 大学生存在自卑和害羞心理

自卑往往会使人际交往中的个体处于孤独状态,过分敏感,郁郁寡欢,不愿主动与人交往,一旦受到外界刺激,即使刺激很小,他们也会不知所措,或者是无法忍受而产生恐惧。而害羞心理则是人类常见的心理现象,但过分地害羞则属于不正常的心理问题,它是指一个人过多地约束自己的言行,以致无法充分地表达自己的思想感情,阻碍正常交往的心理状态。害羞者对自己的一言一行非常重视,唯恐有差错,这种心理状态导致了他们在交往中,特别是在陌生的场合中生怕被人耻笑,因此表现得不自然、心跳加速、脸红,久而久之,便不敢与人接触,羞于在公开场合讲话,以至于造成社交恐惧心过强的问题产生。

4. 大学生有较强的戒备心理

大学生在人际交往过程中,由于某些消极心理因素的影响而形成的不切实际的、固执的心理偏见,便是大学生的戒备心理。它是一种常见的妨碍大学生交往的不良心理状态。

应该说,适当的戒备是应该的,具有一定的戒备心理也是个体心理成熟的标志之一。但是戒备心理过重,则往往会影响到人们正常的人际交往。戒备心理过重,说明你对他人的信任度不够,不能够充分相信他人。而人际交往尤其是大学生的人际交往是建立在平等互信的基础上的,缺少了基本的信任,交往自然无法继续下去。

5. 大学生的情感过于脆弱

通常来说,性格较软弱的大学生更容易产生交往恐惧。他们往往经不住强烈刺激的干扰,如果一些蛮不讲理、欺软怕硬的人出现在他们的生活中时,他们往往因情感脆弱、胆小怕事,抵抗不住突如其来的刺激而产生恐惧。

三、沟通不良

在大学生的人际交往中,沟通不良是导致人际关系紧张的一个重要因素。沟通不良与缺乏相关的人际沟通技巧有关,许多大学生不知道在何种情况下应该采取何种沟通方式与他人沟通。

依据相关调查,大学生人际沟通存在四种情况:第一,我行我素,从不与人沟通;第二,虽有良好的沟通愿望但却不知道如何与他人沟通,因而在沟通时往往不能采取正确的方法与他人进行沟通；第三，仅重视沟通的一方面，如事实，而忽略了其他方面，如情感等；第四，通过自己的主动学习掌握相应的沟通技巧，使自己的人际交往技能不断提高，人际关系不断地向良性方向发展。这四种情况中的前三种都必然会导致大学生的沟通不良。因此，提高大学生人际交往能力，增强大学生人际适应，要将提高沟通能力作为培养和教育的重点。

四、交往偏执

交往偏执心理是人际交往中的一个巨大障碍，不利于良好人际关系的形成。大学生如果具有交往偏执心理，往往会呈现出以下几种表现。

第一，十分固执，对于任何问题都存在偏激的看法且爱钻牛角尖。

第二，容易动怒，当事物或事情与自己的信条不相符合时，便会产生激烈的对立情绪。

第三，常常故意在别人的言行中寻找"不正确"的东西，并大力进行反驳。

第四，本身缺乏幽默感，而且对于他人的玩笑常常当真。

五、交往戒备

(一)交往戒备的含义

在大学生的人际交往中，交往戒备也是一个不容忽视的人际交往问题。所谓交往戒备，就是大学生在人际交往过程中，由于某些消极心理因素的影响而形成的不切实际的固执的心理偏见。

俗话说"害人之心不可有，防人之心不可无"，在形形色色的人群中，不乏极少数的虚情假意之人，如果我们抛出了一颗真心却遭到欺骗，造成精神上的损失，这自然是得不偿失的。因此，适当的戒备是应该的，具有一定的戒备心理也是个体心理成熟的标志之一。但是戒备心理过重，则往往会影响到正常的人际交往。戒备心理过重，说明你对他人的信任度不够，不能够充分相信他人。而人际交往尤其是大学生的人际交往是建立在平等互信的基础上的，少了基本的信任，交往自然无法继续下去。由于对人际交往强烈的戒备，害怕别人在与自己的交往过程中获得某种利益，或自己损失某些利益，不敢与他人进行积极的交往，对人际交往充满恐惧。

(二)大学生交往戒备的表现

存在交往戒备心理的大学生，往往表现出以下几种行为。

第一,对人不随和,无法与大多数人和谐相处。

第二,容易对他人猜忌,不相信任何人。

第三,将自己与周围的人和环境隔离开,并隐藏起自己的真实想法,不愿意与朋友真诚相待。

六、猜疑心理

猜疑心理就是因主观推测而产生的一种不信任的复杂情感体验。具有猜疑心理的人,往往疑神疑鬼、无中生有,认为所有人都不可信,"戴着面具"与他人交往,时时防范着他人。因此,在人际交往中,猜疑是一种不好的心理品质。大学生在进行人际交往时,如果常常产生猜疑心理,会严重阻碍了人际交往的顺利进行以及良好人际关系的建立。

大学生猜疑心理产生的原因,概括来说有以下几个。

第一,当一个人思维封闭,只有很小的信息摄取范围时,他就会将一切分析、推理、判断都只建立在自己设想的信息上,使其"自圆其说",从而产生猜疑。

第二,当个体对他人缺乏信任,就会习惯性地怀疑别人,产生猜疑心理。

第三,交往挫折经历。猜疑也可能是因缺乏对他人较为全面、确切的评价和信息而导致交往挫折,交往挫折使其产生一种心理防卫。例如,有些人以前由于轻信别人,在交往中受过骗,蒙受了巨大的物质或精神损失,遭受了重大感情挫折,结果不再相信任何人,从而束缚了交往,陷入自我封闭和自卑的境地。

七、交往报复

报复是人类行为强有力的动机之一,不少人都存在交往报复心理。交往报复心理是指在交往者一方自认为受委屈、被羞辱甚至是情感、人格被伤害时所产生的反击心理。交往报复依据不同的标准可以分为不同的类型,具体如下。

第一,直接报复与间接报复。前者采取以牙还牙、当面较劲的方式进行报复,你骂我一句,我骂你一句,你打我一拳,我踢你一脚;后者则不同,你明处羞辱我,我背后诽谤你,甚至移情于物,弄坏你一件东西,或对与你相关的人进行报复。

第二,公开报复与隐蔽报复。前者报复行为毫不隐讳,裸露易见,容易防范;后者暗中进行,能见度低,不好防范。

第三,对等报复与失当报复。前者报复行为的强度与其所认为的或实际被伤害的程度相当,后者的报复行为严重超出其所受伤害的程度。

第四,及时报复与事后报复。前者报复行为具有及时性、当即性;后者窥测时机,秋后算账。

在大学生的人际交往中,报复心理有不同程度的存在。不难发现,在社交中好用报复举措的人多半是心胸狭窄、脾气暴躁,即文明水准较低的人,他们常把战争中的"以牙还牙"和法律上的"正当防卫"移植到朋友间的人际交往中来,实在是不可取的。如不注意克服,任其滋长,必然会导致严重后果。

八、嫉妒心理

所谓嫉妒,就是个体看到别人成功了而自己又成功不了,想超越又做不到的时候所产生的一种由羞愧、愤怒、怨恨等组成的复杂情感。这是一种消极的心理品质。嫉妒心理主要因为两种错误的认识而产生:一是认为别人取得了成绩,就说明自己没有成绩,别人成功了就说明自己失败了;二是认为别人的成功就是对自己的威胁,是对自己利益的侵害。

嫉妒是比较的产物,主要是因为个体把自己的才能、品德、容貌、名誉、地位、境遇、成绩等与身边的人进行了不合理的比较,从而使心理失衡,产生各种消极的内心体验。嫉妒的产生离不开人们生活环境和心理空间中所发生的各种事件。轻微的嫉妒,使人意识到一种压力,产生一种向超越者学习并赶上超越者的动力,促使人去拼搏奋进,力争上游。但严重的嫉妒所导致的更多的是焦虑和敌意,是害人不利己的。

大学生存在嫉妒心理,会对自己的知识、能力等产生怀疑,并会扼杀掉自己的进取心。此外,大学生存在嫉妒心理,会使校园生活失去了应有的活力,也会严重阻碍大学生的人际交往。

第三节　大学生常见人际交往问题的调适

一、人际冲突的调适

大学生在与他人产生了人际冲突后,需要采取必要的措施进行有效解决。

(一)大学生人际冲突解决的原则

大学生在与他人产生了人际冲突后,要想对其进行有效解决,必须遵循以下几个原则。

1. 保持冷静

当冲突可能要发生或已经不可避免地发生了，此时，保持冷静有助于更好地解决冲突。纽约大学阿鲁比、巴斯等教授曾经用了 7 年的时间寻找10 000 件冲突事件的个案，结果发现多数人在争辩过程中，常常不自觉地犯的一种通病就是对他人进行人身攻击，使对方受到很大的伤害，从而加剧了冲突。

2. 积极沟通

社会心理学家认为，人际交往就是人与人之间相互沟通、相互知觉、相互影响的过程，沟通与相互作用被看成人际交往的两个基本特征。正因为如此，积极沟通才成为解决人际冲突的一般原则之一。当然，如何与人进行沟通还存在一些人际交往的技巧方面的问题。

3. 求同存异

人际冲突并不都是由不公平引起的，有时候，人与人之间的冲突只是由于意见有分歧而已。特别是当人冲突是由于意见分歧而引起的时候，求同存异应该成为解决冲突的首要原则。

（二）大学生人际冲突解决的步骤

大学生在解决人际冲突时，需要遵循以下的步骤。

第一，要确信通过理性的方式，所有的冲突都能得到有效解决。

第二，要对冲突产生的原因进行客观、全面的了解。

第三，要对冲突进行翔实的描述。

第四，要通过向别人咨询的方式明确自己有关冲突的观念是否存在不当之处。

第五，要提出一些能够有效解决冲突的方法。

第六，要对提出的冲突解决方法进行客观评价，并从中选出对冲突双方都有利的最佳解决方法。

第七，运用所选出的最佳冲突解决方法进行冲突解决。

第八，对冲突解决方法的成效进行评估，并依据评估结果对这一方法进行修正与完善。

需要注意的是，上述原则和一般步骤只是大学生更好地适应大学人际关系的前提，自我中心者应该正确认识他人与自己的关系，认识到人际交往的自我价值保护原则；而情绪调控力差者则应更多地学习调控情绪的方法,这样才能更好地促进自己的人际沟通与交流,建立良好的人际关系,避免人际适应不良的产生。

二、交往恐惧的调适

对于大学生来说,要克服交往恐惧感,可从以下几个方面着手。

第一,消除自卑。对自己应有正确的认识,过于自尊和盲目自卑都没有必要,事事处处得体,求全责备也是没有必要的。

第二,适当运用自我暗示法。在人际交往中,当恐惧来临时,可以用言辞进行自我暗示。例如,"我不害怕""我能行""我不比别人差"等话语。

第三,主动参与。大学生要明确人际交往是必不可少的生活技能,并积极督促自己或强迫自己参与到人际交往之中。之后,大学生还要注意培养自己的与人交往能力,以便自己能够更加从容地与他人交往。

第四,正确看待人际交往。大学生害怕交往主要是因为对交往缺乏正确的认识,任何一个人都不是完美的,所以不必对自己有太大要求,不必要求自己事事得体,处处大方,要从一种平和的心态去与人交往。

三、沟通不良的调适

对于大学生来说,要解决沟通不良的问题,首先要对沟通建立正确的认知。从沟通的方式来看,人们可以用语言方式沟通,也可以用非言语方式进行沟通,而且非言语沟通方式的作用是不可忽视的。此外,大学生要想克服沟通中的障碍,实现成功的沟通,还要注意在不同的场合选择不同的交往方式和技巧。具体而言,大学生可以利用的解决沟通不良的交往技巧有以下几个。

(一)学会聆听

对于大学生来说,学会聆听是对沟通不良进行调节的一个重要举措。聆听就是在大学生的人际交往中,专心听取对方讲话,适时给予对方回应的方法和技巧。此外,大学生在聆听时,要特别注意以下几个方面。

第一,要认真地听。对对方所说的话要认真地听,在倾听过程中要身心专注,不插别的话题,一边听,一边品味。不能东张西望,或者"顾左右而言他"。

第二,不要随便打断别人的话。打断别人的话是一种不礼貌的行为,也是缺乏个人修养的表现,因此在倾听时要切忌打断别人的话。这样会让别人觉得很扫兴,也会使对方觉得没有受到足够的尊重。

第三,要积极反馈,适当提问。倾听并不等于一句话也不说,在适当的时候要积极反馈，这是倾听的重要组成部分。适当提问可以增进自己对对方所谈及内容的理解，但提问时要尽量避免干涉性或盘问式的提问。

（二）学会交谈

交往常常从交谈开始，不善交谈的人，往往感到难以与人交往，发展友谊。大学生在与他人交谈时，以下几点要特别予以注意。

第一，交谈时说话注意场合。

第二，交谈时态度要诚恳、适度，不可过于恭维或过于傲慢。

第三，谈话要注意用词的准确和通俗，语言自然流利，显示善意。

第四，交谈时要注意礼貌。不宜自己滔滔不绝，不给对方讲话的机会；不宜心不在焉或东张西望、做小动作，目光要注视对方等。

第五，可根据谈话内容运用手势、身姿、表情等来表达自己的思想感情，但要恰到好处，不可过于频繁，更不能手舞足蹈。

第六，尽量不说对方没兴趣的话题，若对方说的话题自己没有兴趣，可巧妙地转移话题，不宜直截了当地用语言、表情或动作表示没兴趣。

（三）培养幽默感

大学生在人际交往中，积极培养自己的幽默感，可以使自己的人际交往更加和谐。不过，大学生在运用幽默时，要切忌幽默不是讽刺，不是蔑视，更不是油嘴滑舌。也就是说，大学生在运用幽默的时候尽量不要用到别人的缺点。

四、交往偏执的调适

对于大学生来说，可借助于以下几个措施对自己存在的交往偏执心理进行调节。

第一，要学着去理解、宽容与自己不同的人和事。

第二，要学着主动与他人交流思想与看法，并注意在出现争论时要以解决问题为前提，不可总想着打败对方。

第三，要学会忍耐，不要总是发怒。

第四，要增强自己的幽默感，以便更轻松地对待人际交往。

五、交往戒备的调适

对于大学生来说，在人际交往中保持适当的戒备是必需的，但过分的戒备心理则往往会对大学生的人际交往造成不利的影响。因此，必须想办法调节自己,尽力克服戒备心理带来的不利影响。具体来说,大学生可以通过以下几个措施来调节自己的交往戒备心理。

(一)要正确认知戒备心理

了解戒备和多疑对个体人际交往的负面影响:由于对他人过分怀疑和戒备,不能以真心与他人交往,在碰到需要与他人交往的情境时,往往顾虑重重,产生交往恐惧。有强烈戒备心理的人往往不够自信,害怕别人指责自己,害怕别人在与自己的交往过程中获得某种利益,不能坚持公平互惠原则,不能与他人进行良好的人际交往,继而无法形成良好的人际关系。

(二)增加自己的自信心

戒备从某种角度来说,是自信心不足的一种表现形式。因为自信心不足,不相信自己能够保护自己、能够与人友好相处、能够与别人建立良好的人际关系,自然会忧心忡忡,左担心、右戒备。只有充满信心地与人进行交往,才不会过分地担心别人对自己别有企图,才不会对交往充满恐惧。

(三)要学会适当地自我暴露

人们常常喜欢与自己比较了解的人交往。社会心理学的研究表明,交往双方具有越多的公开心理区域,则交往的程度越深。因此,大学生在人际交往中,应适度地进行自我暴露,注意向交往对象坦诚自己的一些秘密。这不仅有利于人际交往的顺利进行,而且能使自己的戒备心理在一定程度上得以缓解。

这里需要注意的一点是,在进行自我暴露时,不可毫无节制,因为并不是暴露越多人际交往越顺利。

六、猜疑心理的调适

大学生在对自己的猜疑心理进行调节时,可以采取以下几个有效的方法。

第一,及时沟通。当出现疑点时,大学生要注意不要进行毫无根据的乱猜测,而是要及时、主动与自己所怀疑的对象多接触、多交流,以消除疑虑。

第二,善于分析信息。大学生在得到关于某人的信息时,要对信息和信息源进行认真的、冷静的鉴别,不能别人说是什么就是什么,尤其是那些惯于搬弄是非的人，要保持警惕，切勿轻从轻信。

第三，正确认识他人。大学生在初次与人交往时，对其有所怀疑是不可避免的，但是要把握好怀疑的度。同时，需要对他人进行全面的认知，以减少或避免猜疑。

七、交往报复的调适

对于大学生来说，当出现交往报复心理时，可以采取以下几个有效的措施进行调节。

（一）对自己所受伤害进行正确认知

大学生在实施报复行为之前，要冷静考虑一下，自己到底是不是受到伤害，伤在哪里，是不是自己过于敏感或多疑，有无报复的必要和价值。这样也许有助于延缓报复行为的实施。

（二）对他人所受伤害进行正确分析

大学生在实施报复行为之前，要弄清楚别人是有意伤害还是无意伤害，是偶然伤害还是蓄意伤害，是故意伤害还是附带伤害，是严重伤害还是轻微伤害等。为此，大学生在报复行为实施之前，不妨仔细想想，通过报复，除了或许能从中体验到报复本身所带来的所谓"快感"并给对方造成危害外，还能得到什么呢？在唇枪舌剑、"刀来剑往"的搏击中自己会不会受到再伤害呢？后果是什么？会不会形成打架斗殴而造成出乎意料的恶果呢？古人说"饶人不是痴汉，痴汉不会饶人""忍得一时之气，了却百日之忧"，这很值得大学生汲取。

（三）学会忍耐与可知

人们在确实受到伤害时，会产生两种不同的态度：一种是反击，亦即报复；另一种是忍耐，自我克制。在正常的人际交往中，一般极少出现大的伤害，多半是一些有悖于文明礼貌和出言不逊所引起的心理伤害。受到一点伤害的人也应尽量忍让、克制。"海纳百川，有容乃大"，学会宽容，高姿态、大度量，从团结共事的愿望出发，化干戈为玉帛，争做人际交往的贤达雅士。

八、嫉妒心理的调适

对于大学生来说，当出现嫉妒心理时，可以采取以下几个有效的措施进行调节。

第一，要及时纠正自己的认识偏差。千万不能把别人的成功当成是自己的失败或对自己的威胁，而要向别人学习，努力赶上别人。

第二，要进行恰当的对比。人无完人，任何一个人都会有一定的不足。在与他人作对比时，不仅要看到别人的优点和自己的缺点，还应当看到自己优于对方的地方和对方的缺点。另外，不要经常与比自己强的人比，适当地与不如自己的人相比，以寻找自己的长处。

第三，要客观地认识自己性格上的弱点，并积极克服它。这就需要大学生加强自己的性格塑造，逐渐形成不图虚名、心胸开阔、坚毅自信的性格特征，最终消除严重的嫉妒心理。

第四，要保持良好的心态，努力使自己的思想积极升华。这对于大学生与他人形成良好的人际关系，促使自己不断进步具有重要的作用。

第四节　大学生良好人际关系的培养

人际交往是一门艺术，要营造和谐的人际氛围，建立良好的人际关系，并非自然天成，一蹴而就，需要借助一定的技巧和方法来避免负面效应，提升个人魅力，从而改善人际关系，达到人际交往的自我完善。因此，大学生应以自身的实际为依据，采取有效的措施来打开人际交往的局面，与他人建立并保持良好的人际关系。具体而言，大学生可以通过以下几种途径来培养自己的良好人际关系。

一、积极培养良好的交往心态

良好的交际心态能够促使大学生采取积极的社交行为，而积极的社交行为又可以加深与助长积极的交际心态。这种良性循环状态，就能使大学生在人际交往中驾航驶舵，从而驾驭未来人生。具体来说，大学生在培养自己良好的交际心态时，应着重从以下几方面着手。

（一）学会宽容他人

大学生若要与人长期相处，就要学会宽容别人。常言道："水至清则无鱼，人至察则无徒"。如果对人过于苛刻，缺少一颗包容之心，就会交不到朋友。宽容别人，就是能悦纳别人，宽宏大度，不把自己的意志和观点强加于人，不求全责备，不强求一致，能容忍别人的失误与过错，能尊重别人，能耐心听取别人的意见，并能与不同层次、不同水平、不同意见的人友好地交流、和谐地相处。

（二）学会乐于助人

在人际交往中，当你与别人打交道时，如果先提自己的需要，十有八九要失败。在现实生活中，我们发现，那些难与人相处的人，往往是那些乐于斤斤计较和争斗，太过于"聪明"的人。这种人在与人交往时，唯恐自己吃亏，总想多占些便宜。这种人的意图，一旦被人发现和识破，人们自然就会轻视他、疏远他，甚至拒绝他，他的人际关系也会因此而变得一团糟。而那些乐于助人，不怕吃亏的人，他们的行为会为自己营造美好的人际交往环境，他们常会得到意想不到的帮助和回报。因此，帮助别人也就等于帮助自己。

（三）学会沉默

有不少人认为，在人际交往中，能说会道的人无论到哪里，一定能打开人际交往的局面。其实不然，一个人说话太多，难免会失之琐碎。如果一个人无节制地说三道四，无意中会损害自己的形象，使别人产生厌恶之感。因此，我国古代教育家孔子告诫自己的弟子们，不要像池塘里的青蛙，整日整夜地叫，即使口干舌燥也不被人注意，而要像清晨的雄鸡，一鸣惊人。

在人际交往中，大学生必须牢记"沉默是金"的古训。而且，沉默对于大学生获得良好的人际关系有着重要的作用。比如，在人际交往中，当双方发生矛盾和冲突时，沉默会给自己留下回旋的余地，使旁人更敬佩你内在的气度；沉默可使自己赢得声誉，给他人留下聪颖、机智的印象，这是一种积极的心理防御技能；沉默可以防止因不注意讲话方式，给自己与他人所带来的不必要的麻烦。

二、建立成熟健康的人际交往模式

大学生要与他人建立良好的人际关系，需要具备适度的自我价值感。自我价值感通常来源于对自己作为一个独特的个体而存在的固有价值的认识。只有具备这种独特的自我价值感，才能真正地理解他人的独特价值，并且懂得尊重他人。此外，适度的自我价值感与人际交往的模式是紧密相连的。因此，大学生要与他人形成良好的人际关系，必须建立起成熟健康的人际交往模式。美国著名心理学家爱克利克·伯奈按照人际交往中对自己和他人所采取的态度，将人与人之间的交往模式分成以下几种。

(一)我不行—你行的交往模式

持这种人际交往模式的个体在人际交往中会出现社交自卑的问题,他们缺乏应有的自信心,也无法发挥自己的优势和特长,在社交中不敢发出自己的声音,也没有主见,只习惯于随声附和,因而难以获得别人的重视。

(二)我行—你不行的交往模式

持这种人际交往模式的个体在人际交往中会出现社交自负的问题,他们常常以自我为中心,认为自己的所有都是好的、对的,别人永远比不过自己。而在出现问题时,他们会将错误推到别人身上,因为都是别人的失误,自己毫无问题。这种唯我独尊的态度也不利于大学生良好人际关系的建立。

(三)我不行—你也不行的交往模式

持这种交往模式的个体在人际交往中常常会既看不起自己也看不起别人,因而在社交场合常会表现得冷漠无情,孤僻难亲。

(四)我行—你也行的交往模式

持这种交往模式的个体在人际关系中能做到既爱自己也爱别人,既悦纳自我也悦纳他人,他们能够发现自己和他人的优点,也能正视自己与他人的缺点,能够在人际交往中保持一种积极、乐观、进取、和谐的精神状态,从而与其他人维持良好的人际关系。

在这四种人际交往模式中,前三种人际交往模式对人与人之间的关系有着明显的消极影响,严重影响着人们的心理健康和生活质量。而最后一种模式,即"我行—你也行"的交往模式,则是成熟健康的人际交往模式,可以合理改善人与人之间的关系。这主要是因为该模式中涵盖了理性、理解、宽容、接纳等美好品质。因此,培养大学生积极交往的模式就是要使大学生养成第四种人际交往模式。

三、把握好人际交往的度

任何事物都有一个度,如果超过或破坏了事物的度,就会改变事物的性质,带来不良的后果。人际交往也一样,只有把握好人际交往的度,才能确保人际交往取得良好的效果。具体来说,大学生在把握人际交往的度时,要包括以下几方面的内容。

（一）要明确交往的方向

大学生的交往对象与其以往所面对的人群有很大不同，无论是年龄、背景、成分等，复杂性要大得多，刚入校大学生，特别是独生子女大学生，思想相对来说比较单纯，不够成熟，因此在人际交往过程中，同哪些人交往，交往的目的是什么，如何把握方向，就显得尤为重要。交往方向的不明确会直接影响人的健康发展。

（二）要保持适当的交往广度和深度

大学生在进行人际交往时，要把握好交往的广度和深度，以免因交往的广度和深度不合理而产生心理问题。就交往的广度来说，既不能过窄，以免错过可交的朋友、陷入狭小的人际交际圈；也不能过广，不仅浪费时间，还会对人际交往的质量和学习产生不良影响。就交往的深度来说，要把握好度，该深交的深交、该浅交的浅交、该拒交的拒交，因为每个人都不可能与其他所有人都成为知心朋友。而在确定交往的深度时，要切实依据是否有相同的理想、相同的志趣、相同的道德水准以及较高的人格修养等来确定。

（三）要保持适度的交往频率

大学生在进行人际交往时，保持合理的交往频率也是十分重要的。这是因为，即使再好的朋友，如果交往过于频繁、天天在一起，产生冲突、出现矛盾的可能性便会大大增加，而且也会使双方的正常生活受到影响。当然，人际交往的频率也不能过低，以免导致人际交往中断。

四、注意交往中的文明礼仪

文明礼仪在人际交往中往往发挥着重要的作用，不少人际冲突就是因为个体不遵守文明礼仪所引起的。因此，对于大学生来说，在人际交往中遵守相关的文明礼仪是十分必要的。具体来说，大学生在人际交往中遵循的文明礼仪有以下几个。

第一，遵时守时。遵时守时不仅是大学生在人际交往中应遵守的礼节，也是现代人应具备的素质。在参加会议或其他活动时，大学生要提前到达，如果有事不能到达时，要向他人说明，以便他人进行其他安排。

第二，尊重风俗习惯。由于不同的历史、宗教因素，各民族有其特殊的风俗习惯和礼节，大学生在人际交往中应多加了解并给予尊重。新到一个环境，或新到一个地方参加活动时要多了解、多观察，不懂或不会做的事，可仿效别人。要"入境随俗""入乡随俗"，以免闹出误会和笑话，或引起不必要的矛盾和纠纷。

第三，及时道歉。在人际交往中，交往双方难免发生矛盾，难免出现失误或过失、过错，此时需要的是及时的道歉。对于道歉，大学生要有正确的认识。道歉并非耻辱，而是一个人襟怀坦荡、深明事理、真挚诚恳和具有勇气的表现。真诚的道歉可使大事化小、小事化了，甚至化干戈为玉帛，不但可以弥补破裂了的关系，而且还可以增进感情。因此，大学生在人际交往的过程中，对需要道歉的事情要勇于道歉、及时道歉，不能碍于面子而对错误之处不加以改正。

五、塑造良好的个人形象

虽然大家都明白"人不可貌相，海水不可斗量"的道理，但在日常交往中却很难摆脱以貌取人的怪圈。这就出现了这样一种情况，衣冠不整、萎靡不振、蓬头垢面的人在社交初期很难得到别人的好感；而长相俊美、衣着整洁、举止得体的人则能在社交初期给人良好的第一印象，有利于进一步的交往。因此，大学生在人际交往中，固然不能以貌取人，但适当的注意自己的个人形象是非常必要的。也就是说，大学生在人际交往中要注意塑造良好的个人形象。具体来说，大学生可通过以下几个措施来塑造自己的良好个人形象。

（一）积极完善自我意识

在人际交往中，自我意识对个人的表现会起到很大的影响。当自我意识有缺陷时，人往往表现出拘谨扭捏、故作老练等令人难以接受的表现，也不会引起别人的好感。因此，优化个人的形象，首先就需要完善自我意识，即学会认识、了解自己。只有认识、了解了自己，人们才能在社交场合避开自己的不足，发挥自己的优势，从而增强个人魅力，完善个人形象。例如，嗓音好的人，喜欢参加和组织各种歌唱活动，而嗓音不好的人，则会尽量避开这些活动；口才好的人常常会在各种场合公开发表自己的见解，而口才不好的人，绝不会在众目睽睽之下滔滔不绝地说话。对于大学生而言，只有充分认识自己、了解自己，才能根据自己的特点开展不同的交际策略，也才能让自己的个人形象更加贴切、完善。

（二）不断提高自己的心理品质

心理品质会对一个人的外在表现产生很大影响，从而也会影响到个人的形象。因此，大学生只有不断提高自己的良好心理品质，才能与他人顺利进行交往，继而建立良好的人际关系。

对于大学生来说，必须要提高的良好心理品质有自信、真诚、信任、热情、幽默和克制等。其中，自信能够使大学生在人际交往中表现得不卑不亢、从容淡定、不羞怯，并显现出饱满的精神状态；真诚能够使大学生在人际交往中更容易被他人所认可和接受；信任能够使大学生在人际交往中获得更加亲近的人际关系；热情能够使大学生在人际交往中获得他人的关怀和友爱；幽默能够使大学生在人际交往中营造轻松、融洽的氛围，缓解紧张、尴尬的气氛，继而促进良好人际关系的建立；克制主要是对不良情绪和冲动的有效抑制，能够使大学生在人际交往中遇到利益受损的情况时保持冷静、宽容、忍让的态度，以免发生不必要的矛盾或冲突。需要特别指出的一点是，这里所说的克制是有一定的条件限制的，即以维护正义和公共利益为前提。若是脱离了这一前提，还一再对他人的无端攻击和不正当指责无限度忍受而不采取必要的措施，则会成为懦弱的表现，同样不利于人际交往的顺利进行。

（三）提高自身的人际魅力

每一个大学生都有其独特的内在人际魅力，这种魅力是大学生的综合素质在社交场合的表现。因此，大学生要注意从多方面提高自己，不断丰富自己的内心，修饰自己的仪表，丰富自己的谈吐，这样才有助于给别人留下良好的第一印象。具体来看，大学生的人际魅力主要表现在以下几个方面。

第一，外表美观、大方、干净。

第二，衣着服饰整齐干净、合体恰当。

第三，举止大方、仪态庄重。

第四，言之有物、谈吐优雅。

第五，充满自信、开朗乐观。

六、遵循人际交往的基本原则

交往是人类特有的相互沟通和相互作用的行为方式，是人们日常生活、学习和工作的忠实伴侣，是人际关系得以实现和展开的基础。对于大学生来说，一方面开始脱离家庭，开始了独立生活的第一步，另一方面又大都逗留在学生时代的最后一站，即将踏入社会。因此，基于他们本身的特殊需要，交往欲较强，渴望增强自己为人处世的能力，更希望与别人友好相处。然而,大学生中却普遍存在着不善与人交往的状况。一些人常常被错综复杂的人际交往所困惑,为不善交往而带来的后果感到苦恼和悲伤。为此,大学生要与人建立良好的人际关系,首先必须了解人际交往的原则,并在日常交际过程中遵守这些原则。具体来看,大学生开展人际交往应遵守以下几方面的原则。

（一）平等原则

人不论处于什么地位、情况,都应该尊重作为同类的每一个人,承认他们的价值,不以他们的财富、相貌、地位等作为评判他人的标准,并在交往过程中,将他们与自己放置在一个平等的位置上,这样才能获得别人的认可,与别人保持良好的人际交往。就大学生而言,虽然他们在家庭背景、经济状况、个人能力等方面有所不同,但在人格、精神方面是平等的,并无高低贵贱之分,这就要求大学生在人际交往中做到平等待人,不要将自己的地位摆在他人之上,也不要将自己的意志强加给对方,这样才能获得别人的认可,也才有助于大学生之间的心理平衡与相互理解,人际关系才会更加融洽。

（二）尊重原则

人都有自尊,都有希望得到别人尊重的需求,因此与人交往时必须尊重别人,这样才能获得别人的尊重,也才能与他人建立良好的人际关系。对于大学生而言,他们正处于青春期后期阶段,在生理上虽然已经具备了成人的特点,明确意识到自己是社会的主体,但在心理上仍未成熟,因而特别强调别人的尊重。然而在现实生活中,大学生多强调别人对自己的尊重,而不尊重别人,有的同学常常不尊重别人的人格,给人起难听的绰号,甚至在不分场合大声称呼;有的同学不尊重别人的习惯,拿起别人的杯子就喝,倒到床上就睡;有的同学只顾自己,不管别人,人家熄灯睡觉了,他偏要开灯学习,人家正在专心学习,他却偏要大肆喧哗;有的同学喜欢在背后探听别人的隐私,甚至在大庭广众之下将别人的隐私公之于众。这些行为都是不尊重别人的表现,大学生要想与别人保持良好的人际交往,就必须克服这些毛病,尊重别人。

此外,大学生在人际交往中要尊重别人,还要注意不要什么事都强求别人理解。生活中有许多事情需要我们去理解别人,但也有许多事情自己不一定被别人理解。被理解是幸福的,不被理解也并非不幸,只要所思、所言、所行有益于人民和社会,即使没有被人理解,也能赢得幸福和欢乐。

（三）真诚原则

大学生在人际交往中，只有诚实待人，才能谈得上与别人建立和保持友好的关系。因此，对于大学生而言，要与人建立良好的人际关系，必须真诚待人。真诚是纯洁友谊的养料。两个相互利用、弄虚作假的人绝不可能产生良好的人际关系。真诚，首先在于与对方同甘共苦。在自己得意的时候，不忘记朋友，在朋友遇难的时候，不抛弃朋友。可是，有的人在自己春风得意时，把原来的贫贱之交置之度外，甚至反过来欺压过去的朋友。更为严重的是有的人在朋友十分得势、十分顺畅时，来享受朋友的荣誉和欢乐，一旦朋友落难就逃之夭夭，置其生死于不顾。朋友必须患难与共，荣辱相依。真正的友爱表现于朋友困难的时候去帮助他，而不是在他得意的时候去奉迎他。

彼此坦直是真诚的另一个重要表现。首先要真实地暴露自己，不向朋友隐瞒自己的短处和缺陷，更不能居心叵测，用心险恶，欺骗朋友。其次是对朋友要说真话，对朋友的好处、优点，要学习和称颂。但对朋友的缺点，要作善意的批评，不能包庇，也不能无原则地妥协，发现朋友有重大问题要尽力挽救，以便和朋友共同进步。

（四）适度原则

在人际交往的过程中，要讲究适度，即交往中的一切行为都要得体，合乎分寸，恰到好处。大量的事实证明，在人际交往的行为中，许多处理不好的人际问题产生的一个重要的原因，就是人们在不同的程度上违背了适度的原则。而有些人之所以能处理好各方面的关系，善于和各种人友好交往，其重要原因，是他们很好地坚持了适度原则。比如影响人际交往的一些重要因素，自尊、表露、忍让、热情、信任、谨慎、谦虚、幽默、期望、言谈等，都要讲究适度。自尊过强或缺乏自尊、完全不表露或表露过多、一点儿也不谦让或过分地忍让、待人冷淡或热情过度、不信任别人或过分信任、鲁莽或过分谨慎、骄傲或过分谦虚、缺乏幽默或幽默不当、期望过高或者过低、言谈不够得体等等，都是人际交往的破坏因素。

（五）守信原则

大学生要想在交往中取信于人，就必须做到信守诺言。不论对同学、老师，还是对亲戚朋友，都必须遵守诺言。能办到的事情就说，不能办到的事情就不说，不轻许诺言，对没有把握的事情，说话要留有余地，一旦答应了的事，不管多么困难，就要想方设法地去完成。实在是事出有因，无法完成的事,应该根据实际情况,向对方作出必要的解释、说明,求得谅解。

(六)互利原则

人际交往是一种双向的行为,故有"来而不往,非礼也"的说法,可见,在人际交往中,假如只有一方获利,那么这种人际关系是难以维持下来的,只有双方都能从交往中受益(这种利益不仅包括物质的,还包括经济的),才能保持良好的人际交往。对于大学生而言,遵循人际交往的互利原则,就要在与他人相互关心、相互帮助、相互尊重的基础上,让自己与对方都能得到愿望、利益、或者心理上的满足。

(七)宽容原则

在人际交往中,对于对方的缺点和不足,要以宽容的态度来对待,这有利于建立良好的人际关系。具体来看,大学生在人际交往中的宽容主要表现在以下几方面。

第一,不在非原则问题上斤斤计较,能够宽以待人、求同存异,这有助于消除人际关系间的紧张和矛盾。

第二,能够忍耐同学的错误,承认同学间的差异,允许不同观点、见解的存在。

第四,尊重别人的兴趣和爱好,不因为一点小事就与同学发生争执,事后也不会有不与其交往的想法和行为。

第四,不事事苛求他人、固执己见。

第五,能够原谅同学的冒犯。

七、善于运用交际技巧

大学生在人际交往中,要想与他人建立起良好的人际关系,还需要掌握一些交际技巧,具体来说有以下几个。

(一)主动与别人交往

每个人的心中都渴望得到别人的尊重和关注,并且会对主动向自己示好的人心存好感,因此在成功的人际交往中,最重要的一点就是主动,即通过主动与别人打招呼、主动帮助别人、主动承认错误、主动承担责任等来赢得别人的尊重和关注。大学生人际交往也是如此。

在大学里,来自全国各个地方的同学都聚集在一起。在这样的学习与生活环境中,要想不被孤立,就要学着主动与其他同学打招呼、进行交际。

在很多时候,一声主动的问候、一个主动的微笑、一次主动的关心与帮助,便能给他人留下良好的印象,进而使他人愿意与自己交往。此外,在平时的集体活动中,大学生也不应该只以自我为中心,而应主动关心别人,这样才能和大家打成一片,也才能获得人际交往的成功。

(二)学会真诚、恰当地赞美他人

在大学校园中,每个大学生都希望得到别人的赞美,以实现个体最基本的需要——心理的满足。可以说,赞美对大学生而言是一种美好的精神享受,有助于大学生的心境变好,获得别人赞美的大学生也会对赞美者表示感激或友善的回应,在这个过程中双方的人际关系会变得更加和谐。因此,大学生要想赢得别人的好感,就要经常赞美别人。

在这里需要注意的是,赞美一个人是有技巧的,真诚的赞美能使人际关系变得更和谐,而过于夸张、不切实际的赞美就会变成了拍马屁,会被怀疑心有所图,赞美自然也不会有好的结果,甚至令人厌恶。另外,赞美假如不是发自肺腑,就会变成了恭维,受赞美的对象会认为赞美者有求于自己,在这种情况下,赞美者自己的人格会被降低,赞美的效果也不会理想。因此,在人际交往中,赞美别人要有理有据,要依据别人身上的闪光点,给予他们真诚的、恰到好处的赞美,这样才能拉近大学生之间的距离。此外,大学生在赞美他人时,要注意赞美的话语要因人、因时、因场合地而有所差异,以便收到最佳的效果。

(三)巧用语言艺术

语言是一种艺术,使用语言沟通心理,更是一种艺术。人际交往以及人际关系的改善,在很大程度上是依赖于语言技能的。对于大学生来说,如能恰当有效地运用语言艺术,将能大大促进其人际交往的顺利进行。具体来说,大学生要有效运用语言艺术,要特别注意以下几个方面。

第一,要把握好说话的分寸,不可对他人造成伤害。

第二,语言表达要简洁、明了、不含糊其辞,以免产生不必要的误解。

第三,说话要注意气氛和场合,以免使对方感到尴尬。

第四,要在交谈过程中给对方发表意见的机会,同时在对方谈话时不可随意打断。

第五,要善于使用修辞技巧。

(四)学会倾听

倾听代表着自己对别人的尊重、欣赏与肯定,对人际关系的深入发展具有重要的作用。因此,大学生要想与他人顺利进行人际交往、建立良好的人际关系,必须要学会倾听。此外,大学生在倾听过程中要特别注意以下几个方面。

第一,要与对方保持目光接触。目光接触是身体语言沟通的一种重要形式。假如在倾听过程中,大学生一直不和对方进行目光接触,那么对方就会产生一种不愉快的情绪,认为大学生并没有在认真听自己讲话,而是将精力分散到其他方面,双方的交流也会变得难以继续下去。这也是生活中人们不喜欢与戴墨镜的人进行交谈的原因。因此,大学生在倾听时,应与对方保持目光接触,以便向对方传达重视与尊重。

第二,要避免走神的动作或手势。在倾听时,大学生应注意避免有一些走神的动作或手势,如折纸、转笔、看手机等,这些行为会让说话人感觉大学生对自己的话题不耐烦或不感兴趣。

第三,要适时以点头或面部表情进行反馈。在倾听时,大学生应注意适时、恰当的以身体语言和其他非语言信号,如点头等一些面部表情来对说话人进行反馈,以便向他说明自己在认真倾听。

第四,不要随意打断说话人。在倾听时,大学生应注意不要打断说话人,也不要在说话人正说得起劲的时候突然插话,然后发挥一通自己的看法。这种做法容易引起说话人的不满或误解,也容易中断或影响双方的情绪,造成交往障碍。所以,在倾听时,大学生要注意不要轻易打断别人的话题,应等他说完后再发表自己的看法。假如碰到了确实不赞成的观点,也应等说话人说完后用委婉的语气表达自己的观点,如"对这个问题,我的看法可能与你不太一样,我……""这个问题我还得想一想……""我听说还有另一种说法……"等。

第五,要适时提问。在倾听时,大学生应注意在恰当的时候,针对说话人的话题,提出问题,这种做法能够让说话人感觉对方在认真地听。

（五）学会站在他人角度思考问题

在人际交往中,人们往往习惯于站在自身角度来对问题进行思考,以便能最先对自己的利益进行维护。但是,人们在人际交往中,又极其厌恶那些为维护自己利益而牺牲他人利益的人。因此,大学生在人际交往中,要想被交际对象欢迎,就必须要做到兼顾自己的利益和他人的利益,切不可做损害他人的事情。为做到这一点,大学生就需要学会换位思考,即站在他人角度思考问题。也就是说,大学生在人际交往中要善于发现别人的优点,尊重他人、信任他人、宽容他人,能够经常站在别人的位置上去思考,能够容忍他人有不同的观点和行为,不斤斤计较他人的过失,并在可能的范围内帮助他人。

（六）合理运用非语言表达方式

掌握和运用好非语言表达方式，对大学生搞好人际关系也是必不可少的。一般来说，常见的非语言表达方式包括以下几个。

第一，眼神。在人际交往中，眼神能够表达出许多潜在的含义，如眨眼睛表示不敢相信或惊讶的意思；眼睛上扬传达着惊怒的心情；挤眼睛表示两人间存有不为外人知道的事情；斜眼瞟人传达着羞怯腼腆的信息等。但在此过程中，大学生应注意不可在社交场合表现出不礼貌的眼神，以免影响正常的交际。

第二，微笑。在人际交往的过程中，合理地使用微笑往往能够淡化矛盾、打破僵局、消除误解，为双方的交往奠定良好的基础。但在这里需要注意的是，微笑应是真诚的、发自内心的，只有这样的微笑才能给人温暖的感觉，也才能促进人际关系的和谐。而虚假的、不真诚的微笑会让对方感到虚伪，从而对人际交往产生不良影响。

第三，身体语言。对于大学生而言，合理运用身体语言可从以下两方面入手：一方面是要能够领会别人的身体语言的含义，如当大学生前往别人家做客时，发现主人经常会出现一些肢体动作，像聊天不专心，或者频繁看手表等，说明主人还有别的事情要做，大学生应尽快告辞；另一方面是要分析并掌握自己的身体语言，对不合理的身体语言及时调整，从而强化自己的身体语言对人际交往的正向作用。

第五章　端正心态：大学生情绪问题研究

情绪就是人们心理状态的晴雨表，它无时无刻不在反映人们的心理状态。大学生正值青春年华，情绪体验丰富而复杂，又具有较大的波动性，因而情绪对他们的影响非常大，尤其出现情绪问题时，可能使他们陷入较大的困境中。因此，端正自己的心态，正确认知情绪及情绪问题，积极调适自己的情绪，不断提升自己的情商，对他们来说意义重大。本章就专门来探讨有关大学生情绪的相关问题。

第一节　情绪概述

一、情绪的概念及其表现形式

（一）情绪的概念

关于情绪的概念，长期以来一直也有不同的认识。例如，机能主义者提出情绪是在对个体具有显著意义的情境事件上，个体建立、维持、改变或终止其与环境的关系的一种企图；社会建构论的支持者则认为，情绪既是个体自身内部的建构，更是个体之间的建构，是能在更高层面反映出社会历史文化以及政治秩序的综合症候群。[①] 经过长期的深入研究，心理学家对情绪的定义大体趋向一致。这里将其界定为：情绪就是人在认识和改造客观世界时，因客观事物是否满足需要而产生的一种心理体验。

为了更好地理解情绪的概念，我们应重点掌握以下几个方面。

（1）情绪与认知活动之间有着密切的关系。对于同样的外在刺激，不同的人会有不同的情绪体验，如有的人在出现灾祸时担惊受怕，而有的人竟幸灾乐祸；有的学生受到老师的批评认为是老师对自己的关心和帮助，而有的学生认为是老师对自己的刁难与不关爱。之所以出现不同的情绪，主要是因为个体的认知经验有较大差异。

[①] 乔建中. 情绪的社会建构理论[J]. 心理科学进展,2003(5).

（2）情绪是由刺激而引起的。情绪不是突然地、毫无头绪地自然产生的，一般是由刺激引起的。这里的刺激主要是外界的刺激，如和煦的阳光、广阔的草原、清澈的河水、嘈杂的场所、繁重的工作、激烈的比赛、失去亲人等。不同的刺激会让人产生不同的情绪，比如和煦的阳光与广阔的草原让人心情愉悦，而失去亲人让人悲伤和难过。

（3）情绪与需要之间有着密切的关系。情绪往往是在需要的基础上产生的，加上个人所体验到的情绪性质，具有主观性。因而，需要与情绪密切相关。当客观事物符合并满足了人的需要时就会产生正向（积极的/肯定的）情绪，如快乐、幸福、热情、感恩等；当客观事物不符合、不能满足人的需要时就会产生负向（消极的/否定的）情绪，如悲观、失望、愤怒、狂躁、恐惧、自卑、嫉妒等。大学生的需要复杂多样，既有合理的需要，也有不合理的需要。即使是合理的需要，由于受到各种条件的限制，有时候也不可能满足，所以大学生的情绪也呈现多样性、复杂性特征。

（4）情绪状态比较难以控制。情绪状态伴随产生的生理变化与行为反应，人们往往是难以控制的。例如，人在愤怒状态下，会出现汗腺分泌增加、面红耳赤现象；人在恐惧状态下，身体会战栗、瞳孔会放大。这些变化都很难进行自我控制，会受自主神经的支配直接产生。

（二）情绪的表现形式

人的情绪除了具有内心的体验和生理的反应外，还会直接通过人的行为活动表露出来，从而达到与外界沟通的目的。这里所说的行为活动主要指人的言语变化、面部表情和体态反应。

1. 言语变化

言语变化主要是指人在说话时声调、音色、音量、停顿、节奏、语速等方面的变化。例如，当一个人说话的语调高昂、语速加快、语音错落有变，通常说明这个人是兴奋的、喜悦的；当一个人说话的语调低沉、语速缓慢，甚至言语断断续续的时候，通常说明这个人正处于悲哀与痛苦的情绪状态中；当一个人说话的声音颤抖、语无伦次，通常说明这个人正处于惊慌、恐惧的状态中。有关的研究表明，言语变化所传达的情绪信息远比言语本身的含义更多更复杂。

2. 面部表情

面部表情是情绪表现的主要形式。面部表情以面部的肌肉活动和气色变化为主，尤其眼睛和眉毛的表情最为突出。眉飞色舞、眉开眼笑、眉目

传情、喜形于色、目瞪口呆、横眉竖眼、愁眉苦脸等都是指面部的表情表达
了不同的情绪状态。表情在情绪活动中具有独特作用，是情绪本身不可分
割的一个重要方面，也是传递情绪内在信息的重要途径。例如，有的人遇
到伤心、悲痛的事就捶胸顿足、呼天抢地，遇到高兴的事就手舞足蹈，喜形
于色。表情与情绪之间的关系如表 5-1 所示。

表 5-1　表情和情绪之间的关系

表情	可能的情绪	表情	可能的情绪
脸红	羞愧、羞怯	尖叫，出汗	痛苦
身体接触	友爱感	毛发直立	害怕、气愤
紧握拳头	生气	耸肩	顺从
哭泣	悲伤	嘘声	蔑视
皱眉	生气、挫折	发抖	害怕、担心
笑	高兴		

艾克曼的实验还证明，人脸的不同部位具有不同的表情作用。例如，
眼睛对表达忧伤最重要，口部对表达快乐与厌恶最重要，而前额能提供惊
奇的信号，眼睛、嘴和前额等对表达愤怒的情绪很重要。林传鼎的实验研
究证明，口部肌肉对表达喜悦、怨恨等少数情绪比眼部肌肉重要；而眼部肌
肉对表达其他的情绪，如忧愁、惊骇等，则比口部肌肉重要。汤姆金斯假定
存在八种原始的情绪：兴趣、欢乐、惊奇、痛苦、恐惧、羞愧、轻蔑、愤怒，并假
定每种情绪都是在某种先天性皮层控制下出现一种面部肌肉反应，因而有
相应的面部表情模式。

3. 体态表情

体态表情就是通过身体不同部位的各种动作代替语言，反映出的个体
内在的心理活动。它也是情绪的重要表现形式。例如，当一个人昂首挺胸
时，通常说明这个人对自己信心十足，其心情昂扬向上，甚至是有些激动；
当一个人耷拉着脑袋，走路摇摇晃晃时，通常说明这个人的心情非常糟糕、
颓废；当一个人手舞足蹈的时候，通常说明这个人正处于十分欢乐的情绪
状态；当一个人捶胸顿足时，通常说明这个人正处于悔恨的情绪状态中；当
一个人坐立不安的时候，通常说明这个人正处于烦躁的情绪状态中。有人
还专门为身体姿势的意义绘制了简易图，更为直观可感，如图 5-1。

1.好奇　2.疑惑　3.不感兴趣　4.拒绝　5.观察

6.自我满足　7.欢迎　8.果断　9.隐秘　10.探究

11.专注　12.暴怒　13.激动　14.舒展

15.奇怪、　16.鬼鬼祟祟　17.羞怯　18.思索　19.做作
支配、怀疑

图 5-1　各种身体姿势及其意义①

　　有时候,一个人充分应用自己的言语变化、面部表情和体态反应与人交流时,即使语言不通,也能达到交流的目的。例如,意大利著名的戏剧演员罗西曾经应邀参加一个欢迎外宾的宴会。当时,许多宾客知道他的存在,都希望他表演一段自己比较得意的悲剧作品。罗西盛情难却,便用意大利语绘声绘色地说了一段台词,宾客们虽然听不懂他的台词内容,然而都从他那抑扬的声音和丰富的表情,感受到了一种凄凉悲怆,甚至感动落泪。不过,有一位意大利人听懂了台词,他忍俊不禁,为了不失态竟跑出会场大笑不止——原来,这位悲剧演员念的是宴席上的菜单。由此可以看出,充分应用情绪的表现形式,掌握好说话的语速、音量、音强和说话态度,

----

　　① 各种身体姿势及其意义,https://www.psy525.cn/pic/1541.html.

同样可以传递丰富的信息，达到交流的目的。

二、情绪的分类

情绪构成复杂，很难对其进行严格的区分。目前，常见的情绪分类标准为根据情绪的形式、状态以及社会内容进行分类，具体如下。

（一）根据情绪的形式进行分类

根据情绪的形式，情绪可被分为快乐、悲哀、愤怒、恐惧四种。

（1）快乐。它是个体在需要得到满足或者目的成功达到之后所获得的使人感到轻松、满意的情感体验。引起快乐最主要的情境条件是一个人追求并达到了目标。快乐的程度取决于多种因素，包括所追求目标价值的大小、在追求目标过程中所达到的紧张水平、实现目标的意外程度等。如果追求的目标价值很高，一旦得到则会引起异常的快乐。如果追求目标的过程十分紧张、充满挑战，如激烈的体育比赛、关键性的考试，获胜者必然欣喜若狂。一种强烈的快乐往往是那种出乎意料、突然降临的收获，即所谓的喜从天降。一般来说，快乐是一种积极的情绪，但是高兴过度、忘乎所以，也会产生消极作用，甚至乐极而生悲。

（2）悲哀。它是指个体失去所喜欢或热爱的对象或者希望破灭之后所获得的失落、痛苦、无奈等情感体验。悲哀程度取决于所失去东西价值的大小，通常深切的悲哀都是由于失去亲人或贵重东西引起的。当然，主体的意识倾向和个体特征对人的悲哀程度也有重要影响。悲哀根据其程度不同，可细分为遗憾、失望、难过、悲伤、极度悲痛。悲哀有时伴随哭泣，哭泣可以使紧张释放，心理压力缓解。悲哀是一种消极的情绪，在较强的悲哀中常发生失眠、食欲消失、抑郁、焦虑、急躁、孤僻等反应。

（3）愤怒。它是指个体在需要得不到满足或者目的无法实现后积累起来的紧张、压抑等情感体验。愤怒的程度取决于干扰的程度、干扰的次数与挫折的大小。根据愤怒程度的不同，可将愤怒分为不满意、生气、愠怒、狂怒等。愤怒的引起在很大程度上依赖于对障碍的意识程度。如果一个人完全不知道是什么人或什么事妨碍他达到目的，则愤怒的程度比较小，有时候甚至不会产生；如果他发现了阻碍对象，并认定它是不合理的、恶意的，那么愤怒就非常容易发生。愤怒有可能使个体对障碍物或阻挠对象实施攻击行为。

（4）恐惧。它是指个体遇到危险或者意识到存在一些潜在的威胁时所获得的紧张、心悸等情感体验。根据程度的不同，可将恐惧分为害怕、惊恐、恐怖等。在恐惧时，个体常有缩回或逃避的动作并伴随着异常激动的表现，如心慌、毛发竖立、惊叫、预示危险的面部表情和姿态等。引起恐惧的刺激因素是多方面的，如人们熟悉的环境发生了意想不到的变化，奇怪、陌生、危险的事物突然出现，黑暗、巨响、凶猛动物、歹人、悬空、身体失去平衡等，都可能引起恐惧。不过，关键因素还是当事人自身缺乏处理可怕情境的能力。

（二）根据情绪状态进行分类

根据情绪状态，情绪可被分为应激、激情和心境。

（1）应激。它是指由出乎意料的紧急事件所引起的极度紧张的情绪状态。应激既具有积极作用，也具有消极作用。从积极作用方面来说，应激使人具有特殊的防卫机能，调动潜力，增强反应力；从消极作用方面来说，应激可能使人的意识范围缩小，认识机能下降，动作紊乱，干扰学习和工作，影响身心健康。

（2）激情。它是一种短暂的、强烈的、具有爆发性的情绪状态。一般情况下，激情是由强烈的外界刺激所引起，且这种刺激一般对个人有重大意义，如事业成功后的狂喜、亲人逝世后的悲痛等，这些都是激情状态。

（3）心境。它是一种轻微、平和而持久的情绪状态，它具有弥散性，会影响人的整个精神活动。当一个人拥有一个良好的心境时，可以体会到"万事称心如意""神清气爽"之感。反之，则会觉得一切都不顺利。

三、情绪的功能

对于个体来说，情绪具有一定的功能，概括来说，这些功能主要体现在以下几方面。

（一）信号功能

情绪的信号功能是指人们在日常生活中与人交往时可以通过情绪的流露来传递自己的思想和意图。情绪的这种功能是通过表情来实现的。情绪的重要表现形式——表情就具有显著的信号传递作用。人们可以凭借一定的表情来传递情绪信息和思想愿望。在社会交往的许多场合，人们之间的思想、愿望、态度、观点仅靠言语无法充分表达，有时甚至不能言传只能意会，这时表情就起到了信息交流的作用。其中，面部表情和体态表情更能突破一些距离和场合的限制，发挥独特的沟通作用。

国外有心理学家对英语国家人们的交往状况进行研究后发现，在日常生活中,55％的信息是靠非言语表情传递的,38％的信息是靠言语表情传递的,只有 7％的信息才是靠言语传递的。表情是比言语产生更早的心理现象,在婴儿不会说话之前,主要是靠表情来与他人交流的。表情比语言更具生动性、表现力、神秘性和敏感性。特别是在言语信息暧昧不清时,表情往往具有补充作用,人们可以通过表情准确而微妙地表达自己的思想感情,也可以通过表情去辨认对方的态度和内心世界。所以,表情作为情感交流的一种方式,被视为人际关系的纽带。在许多影视作品中,人们用情绪的表露代替了语言的表达,具有"此时无声胜有声"的绝佳效果。

(二)动机功能

情绪的动机功能是指情绪能够以一种与生理性动机或社会性动机相同的方式激发和引导人们的行为。举个例来说,有时候我们会努力去做某件事,只因为这件事能够给我们带来愉快与喜悦。从情绪的动力性特征看,情绪分为积极增力的情绪和消极减力的情绪。快乐、热爱、自信等积极增力的情绪会提高人们的活动能力,而恐惧、痛苦、自卑等消极减力的情绪则会降低人们活动的积极性。有些情绪同时兼具增力和减力两种动力性质,如悲痛可以使人消沉,也可以使人化悲痛为力量。

个体的情绪表现还常被视为动机的重要指标。由于情绪可能与动机引发的行为同时出现,情绪的表达能够直接反映个体内在动机的强度与方向,因此情绪也被视为动机潜力分析的指标,即对动机的认识可以通过对情绪的辨别与分析来实现。所谓动机潜力,就是在具有挑战性的环境下所表现出的行为变化能力。当个体面对一个危险的情境时,动机潜力会发生作用,促使个体做出应激的行为。对动机潜力的分析可以由对情绪的分析获得。当面对应激场面时,个体的情绪会发生生理的、体验的以及行为的三方面的变化,这些变化会告诉我们个体在应激场合动机潜力的方向和强度。如果个体在面对危险时,头脑清晰,沉着冷静,可见其动机能力强;如果个体惊慌失措,浑身发抖,则表明其动机能力弱。

(三)组织功能

情绪的组织功能是指情绪可以引起或维持行动的方向。当人们面临某种重要任务或关键时刻所引起的情绪紧张和过分激动,会促使人们根据外界情境和肌体内部的变化来调节行为。适度的情绪对活动有促进作用,过度的情绪对活动有阻碍作用,情绪的调节可以把行为引向合理的轨道。

（四）感染功能

情绪具有感染功能，拥有良好情绪的人在人群中更受欢迎，更容易获得别人的赞赏，同时其情绪还可以影响他人的情绪情感。这种影响既可以通过外显的表情，也可以通过内在的无意识的情绪的交流产生。当然，反过来，一个人表现出不良的情绪时，周围的人也容易受感染。

四、大学生的情绪特点

进入大学阶段后，大学生的心理发展开始越来越成熟，但同时又因为面临全新的环境、全新的挑战，所以，他们的情绪丰富多变、相对不稳定。就其主要的情绪特点而言，主要表现在以下几个方面。

（一）情绪活动日益丰富但体现出一定的复杂性

进入大学以后，随着自我意识的不断完善，大学生会不断产生各种新的需要，情绪活动也会日渐丰富，突出表现为大学生的自尊心、自信心、自卑、自负等情绪体验更加强烈，且会体验到越来越多因友情、爱情而产生的情绪。不过，大学生的生理年龄正处于青春期，心理发育又正处于断乳期。所以，在面临多种选择，经历学习、交友、恋爱等多项人生大事时，大学生的情绪又变得极为复杂，会产生多种消极情绪。

（二）体现出鲜明的阶段性和层次性

大学生的情绪体验在不同年龄（年级）上存在差异。一般认为，随着年龄增长、年级升高，自我意识在不断成熟，社会适应能力逐渐增强，认知能力日趋提高，社会性经验日趋丰富，表现出对社会、对人生理想、对他人及其相互关系的关心，从而使情绪的稳定性增加，冲动性和波动性减少。但另一方面，不同的个体在情绪发展上仍存在一定的差异，男女的情绪体验也各有自己的特点。

大学新生，对一切充满了美好的幻想，对各种知识领域有广泛的兴趣，要求更多的个人自由和牢固的友谊，特别需要坦诚和信任。但是，他们对自我的认识不全面，有时表现得过于自信，有时表现得过于自负，情绪处于不稳定的阶段。二、三年级的大学生，对大学生活的各方面有了进一步的适应，情绪相对稳定，既没有大一学生的激动、兴奋、好奇、不安，也没有大四学生面临就业的紧张和忧虑。他们积极参加各种集体活动，希望在活动中表现自己和发掘自己的潜能，并赢得周围同学的关注和欣赏。此时的他们已经脱离了幼稚和盲目，学会安排和处理各种关系，处于安定期。进入大学的最后一年，由于面临着人生的重要转折，他们渐渐脱离了大学的集体活动，考研、实习、找工作，都在各自为自己的前途奔波。而且，此时他们面临多种抉择，情绪呈现出矛盾性和复杂性，这是一个非常动荡的时期。

（三）外显中带着微妙的内隐性

大学生正值青春年华，精力旺盛，思想十分活跃，对外界刺激反应极为迅速，喜怒哀乐常形之于色。也就是说，大学生的很多情绪是一眼就能看出来的。例如，在某项比赛中获胜，马上就能露出喜悦的表情；反之，失败时，沮丧心情也是立马体现。

虽然，大学生情绪的外显性还是比较突出，但与中学时期相比，他们的情绪又带有了一定的内隐性。由于自我意志的不断提升和对社会生活接触的加深，以及思维的独立性和自尊心的发展，大学生情绪的外在表现和内心体验并不总是一致的，在某些场合和特定问题上，他们常常将自己真实的内心情绪封闭和伪装起来，不向别人吐露心声，以免暴露自己的秘密。所以，他们常常心口不一，让人难以把握他们真实的思想脉络。这些表现实际上都是大学生自我调控能力增强所引起的，其原因在于，社会生活有时候要求人们有一定的自我调节和克制情绪的能力。当然，大学生情绪表现得这种状态并非是一贯的，他们与成年人相比阅历较浅，涉世未深，还比较坦诚和直率，当意志不完全能控制情绪的时候，他们也会锋芒毕露、咄咄逼人。

大学生对于自己内心的真实想法或真实情感，是说还是不说，多说还是少说，甚至是说真话还是说假话，一般都要依时间、对象、场合而转移。其实，大学生情绪的内隐性是大学生适应社会生存的一种表现。大学生不仅是自然人，需要自我成长，更是社会人，在社会化的过程中，大学生有时候有必要隐藏和抑制自己的某些情绪，当然，大学生也完全可以用一些私密的方式将自己的情绪宣泄出来。

（四）冲动性和爆发性

心理学家霍尔认为，青年期的一个重要特点就是动摇、起伏，所以这一时期可被称为"狂风暴雨"时期。大学生兴趣广泛，且对外界的事物较为敏感，加之年轻气盛和从众心理，所以其情绪较容易被激发，仍然带有很大的冲动性。他们对符合自己信念、观点和理想的事件或行为会迅速地产生积极情绪，而对不符合自己信念、观点和理想的事件或行为会迅速产生消极情绪。大学生情绪的冲动性还常常与爆发性相连。大学生的自制力较弱，一旦出现某种外部强烈的刺激，情绪便会突然爆发，极易产生破坏性的行为和后果。

（五）波动性和两极性

大学生的情绪虽然比中学时期要更为稳定一点，但依然具有较大的起伏波动性。在日常生活中和学习中遇到的有关家庭、社会、学校等各类事件，都会影响到大学生的情绪。尤其在社会转型过程中，社会现象非常复杂，大学生很容易困惑和迷茫，再加上经常要独自做出认知取舍、价值判断、前途选择等决定，所以情绪很不稳定。可以看出，大学生情绪正是受到各种外界事物的影响，而经常摇摆不定、跌宕起伏，时而热情激动，时而悲观消沉，表现出极大的波动性。

大学生情绪在呈现出波动性的同时，还容易从一个极端走向另一个极端。大学生情绪的两极性主要表现在以下两个方面。第一，复杂与简单共存。前面已经讲到，大学生的情绪越来越复杂化和丰富化。但是，由于生活、学习和实践环境在一定程度上有局限性，因而大学生尤其是一二年级的大学生的高级情感体验尚存在一定的简单性。第二，强与弱共存。大学生对外界事物非常敏感，很容易因为一件小小的事情或欣喜若狂，或暴跳如雷，或垂头丧气。

五、情绪对大学生的影响

不管是积极的情绪还是消极的情绪都会对个体产生一定的影响，包括身体的、心理的或其他的。对大学生来，情绪主要对其身体、心理和人际关系产生重要的影响。

（一）情绪对大学生身体的影响

我国的《黄帝内经》是一本养生与生命智慧之书。其在相当早的时代就为人们指出："人有五脏化五气，以生喜怒忧思恐"，"怒伤肝""喜伤心""思伤脾""忧伤肺""惊恐伤肾"。其实，它说的就是情绪变化过于剧烈，时间过于持久，就很可能导致内脏功能失常、气血不调，最终产生疾病这一事实。可见，情绪与个体身体健康状况有着密切的关系。

情绪对个体身体健康的影响表现为两重性：如果一个人常常开朗、乐观、积极，那么其免疫功能较好，不容易得病，健康状态好。与此相反，如果长期处于压抑、紧张、焦虑、恐惧等消极情绪下，那么人的免疫能力会下降，容易患各种传染性疾病，内脏功能也会受到伤害。此外，有很多发生在自主神经系统、胃部、支气管和皮肤上的身心疾病（如气喘、胃溃疡和高血压等）都或多或少地与人们的不良情绪有着极为密切的关系。

（二）情绪对大学生心理的影响

情绪对心理健康的影响主要是心因性失常，症状有轻有重，比较轻的称为机能性神经症，较重的称为机能性精神病。马斯洛认为，患者在早年生活中缺乏感情是许多严重精神病致病的原因。神经症例如焦虑症、恐惧症、抑郁症和强迫症等，精神病像精神分裂症、偏执性精神病等是比较常见的反应性抑郁症。

（三）情绪对大学生人际关系的影响

在现实生活中，乐观、自信的人会将自己的情绪带给身边的人，人们因此也会愿意与其交往，所以乐观、自信的人更容易形成良好的人际关系；反之，悲观、自卑的情绪同样也会对身边的人产生一定的影响，人们也会因此发现悲观、自卑的人不容易沟通，所以就会自然地与之疏远，这对其良好人际关系的形成具有负面作用。很显然，情绪具有一定的感染性和传染性，对大学生的人际关系有重要的影响。

六、大学生健康情绪的标准

健康的情绪能够大大增强大学生的学习工作效率，有益于他们的身心和谐发展。那么怎么样的情绪才算是健康情绪？以下就是健康情绪的几个重要标准。

（1）情生有因。健康情绪的产生和发展必须是有明确的原因引起的，如高兴是因为有喜事，悲哀是遇到不愉快或不幸事件，愤怒是挫折引起的等。相反，无缘无故的喜怒哀乐、莫名其妙的悲伤恐惧，则是情绪不健康的表现。

（2）情绪反应适时、适度。反应的适度与引起情绪的刺激相符合，情绪反应的时间与反应的程度相适应。如果微弱的刺激引起强烈的情绪反应，则表明情绪不太健康。

（3）情绪反应稳定。人的中枢神经系统活动处于相对平衡状态时情绪比较稳定。一般来说，健康情绪反应是刚产生时比较强烈，随着时间的推移反应逐渐减弱；而不健康情绪则表现为情绪反应时强时弱，变化莫测、喜怒无常，常处于波动起伏状态。

（4）主导心境愉快。大学生的情绪通常都不会是单一的哪种情绪，而经常是积极的情绪和消极的情绪并存。看其情绪是否健康，就一定要看其愉快的心境是否占主导地位。情绪健康并不否认消极情绪存在的合理性和它的意义，但健康的情绪必须是积极情绪多于消极情绪，而且所出现的消极情绪时间较短、程度较轻，不涉及与产生消极情绪无关的人和事，即对象明确。当大学生总体上感到幸福，身心活动和谐与满足，证明情绪是健康的；但是当大学生经常情绪低落、愁眉苦脸、心情郁闷，总是处于不良情绪的状态中时，情绪就不健康。

第二节　大学生常见的情绪问题

　　大学生虽然比中学生的心理要成熟很多，情绪的稳定性也有较大的提升，但其与进入社会的成年人相比，人生阅历还是非常少，心理并未完全成熟，当面临学业、情感、就业等各个方面的压力时，就难免产生一些情绪问题。这些情绪问题并不是说完全不出现就好，只要能合理地控制在一个范围内，并不会有大的影响。但是，也不能不管它，大学生出现不良情绪，必定有一定的原因，长期存在也不利于身心的发展，所以，还是应当重视情绪问题，进行及时的调适。以下就来看几种最常见的大学生情绪问题。

一、焦虑

　　焦虑是个体对当前或预感到的挫折产生的一种紧张不安的情绪状态。这种情绪状态本身并非是一种情绪问题。因为适度的焦虑对于个体的成长是非常有必要的，尤其是有益于个人潜能的开发。但是，当焦虑状态严重和持续存在时就可能导致神经性焦虑的病理状态，就成了过度焦虑。这种焦虑往往伴随着紧张、忧虑、不安而兼有恐惧性的情绪体验。这就是情绪出了问题，对大学生的身心有着不利影响。

　　大学生常见的焦虑主要有：身体健康焦虑，因为过分关注自己的身体健康，一有轻微异常就焦躁不安，还时常会有失眠、疲倦等症状；适应焦虑，大学新生刚进入一个陌生的环境，面对的人、事、物都比较复杂，当不能很快适应时便产生焦虑情绪；考试焦虑，在大学考试中总是担心考不好，不能获得好成绩而产生焦虑情绪；人际焦虑，由于与他人的人际关系紧张等而产生的焦虑；就业焦虑，面临就业时，感到就业形势严峻，可能找不到工作而产生焦虑；等等。

　　轻微的焦虑并不能够对大学生造成不良影响，但如果长期处于过度焦虑状态，那么不仅会影响大学生的身体健康，还会严重影响大学生的精神生活。比如，被过度焦虑困扰的大学生常常会感到紧张、害怕、着急、心烦意乱、注意力难以集中，而且还常伴有头痛、失眠、心律不齐、食欲不振等身体反应。在临床上，存在过度焦虑的大学生在症状上以焦虑情绪反应为主要症状，同时伴有明显的植物性神经系统功能障碍和运行性紧张。而这种症状又可分为急性焦虑、慢性焦虑和疑病焦虑三种形式。

(1)急性焦虑。也被称作"惊恐发作"，存在这种焦虑的大学生，一般会出现一种暂时性的、莫名出现的惊恐状态，同时会伴有面色苍白、心跳加快、呼吸急促等生理上的变化，甚至部分症状强烈的大学生还会出现"大难临头"的感觉。

(2)慢性焦虑。它是一种缓慢发展但却持续存在的焦虑症状，存在这种焦虑的大学生，常常会感到担忧、不安、害怕，虽然他们在心理也很清楚自己的这些担忧和害怕是不必要的，但却无法控制自己。此外，还有一些存在慢性焦虑的大学生常常表现出易激动、记忆力和思维能力下降、口干、多汗、易乏、失眠或梦魇等自主神经功能亢进现象和睡眠障碍。

(3)疑病焦虑。这实际上是一种长期担心自己会生病，并为自己未来会得病而感到忧虑的状况。存在这类焦虑的大学生，一般体弱多病，因而觉得个人身体不好，而对自己的健康状况不抱信心，且担忧异常，而这必然最终也会导致个体健康状况的下降。此外，还有一些缺少家庭关爱和过分关注自我的大学生也容易出现这种问题。

二、抑郁

抑郁是指一种由低落、悲观、失望等构成的一种复合性负情绪。在当前这个日新月异，愈来愈复杂的社会，大学生的抑郁情绪也成了常见的一种不良情绪。长期处于抑郁情绪的大学生会逐渐失去对学习、交往和活动的热情与乐趣，导致其学习效率大大降低。同时，由于消极的人生观，常常会自怨自责，在内心产生一种愧对父母亲友的自我评价，导致其对生活和自己的前途失去信心，甚至可能产生自杀的念头和行为。此外，长期抑郁还可能导致大学生出现抑郁性神经症、肿瘤、胃溃疡、结肠炎等多种身心疾病。这些问题对大学生的身心健康危害较大，容易产生自杀念头和行为，因此应当予以高度警惕。

概括来说，大学生常见的抑郁情绪表现主要包括以下几个方面。

第一，抑郁心境。轻者表现为无精打采、心情不佳、苦恼、忧伤，终日唉声叹气；重者表现为悲观、绝望，甚至有自杀倾向。

第二，躯体不适。有身体不适感，但医学检查无明显生理病变，这种身体不适多为不明原因的疼痛、疲劳、睡眠障碍、便秘、消化不良、心悸、气短等病症。

第三,食欲不振。轻者表现为进食减少或食欲增强,体重骤增或骤减;重者表现为终日不思茶饭。

第四,乐趣缺失。轻者表现为对事物缺乏兴趣、做事缺乏主动性、不愿与他人交往、对各种娱乐活动或令人高兴的事体验不到乐趣;重者表现为疏远亲友、闭门独居、完全杜绝社交。

第五,睡眠障碍。主要表现为入睡困难,早醒。也有少数的人表现为睡眠过多。

第六,自杀念头和行为。抑郁严重的人会采取自杀这种极端的方式来摆脱痛苦,这是抑郁症最危险的行为。

如果大学生想要确定自己的情绪是否处于抑郁状态,也可通过表 5-2 的抑郁自评量表来进行。

该量表由 20 个问题组成,仔细阅读每一个问题,然后根据自己最近一星期的实际情况在适当的方格里画√,每一条文字后有四个格,分别表示:A＝没有或很少时间;B＝小部分时间;C＝相当多时间;D＝绝大部分或全部时间。

表 5-2　抑郁自评量表

题号	内容	选项				得分
		A	B	C	D	
1	我觉得闷闷不乐,情绪低沉					
2	我觉得一天之中早晨最好					
3	我一阵阵哭出来或觉得想哭					
4	我晚上睡眠不好					
5	我吃得和平常一样多					
6	我与异性密切接触时和以往一样感到愉快					
7	我发觉我的体重在下降					
8	我有便秘的苦恼					
9	我的心跳比平时快					
10	我无缘无故地感到疲乏					
11	我的头脑跟平常一样清楚					
12	我觉得经常做的事情并没有困难					

续表

题号	内容	选项				得分
		A	B	C	D	
13	我觉得不安而平静不下来					
14	我对将来抱有希望					
15	我比平时容易生气、激动					
16	我觉得作出决定是容易的					
17	我觉得自己是个有用的人，有人需要我					
18	我的生活过得很有意思					
19	我认为如果我死了，别人会生活得好些					
20	我平常感兴趣的事仍然照样感兴趣					
总分						

　　本量表中第 1、3、4、7、8、9、10、13、15、19 题，选项为 A、B、C、D 的分别记 1、2、3、4 分；第 2、5、6、11、12、14、16、17、18、20 题，选项为 A、B、C、D 的分别记 4、3、2、1 分。将所有得分相加，再将总分乘以 1.25，取整数即可得到标准分。得分超过 55 分，说明你的情绪正处于抑郁状态。如果持续时间较长，抑郁情绪可能会加重甚至导致严重后果，此时要加以重视，主动积极地调整自己的状态，及时向专业人士求助，切不可延误治疗的时机。

　　大学生出现抑郁情绪，与目前面临的复杂的大学环境、巨大的就业压力息息相关。大学生不适应新时代具有较强社会性的大学环境，面临紧张的人际关系、沉重的学业压力时，就很容易出现抑郁情绪；另外，面对日益严重的就业形势，大学生也会因担心找不到工作而产生抑郁情绪。

　　当然，性格也与抑郁情绪的出现有较大的相关性。一般来说，比较倔强且伴有攻击性人格的人容易出现抑郁情绪。因为这类人一遇到重大挫折，就会表现出攻击性，但是这种攻击性不是直接表现出来的，而是转化为抑郁倾向，攻击性的强度增强，抑郁程度也越重。

三、自卑

　　自卑是指大学生由于自身生理或者心理上存在的某种缺陷或某种原因而产生的自我轻视的情感体验。其主要表现为看不起自己，在交往中缺乏自信，办事无胆量，畏首畏尾，随声附和，没有自己的主见，一遇到有错误的事情就以为是自己不好。这种不良情绪很容易产生孤独和压抑的情感，严重时会对大学生的生活和学习产生较大影响。

　　大学生自卑情绪的产生有多方面的原因。首先是自尊心得不到应有的尊重，如一个大学生经常受到老师的无故责备，或周围同学的疏远冷淡时，他就容易产生别人都瞧不起自己的自卑感。其次是感觉自己的家庭经济状况不好，生活环境、吃穿用度不如人，或者是感觉自己的能力及专业等方面不如别人。再次是不满意自己的生理素质，如在长相、身高、体态等方面不如他人，为此感到自卑。最后是好胜心强的情况下遭受挫折，如学习上的失败，使自己内心强烈的好胜心理受到打击，从此消沉自卑。

　　美国心理学家阿德勒对自卑感有特殊的解释，称其为自卑情结。他认为，自卑情结指以一个人认为自己的能力或自己的环境和天赋不如别人的自卑观念为核心的潜意识欲望、情感所组成的一种复杂心理。它是驱使人成就优越的力量，又是反复失败的结果。阿德勒指出，一切人在开始生活时候，都具有自卑感，因为儿童的生存都要完全依赖成年人。儿童与那些所依赖的强壮的成年人相比感到极其无能。这种虚弱、无能、自卑的情感激起儿童追求力量的强烈愿望，从而克服自卑感。所以，他强调攻击和力量是克服自卑的手段。很显然，他与我们普遍认为的那种自卑不同。但是，不得不说，大学生的自卑情绪过于浓重或持续时间过长，就是不健康的情绪，是有问题的情绪，需要进行调适。

四、易怒

　　愤怒也是大学生常见的一种不良情绪。从生理学来看，愤怒时，人体内肾上腺素和肾上腺皮质激素增加，造成心率加快，血管收缩，血压升高，呼吸加深，胃肠蠕动减慢等。从心理学来看，愤怒破坏了个体健全的心理平衡，使思维能力降低，认识范围缩小，行为冲动性增大，对身心健康极为不利。自我控制力降低，容易做出不理智的事情来。如果愤怒反应是短暂的，那么体内的这种生理、生化变化也会随之复原，身体不会受到伤害。如果愤怒持续时间过长，会导致身体器官的组织或机能的病变，产生各种身心疾病。

　　大学生愤怒情绪的反应一般表现为渐进式，从不满、生气、愠怒、激愤到暴怒，慢慢发生，而不像中学生那样作出立刻的反应。易怒的人使人不敢接近，会影响到人际关系。在相当一部分易怒的大学生中，常常有一些错误的认识，认为发怒可以挽回面子，维护自尊；可以威慑他人，满足愿望，等等。其实不然，事实上发怒通常会引发他人的愤怒、厌恶等。怒气看起来是对外的，实际上受伤害的却是自己，心理上咀嚼不愉快的也是自己。

大学生易产生愤怒情绪，首先是因为大学生正处在身心急剧发展、激情澎湃的青年时期，往往好激动、易动怒，常常会因一句刺耳的话或不顺心的小事而暴跳如雷，因别人的观点或意见与自己不合而恼羞成怒；其次是大学生具有较强的自尊心和好胜心，当其自尊心、人格受到侮辱的时候，就容易产生愤怒情绪；再次是大学生的气质类型为胆汁质，因其自身的一些独特特征容易冲动、发怒；最后是大学生对发怒有一些错误的认知，如有的大学生认为发怒可以威慑他人，维护利益或尊严，满足愿望等。

五、冷漠

冷漠是对外界刺激缺乏应有的情绪反应，对生活中的悲欢离合都无动于衷。部分大学生却对周围的人和事表现出一种毫不在意、毫不关心的态度，把自己游离于社会群体之外，独来独往。日本心理学家松原达哉教授形容处于这种情绪中的学生是"三无"学生，即无欲望、无关心、无气力。很显然，冷漠情绪反映了大学生对环境和现实的自我逃避心理。

一般存在冷漠情绪问题的大学生往往表面上看起来淡漠如水，实则内心往往异常痛苦、孤寂、压抑。大学生出现冷漠的情绪，可能是曾经经历过一些挫折，如好心不被理解、努力得不到承认，从而心灰意冷；或者由于父母离异等形成了这种自我保护的反应；或者因为思维方式片面、耐受力差，过于内向等。不管是什么原因，冷漠对于大学生而言都是有害的。如果大学生长期处于冷漠的状态下，巨大的心理压力无法释放，超过一定的限度，便会以排山倒海之势爆发出现，使大学生的心理平衡遭到破坏，影响身心健康，也会带来责任感的下降、生活意义的缺失和自我价值的放弃。

第三节 大学生常见情绪问题的调适

健康的情绪对个体的身心发展有较大的促进作用，而不良的情绪，即便短时间内可以动员人内部的潜能，但终究是对人的身心有害的。所以，大学生出现情绪问题时，要正视它，并积极地去调适，使负面情绪减弱或消失，转为正面的、积极的情绪。对于上述大学生常见的这些情绪问题，调适方法往往大同小异，所以这里总体上来看看如何调适常见的情绪问题。

一、进行思维转化

人们产生紧张、焦虑、痛苦、不快等情绪，很多时候并不是事件本身引起的，而是人们对此事件的看法所引起的。也就是说，情绪常常受制于个人的想法、态度和价值观等。那么，大学生调适情绪的一个最好方法就是转变自己的认知与思维。要进行思维转化，大学生一般应做到以下几个方面。

第一，改变对一件事的定义。当我们面对自己无法改变的客观事实的时候，就可以学着改变对这一事实的定义。也就是说，当一件事发生的时候，你可以将其看作一个麻烦的问题，你也可以将其看作一个机会。如果看作一个麻烦问题的时候，你的心情很不好，不妨将它看作一个机会，想想这件事带给你的是什么教训及警惕，下次避免重蹈覆辙。这样你就成功将"问题"转化为"机会"了，在重新定义的过程中，你的情绪也就会由消极情绪转变为积极情绪。

第二，改变看问题的角度。举个大家比较熟悉的例子：在沙漠里迷路的两个人只剩下半壶水，一个人想：沙漠这么大，我只剩下半壶水，肯定要命丧沙漠了，于是他感到非常绝望，甚至感觉自己已经不行了。而另一个人心里却在想：太好了，我竟然还有半壶水，比没有强多了，一定可以走出去的，于是他信心满满，充满了前进的力量。结果自然是前者没有走出沙漠，而后者走出了沙漠。这个简单的例子告诉我们：看问题的角度会影响我们的情绪。面对逆境，我们该如何看决定着我们将得到什么样的情绪。所以，大学生在面对某一次考试或是比赛失败时，不妨换个角度想，化失败为动力，努力发掘经验教训，激发自己今后的学习热情。

第三，改变头脑中的画面。专家研究发现，人的头脑对数字、文字很难记忆，但对画面却是历久弥新，永难忘怀。你有一些不良情绪，是因为你脑海中总有一些不愉快的画面。所以，改变脑中画面，创造活力，也可以很好地管理自己的情绪。

第四，换位思考。换位思考要求站在对方的立场上考虑问题，理解他人、体谅他人。人经常是站在"自我"的立场和角度来看待事物，甚至指责别人。然而，"自我"的角度却不一定正确，必须站在对方立场来设想，才不会使自己一肚子气，又错怪别人。换位思考其实是一种哲学思考，也是一种道德观念。所谓"己所不欲，勿施于人"。在生活中，如果我们在遇到负面情绪的时候有意识地进行换位思考，那么将非常有助于我们处理负面情绪。

这里就不得不提到美国临床心理学家阿尔伯特·艾利斯创立的理性情绪疗法(Rational Emotive Therapy，简称 RET)了。艾利斯认为，情绪并不是由某一诱发事件本身直接引起的，而是由经历这一事件的个体对这一事件的解释和评价所引起的。这一理论也称为情绪困扰的 ABC 理论，其中，A 代表诱发事件(Activatingevents)，B 代表信念(Beliefs)是指人对 A

的信念、认知、评价或看法，C 代表结果即症状（Consequences）。通常人们会认为诱发事件 A 直接导致了人的情绪和行为结果 C，发生了什么事就会引起相应的情绪体验。然而，艾利斯认为，并非诱发事件 A 直接引起症状C，A 与 C 之间还有中介因素在起作用，这个中介因素是人对 A 的信念、认知、评价或看法，即是信念 B。例如，同样是和朋友闹得不愉快，一个人会感到有些伤心，而另一个人却可能会变得紧张不安，甚至是恐惧。其实，引发人不同反应的关键就在于 B（思维与信念）。该范例对情绪 ABC 理论应用如表 5-3 所示。由此可见，如果我们可以有效地改变 B（思维与信念），即改变对自己、他人及这个世界负性的看法及观念，就可以有效地改善我们的情绪。

表 5-3　情绪 ABC 理论范例

A（诱发性事件）	B（思维与信念）	C（情绪与行为）
和朋友吵架	没事，过段时间就好了	开始有一点难过，之后慢慢平静
	他将不会喜欢我，我再也找不到喜欢自己的人了	恐惧、焦虑、抑郁

艾利斯认为，人极少能够纯粹客观地知觉经验 A，总是带着或根据大量的已有信念、期待、价值观、意愿、欲求、动机、偏好等来知觉经验 A。因此，对 A 的经验总是主观的，同样的 A 面对不同的人会引起不同的 C，主要是因为他们的信念有差别即 B 不同。按照艾里斯的观点，人既是理性的，同时又是非理性的，人的挫折心理主要是由于个体的不合理信念引起的，如果减少不合理信念，则大部分的困扰和问题可能减少和消除。例如，当一名大学生因考试成绩平平（A）而焦虑甚至产生抑郁（C）时，这是因为他有这样的信念（B）：大学生在各方面都应当是优秀的、出类拔萃的，否则情况就非常糟糕。合理的解释是大学生未必各方面都优秀，做最好的自己是最重要的。这样就能使这名大学生以平和而积极的心态对待其成绩。

当然，一个问题可能不是简单地表现为 ABC。有时问题可能很多，一个问题套着其他几个问题。如果我们能认识到是信念引起了情绪及行为后果，而不是诱发事件本身，因此对自己的情绪和行为反应负责；从而改变不合理信念，减轻或消除存在的各种不良情绪。

二、进行积极的自我暗示

暗示是一种特殊的心理现象，它通常是通过语言的刺激来纠正和改变人们的某种行为或情绪状态。根据语言刺激来源的不同，暗示分自我暗示和他人暗示。自我暗示,从心理学角度讲,就是个人通过语言、形象、想象等方式,对自身施加影响的心理过程。自我暗示分消极自我暗示与积极自我暗示。积极自我暗示可以令人保持好的心情、乐观的情绪、自信心,从而调动人的内在因素,发挥主观能动性。而消极的自我暗示会强化人个性中的弱点,唤醒人潜藏在心灵深处的自卑、怯懦、嫉妒等,从而影响情绪。美国新奥尔良的奥施德纳诊所做过统计,在连续求诊而入院的病人中,因情绪不好而致病者占76%。在自我暗示的强大作用下,人们的行为、心理乃至生理,都会不自觉地朝向自我暗示所指示的方向活动、发展。也正因为如此,坚持进行积极自我暗示的训练,具有极为深远的意义。

大学生要想通过积极的自我暗示来调节自己的情绪,首先需要注意以下几个方面:时常以赞赏的眼光看待自己;自我安慰,避免过分的自责;不患得患失,始终朝着一个明确的目标努力;学会忘记过去的失败。比如,当大学生因某一重要考试而焦虑时,可以暗示自己"最近我的运气一直很好!这次考试一定能考出好成绩";当碰到倒霉的事件时,可以暗自庆幸"事情原本可能会更糟的呢";当失恋时,可以这样想"(他)她并不适合我,早散伙比晚散伙好"。

大学生对自己进行积极的暗示时,可以选择大声地说出来,也可以选择默不作声地进行;可以选择在纸上写下来,也可以选择吟诵或者歌唱,甚至在心中默念。总之,能达到预期的效果就行,具体的暗示方式并不固定。

用积极的自我暗示来调控情绪要选择好暗示的时间,最好在早晨醒来或晚上入睡之前,即在大脑皮层兴奋性降低的状态下进行;还要选择好暗示的内容,即选择能积极促进身心健康的内容,警示语言要简明坚定,如体质差的人自我暗示说"我的身体一天比一天好起来了",精神不佳者则暗示说"我的精神一定会好起来"。法国暗示心理治疗专家库维发现,一切毛病都可以用一个普遍的暗示去治疗,最好每天早晚在睡前或醒后凝神微诵"在种种方面,我都一天好似一天"。久而久之,我们自然觉得百病全消,身心健康。

三、转移注意力

把注意力从引起不良情绪反应的刺激情境转移到其他事物上去或从事其他活动,也是调适情绪的有效方法。因此,大学生也可以选择这种方法。现代医学的实践表明,注意力是由于客观事物的影响,导致大脑皮层的有关区域产生了兴奋中心,对相应的客观事物进行更清楚的反映。事实上,当人的注意力高度集中时,与之无关的运动则会受到抑制,甚至连呼吸肌的运动也会暂停。按照俄国生理学家巴甫洛夫的条件反射学说,唤起新的兴奋中心可以抵消或冲淡原来的兴奋中心。在日常生活中,有许多困扰着我们的大小不同的烦恼,它们之所以成为烦恼,就是因为我们太注意它们了。佛教禅宗里有一个有趣的公案,一个小徒弟问师父如何忘记烦恼,师父回答说:穿一双不合脚的鞋。鞋不合脚或掉进一粒沙子,时刻都会感到不舒服,时刻都想脱掉那双鞋,所有的注意力都在那双鞋上,结果竟然忘记了原本令人烦恼的事情。我们越是关注什么,它在我们的头脑中就会越清晰。你把注意力集中在沉重的负担上,就会觉得不堪重负;而你把注意力集中在轻松愉快的事情上,你就会变得轻松愉快。

大学生在焦虑、苦恼、烦闷时,可以将注意力从引起这些情绪的事情上转移开,去听听音乐、看看喜剧片,或者找朋友聊聊天、散散步等;在登高过程中,往下看而出现惊慌、恐惧情绪时,可以将视线转移到水平线的其他地方;在极其愤怒,对某一个人发火时,尽力想想这个人平时对你的种种好处。这些都是转移注意力的好方法,只要运用恰当就能有效地稳定情绪,甚至转化不良情绪。

四、适度宣泄

情绪有时就像奔腾的江水,如果打开闸门让江水顺流而下,情绪问题可能自然而然就能得到缓解。所以,大学生也要学会适度宣泄,即把不良情绪释放出来,从而使紧张、焦虑、恐惧等不良情绪得以缓解。

大学生进行情绪宣泄的途径通常有以下几种。

(1)倾诉。倾诉不仅能使听者真正理解一个人,对于倾诉者来说,将自己压抑在心中的话说出来,也有奇特的效果,心理上会出现一系列的变化。他会感觉到他终于被人理解了,内心有一种欣慰之感,进而使不好的情绪得到缓解,心理上产生解脱感,还会伴随某种感激之情,愿意谈出更多心里话。可以说,倾诉是大学生最佳的宣泄法。大学生遇到情绪问题时,可以找一个值得信赖的人(父母、老师、朋友等)将心中的想法、内心的苦恼甚至是难以启齿的秘密统统讲出来。倾诉可解脱心灵的重压,排遣不良情绪,从中获得轻松感和解脱感,使心理得到平衡。

(2)哭泣。人处在痛苦的情绪状态中的时候一般都会有想哭的感情冲动,这其实是正常的情绪反应。但一些人碍于面子往往压抑自己,强忍着不哭出来。其实这种强忍着不哭出来的做法,会给身体带来不良的影响。从医学角度讲,强忍泪水,只会加重抑郁,容易憋出病来。而自然地哭出来,是一种合理的宣泄,对身体有很多好处。眼泪可以把体内积蓄的导致忧郁的化学物质带走，从而减轻人的心理压力，保持心情舒畅。所以，大学生遇到悲伤的事情时，不妨找一个合适的地方放声痛哭一场，哭过之后的心情往往会好很多。当然，过度哭泣是不对的，那样容易扰乱人体的生理功能，使呼吸、心跳失去规律。

（3）放声歌唱。大声唱歌也是排除紧张情绪的有效手段。所以，当大学生心中积压了不良的情绪，难以消解时，不妨自己大声唱唱歌，歌的旋律、词的激励、唱歌时有节律的呼吸与运动，都可缓解紧张情绪。

（4）较大强度的运动。这也是宣泄不良情绪的一种好方法。强度较大的运动可以促使人体快速分泌"脑内吗啡"。这类物质充满魔力，具有振奋人心的作用。可以使人将不良的情绪宣泄出来，转化为积极的情绪。

五、采用情绪放松技术

运用科学有效的情绪放松技术，也能够调适人的情绪，使人从紧张、抑郁、焦虑等不良情绪中解脱出来。情绪放松技术有很多种，按摩、沐浴、瑜伽、睡眠、深呼吸、冥想、意象训练等都比较常用。这些方法可以促进人的血液循环，应对紧张、气愤的情绪。以下对深呼吸、冥想和意象训练进行阐述。

（1）深呼吸。这种技术的操作如下。

准备工作：穿着宽松柔软的衣服独自进入自己的空间。

基本姿势：坐在凳子上，放松两肩，头稍低垂，目视前方，舒展一下身体和头部。两手放在大腿上互不相碰，两脚稍微分开，使身体感到舒适。

训练工作：开始时，两臂、两腿用力伸展，两手、两脚同时用力，使之略有颤抖的感觉。猛地一下子松劲，全身的肌肉会立刻松弛下来，练习时要体会和抓住这种感觉。接下来，闭上双目，重复一遍动作。在松劲的一瞬间开始做腹式深呼吸，张开口吐尽腹中气息，停止呼吸片刻，再从鼻孔慢慢吸入新鲜空气，直至吸饱为止。此刻停止呼吸一两秒，再张口收腹，慢慢将腹内气息全部吐尽。腹式深呼吸做完以后，呼吸平缓下来，头脑里静静地浮现出愉快的形象。在愉快形象浮现的同时，随着呼吸，口中念念有词地哼几遍："我的心里很安静。"这时，你会发现自己的情绪逐渐地平静下来。

每次训练时间以 10～15 分钟为宜。最好在起床后、午饭后和睡觉前进行。掌握训练要领之后，每遇到情绪波动就可以用这种方法来自我调节。

（2）冥想。冥想是一种在短时间内有效达到深度放松的方式，冥想的状态不仅能引起完全的放松，而且也会降低身体和心理的疲劳。冥想能集中我们的注意力,提高我们的思维能力。冥想让我们从现实的混杂中解脱出来,重新开始理解现在,恢复我们内部聆听的能力,让我们做出最佳选择。它是一种把混乱剔除出去的方法,让我们能集中在有益的想法上并发现自己正面的印象,体验到一种自我更新的感觉。冥想一般会由冥想师或是心理辅导者通过一些特殊的语言慢慢地逐步进行,如下。

第一步,现在请你关注你的呼吸。只关注它,不要强迫,也不要憋气,你可以做的也许就是给身体更多放松的信息。再花一点时间在体内四处检查一下,看看是否某个地方紧绷着。如果找到这样的地方,请向他们微笑,因为他们是在告诉你,它们需要你。将它们放松,并让那份张力随着下一次呼出的气息消失。

第二步,现在更深地进入内在。给自己一个欣赏的信息,你是生命力的体现,独一无二的——在这个世界上没有一个人与你完全相同。每个人与你都是既有许多相同之处,又有许多的差别,包括你的家庭成员在内——无论是你从小长大的那个家庭,还是你现在生活在其中的这个家庭。在这个世界上的任何地方都找不到和你一样的人。

在这一刻,请注意到你自己是独一无二的。不能拿你和其他任何人相比较,除非你活在幻觉中。你也不可能与他人形成真正意义上的竞争,除非你误解了生活。你是独一无二的。作为一个独一无二的人,你理应受到尊重,在一切场合肯定和珍惜自己,因为你是生命的体现。

也许此刻,我们可以开始有所区别,将体现生命力的你——本质上完美而纯净——与你遇见的总是纯净的行为区分开来。你的力量来自于认识到自己精神上的纯洁,这将有助于你与自己的其他那些部分相互合作,而这些部分也许想要改变或增加些什么。这就是我们力量的来源,它源于我们与自己本质的联结,这样的联结从根本而言是精神上的。

(3)意象训练法。这种方法的基本原理是通过想象轻松、愉快的情境,如大海、山川、蓝天、白云、鲜花等达到身体放松、轻松舒畅的目的。意象训练的效果取决于想象的生动性和逼真性。意象越清晰、生动,放松的效果就越明显。意象训练不仅能消除疲劳、恢复精力,长时间训练还可以达到开发智力的效果。

如果大学生通过上述方法都没有缓解不良情绪,那么在有条件的情况下,可以去找心理医生进行咨询、倾诉,在心理医生的指导、帮助下,相信一定能克服不良情绪。

六、SOLER 社交技巧训练

SOLER 社交技巧训练对于调适大学生的抑郁情绪有着重要的作用。

这种方法由下列每个英文单词的第一个字母所组成。下面我们通过阐释每一个单词所包含的内容来看看这种方法。

（1）S(Squarely)——面对对方。在社交活动中，与他人交谈时，面对对方，是对对方的一种基本尊重。在与他人交谈时，我们可以选取面对面、并排、90°角的站姿或坐姿。面对面的位置往往表示一种对峙，并排表示亲密，而90°角则可进可退，既保持较亲密的关系，又可以保留各自的缓冲空间。因此，在选择位置时，根据你与他人的心理空间来确定你们的人际位置较为合适。

（2）O(Open)——身体姿势开放。在与他人的交往中，一些身体姿态如放松拳头、手心向上、身体不过度摆动等代表你的包容与接纳，愿意向对方开放自己，也会使对方愿意开放自己。如果你的身体姿势是双手放平、手心向下或双手抱胸、跷起二郎腿等，则显得畏缩封闭，会使对方也表现退缩、不愿表达和开放自己。

（3）L(Lean)——身体稍微倾向当事人。在与他人沟通中，身体稍微倾向对方的姿势，传达出你对对方的关心和尊重，会让对方也愿意开放自己。如果你在与他人沟通的过程中身体后倾、紧贴椅背，不仅拉大了你与对方的空间距离，而且显得冷漠、疏远和蔑视，会使对方感觉不被尊重而不愿将谈话深入。

（4）E(Eye)——良好的目光接触。在与他人交谈时，与对方的目光接触，能够传递出你正在认真聆听对方的意思，表达了对对方谈话内容的重视，通过这种眼神的接触，对方可以感受到被尊重和认可。如果在与对方交谈时，目光闪烁不定，就让对方的眼神无法凝视，会使对方感觉你不认真倾听他的谈话，不在乎他的感受。同时，在与人交谈中，目光不要始终接触对方。一般而言，当你在倾听对方谈话时，接触可以多一些，当自己谈话时，视线可有短时间的离开。

（5）R(Relaxed)——身体放松。在与他人沟通时，放松的身体姿势，可传达出你身心的平静，对方受到你这种姿态的感染，也能够放松下来，和你进行放松而自然的沟通。如果你在交往过程中双拳紧握、双眉紧锁、双肩紧扣，这种紧张的姿态，不仅不能让对方放松下来，还会使对方感受到紧张与压抑，从而不愿继续沟通。

七、改善睡眠

睡眠可以消除疲劳、恢复体力，修复大脑和身体组织，保证充足的睡眠时间和睡眠质量，可以说是积极情绪产生的前提。因此，大学生也要注意改善睡眠问题。尤其是对具有过度焦虑情绪的大学生来说，改善睡眠是调适情绪的好方法。运用这种方法，大学生需要注意以下几方面。

（1）睡觉前不要进食刺激性的食物，如喝酒、喝茶、喝咖啡等。在睡前半小时喝一杯热牛奶，可有助于睡眠。

（2）不要在床上看书、看报、吃东西，只在想睡觉时才上床，把床与睡眠紧密地联系起来，将床只看作睡觉的地方。

（3）适当地进行体育运动。在晚上睡觉前进行半小时的运动，特别是快走或慢跑，有助于睡眠。

（4）如果在床上躺了 15～20 分钟仍未入睡，那么可以起床做一些其他的事情，但此时不要做过于激烈的运动，可做一些简单和轻微的事情，如看看书和杂志。当你有了睡意时再重新上床。

（5）使自己的身体与心理处于较为放松的状态。不要过于担心失眠问题，接受自己会偶尔失眠的状态；可在入睡前 1～2 个小时通过洗热水澡、听轻音乐等方法让自己松弛；当你躺在床上时，可自己通过放松的方法或调整呼吸的方法使自己的身体达到松弛。

八、努力给自己制造积极的心境

心境是一种轻微、平和而持久的情绪状态。积极的心境有利于人体各种激素的正常分泌，有利于调节细胞的兴奋和血液循环，有助于人的积极性、主动性和创造性的发挥，从而提高学习和工作效率。消极的心境使人心灰意懒，厌烦，陷入消沉，会降低学习和工作效率。所以，大学生要努力给自己创造积极的心境。具体来说，可以从以下几个方面努力。

（1）热爱生活。生活包括人的生存和发展进行的各种活动。一个热爱生活的人总是朝气蓬勃、奋发向上的，总是带给他人一种生活的快乐和希望。此外，还应淡泊名利，随遇而安，千方百计创造"乐"的心境，保持乐观的态度，才能使你始终保持平和的心态。

（2）学会幽默。幽默是不良情绪的消毒剂和润滑剂。哲学家把幽默视为"浪漫的滑稽"；医学家认为幽默是人的一种健康机制，是美化心境的良方。幽默风趣的言行不仅可以给人带来欢快的情绪，而且能缓解生活中的矛盾和冲突，使烦恼化为欢畅，让痛苦变为愉快，将尴尬转为融洽，使沉重的心境变得豁达、开朗与轻松，具有维持心理平衡的功能。学会幽默，适时来点幽默，既可缩短亲朋和同事之间的距离，获得良好的人际关系，又可在欢声笑语中忘却忧愁，获得无穷的乐趣。

（3）学会宽容。宽容是酿造生活美酒的蜜，是消除隔阂、沟通感情的法宝。理解他人,豁达大度,就能够保持心理的平衡,在人际关系中获得满足和快乐。否则,紧张的人际关系必将带来精神和生理上的病变,长此以往,损身折寿。因此,生活和工作中最明智的选择就是宽容。

(4)乐于助人。多一点奉献精神,少一些私心杂念,关心他人,将使你领悟到天地之宽,助人之乐,心情舒畅,心境坦然。反之,如果私心严重,常做坏事,就会斤斤计较,提心吊胆,心绪不安。

(5)谦虚谨慎。"满招损,谦受益。"人要有自知之明,多看别人的长处,虚心向他人学习。多称赞别人,使自己的心灵充满喜悦和幸福,才能在工作生活中充满阳光和希望。

(6)学会遗忘。沉湎于旧日的失意是脆弱的,迷失在痛苦的记忆里更是可悲的。遗忘不是简单的记忆抹杀。遗忘是一种振作,是一种成熟,是一种超脱。因此,人人都应主动地忘记生活曾经给自己造成的不幸和痛苦,清除心灵上的暗流,轻松地面对再次考验,充分地享受生活所赋予的各种乐趣,使整个心灵沉浸在一种悠闲无虑的宁静里。

第四节 大学生情商的培养

情商(EQ)指情绪商数,是近年来心理学家们提出的与智力和智商相对应的概念,所以也称为情绪智力。它主要是指人在情绪、情感、意志、耐受挫折等方面的品质。以往认为,一个人能否在一生中取得成就,智力水平是第一重要的,即智商越高,取得成就的可能性就越大。但现在心理学家们普遍认为,情商水平的高低对一个人能否取得成功有着更为重要的影响。所以,大学生应当努力培养自己的情商。

一、情商的维度和测量

(一)情商的维度

从当前流传最广泛的情绪智力模型(心理学家丹尼尔·戈尔曼的情绪智力胜任特征模型)来看,情商主要有四个维度,每个维度包含一系列情商问题。

1. 自我意识

自我意识即对自己的价值观、情绪、动机、优缺点的深层理解。自我意识强的人,知道什么是对他们有利的,有效地了解自己的直觉和本能。

2. 自我管理

自我管理即我们在多大程度上控制和改变我们的内在状态和资源,它包括控制冲动、表现出诚实和正直、保持有效执行并抓住机会的动力,甚至在失败后保持乐观。

3. 社会意识

社会意识即对感情、想法和其他人的情形敏感并理解。这包括认知他人的环境,即换位思考,也包括真实地感受他人的感情,即情绪同感。

4. 关系管理

戈尔曼把关系管理和很多与绩效相关的概念联系在一起,包括影响他人的信念和感情、开发他人的能力、管理变革、解决冲突、培养关系、支持团队工作与合作,这些对沟通能力和其他与社会交往相关的能力都提出了比较高的要求。

上述这四个维度并不是相互独立的,许多学者认为,这些维度之间存在着层级关系。关系管理处于最高层次,因为它需要其他三个维度作为支撑,自我意识处于最低层次,因为它不需要其他维度的支撑,相反,它是其他三个维度的先决条件。研究表明,情商高的人能更好地处理人际关系,在需要情绪劳动的工作中表现得更卓越,他们通常是优秀的领导者,拥有高情商员工的团队能从一开始就比拥有低情商员工的团队表现得更加优秀,但是无须社交接触工作的绩效与情商的高低没有多大关系。

(二)情商的测量

目前,人们使用的情商测量表主要有以下三种。

1. EQ-I 量表

EQ-I量表是1997年巴昂所编制出版的世界上首个测量情商的标准化量表。该量表由33个项目组成,五个维度对应四个成分量表,量表采用自陈法,以5点计分。该量表被多项心理研究采用作为测量情商的工具。

2. 多因素情绪智力量表

多因素情绪智力量表是测量情商的另一种量表。该量表是梅耶和他的伙伴在 1998 年编制完成的。该量表是能力测验，与 EQ-I 不同的是，它并不采用自陈法进行测验，它要求测验者完成一系列任务，将专家打分作为评判标准，以测量测验者各维度的情绪能力。该量表具有良好的结构效度和区分效度。

3. 情绪能力调查表

情绪能力调查表由博亚兹和戈尔曼编制。该量表从 360 度评价 20 多个和戈尔曼的情商模型相一致的情绪能力因素，包括 11 项能够反映情商适应趋势的问题，每个问题描述个人与工作相关的行为。该量表使用 7 点量表法。

二、高情商的标准

（一）能够辨识自己的情绪

情商高的人能够知道自己的感受，比如，他们很快就能意识到自己在生气、嫉妒或内疚、抑郁等。这是很有价值的，因为很多有着糟糕情绪的人无法理解为什么他们会这么不舒服。那些有着高自我意识的人能够对自己的感受很敏感。

（二）能够调控自己的情绪

情商高的人可以很好地调整自己的情绪，通过多种途径有效摆脱焦虑、沮丧、愤怒、烦恼等不良情绪，同时通过有效方式将它们转化为积极情绪。比如，当生气时，你知道如何冷静下来，根据具体环境和实际情况控制自己的情绪。

（三）能够感知他人的情绪

情商高的人能够对他人的情绪有准确的感知，善解人意，感同身受。他们能够敏锐地感受到他人的需要和情绪，能够体会到他人的情感，并且能够保持理性，客观地理解、分析他人的情感。他们善于"读懂"面部表情、声音语调和其他情绪特征。

（四）能够灵活使用情绪

情商高的人还能够通过运用情绪让自己获得更好的发展，让自己保持良好的心情，还能够改善与他人的关系。所以，高情商的人乐于助人、乐于分享。

三、大学生情商的培养途径

（一）学会划清合适的心理界限

在人与人的相处中，很多人都认为，划清界限不是一件好事，不利于维护关系。界限不明，大家能随心所欲地相处，而且相互之间也不用激烈地讨价还价。实则不然，界限不明，常常更容易引发人际冲突，造成人际关系紧张。

从周围生活中看，界限能力差的人也容易患上病态恐惧症，他们不会与侵犯者对抗，而更愿意向第三者倾诉。如果我们是侵犯了别人心理界限的那个人，发现事实的真相后，我们会感觉自己是个冷血的大笨蛋。同时我们也会感到受伤害，因为我们既为自己的过错而自责，又对一个第三者卷进来对我们评头论足而感到愤慨。

界限清晰对大家都有好处。你必须明白什么是别人可以和不可以对你做的。当别人侵犯了你的心理界限，告诉他，以求得改正。如果总是划不清心理界限，那么你就需要提高自己的认知水平。

（二）不要让抱怨消耗精力

抱怨是人们发泄不满情绪的一种方式。然而当下，抱怨却已成为某些人的生活习惯，成为他们对抗现实矛盾的一种手段。大学生想要抱怨时，不妨停下来先自问："我是想继续忍受这看起来无法改变的情形呢，还是想改变它呢？"对于没完没了的抱怨，一般称之为唠叨。抱怨会消耗精力而又不会有任何结果，对问题的解决毫无用处，又很少会使我们感到好受一点。所以，要想让自己有较高的情商，就不要总是抱怨。抱怨的时候，也许得到了一些安慰，感到了压力的减轻，但这只是表面的、暂时的，不能解决根本性的问题。当事情或问题重新出现时，你又会陷入烦闷苦恼中。如果不抱怨，你会感受到巨大的心理压力。但压力有时并不是个坏东西，它也许会让你感觉不舒服，但同时也是促使你进行改变的力量。当压力减轻时，人一般就容易维持现状；然而，当压力没有在抱怨中流失，它就会堆积起来，到达一个极限，迫使你采取行动改变现状。因此，当你准备向一个同情你的朋友抱怨时，先自问一下：我是想保持现状呢，还是想改变现状呢？如果想要改变的话，还是不要再抱怨了，让压力变为动力，促使自己采取适当的行动，才是正确的做法。

情绪是会互相感染的，与快乐的人在一起，我们容易快乐，与悲观的人在一起，我们更容易悲观。一个不好的心理环境，会让我们出现不好的情绪状态。所以，除了自身减少抱怨外，还应注意与抱怨者保持一定的距离，这样就可以让大脑不会被抱怨攻击，受到伤害。

（三）不要让情绪控制了理智

在情绪状态下，人的理智会下降，情绪越强，理智下降越明显。众所周知，愤怒的情绪常常使人丧失理智。虽然情绪不能完全由理智来控制，但是我们可以努力做到不要让情绪控制了理智。

美国人曾开玩笑地说：当遇到事情时，理智的孩子让血液进入大脑，能聪明地思考问题；野蛮的孩子让血液进入四肢，大脑空虚，疯狂冲动。是的，当血液充满大脑时，你头脑清醒，举止得当；反之，当血液都流向你的四肢和舌头的时候，你就会做蠢事，冲动暴躁，口不择言。事实上，科学实验证明，当我们在压力之下变得过度紧张时，血液的确会离开大脑皮层，于是我们就会举止失常。此时，大脑中动物的本性起了主导作用，使我们像最原始的动物那样行事。要知道，在文明社会中，表现得像个原始动物会带来大麻烦。所以，尽可能地找一个适合自己的方法，在感觉快要失去理智时使自己平静下来，从而使血液留在大脑里，做出理智的行动。

控制情绪爆发有很多策略，其中一个方法就是注意你的心律，它是衡量情绪的精确尺子。当你的心跳快至每分钟 100 次以上时，调整一下情绪至关重要。在这种速率下，身体分泌出比平时多得多的肾上腺素。我们会失去理智，变成好斗的蟋蟀。当血液又开始涌向四肢时，你还可以选用以下的方法来平心静气。

第一，深呼吸，直至冷静下来。慢慢地、深深地吸气，让气充满整个肺部。把一只手放在腹部，确保你的呼吸方法正确。

第二，自言自语。比如，对自己说"我正在冷静"或者"一切都会过去的"。

第三，洗个热水浴，可能会让你的怒气和焦虑随浴液的泡沫一起消失。

（四）树立适合自己的榜样

在进行社会认知的过程中，我们每个人都经历过学榜样的时代，那些榜样对于我们来说高尚而又疏远。于是我们学榜样的热忱在和榜样的距离中渐渐熄灭了，因为我们知道，自己也许一生都成不了榜样那样的人物。其实，你并非一定要成为什么伟人或是英雄，成为一个快乐的常人也许能够给你带来更多益处。所以，你不妨看看你身边有没有真正快乐的人？把他作为你的榜样会对你更有帮助。你可以想：他所能做的我也可以，但我们的风格迥异，我不可能以他的方式完成他所做的事。但我会模仿他做的一些事，以我的方式来完成。从他身上你总能看到从来没察觉到的自身潜能。所以，大学生可以试着在自己周围的人中找出那些比你聪明、所受教育更好、层次更高、比你更有毅力，而且绝对充满正能量的快乐之人，让他们作你的榜样，发挥榜样的作用。你会在追赶他们的过程中自然地提高自己的情商。

（五）学会移情

培养高的情商需要学会换位思考，即站在对方的角度去思考。移情又称为换位思考、感情转移、同理心、设身处地。大学生在情商培养中应重视移情。简单来说，移情就是"感人之所感"，同时能"知人之所感"，也就是既能分享他人情感，对他人的处境感同身受，又能客观理解、分析他人情感。移情是在情感的自我觉知基础上发展起来的，可以表现为很多种形式。移情不仅对保持人际关系的和睦非常重要，而且对任何与人打交道的工作来说，都是至关重要的。可以说，移情能力就是取得优秀业绩的关键因素。

做到移情，首先要面对自己的情感。我们越是坦诚，研读他人的情绪感受也就越准确。移情并不一定总是通过听别人说话来实现，人们总是用讲话声调、面部表情或其他非语言方式来表达自己的感受。察觉这些细微信息的能力是建立在更基础的情感能力之上的，特别是在自我觉察力和自我控制能力之上的，一个缺乏自我觉察力以及不能控制自身情绪的人是无法去揣摩别人的心情感受的。其次，移情要善于察言观色，善于抓住人们情感变化的蛛丝马迹来分析。移情的精髓就在于不通过对方说话的内容而知道对方的感受怎样。

（六）学会从难以相处的人身上学东西

对于有心的人来说，难以相处的人是他们提高情商的帮手。因为他们可以从多嘴多舌的人身上学会沉默，从脾气暴躁的人身上学会忍耐，从恶人身上学到善良，而且不用对这些老师感激涕零。大学生要想从难以相处的人身上学东西，最需要做到的就是灵活。也就是说，发现他们的方式，在与之交往的过程中，尽量灵活地采用与之相同的方式。如果这人喜欢先闲谈再谈正事的话，你的反应应当是放松下来，聊聊家常。如果这人直截了当，你也应当闲话少说，直奔主题。这样，在与难以相处的人打交道时效率就比较高，而且会发现这些人并不那么难以相处。

第六章　守护心灵:大学生人格问题研究

人格对一个人的发展与成就产生着十分重要的影响。一个具有健康人格的人往往更容易走向成功。因此,健康人格的塑造对每一个人来说都非常重要。大学生是社会发展的重要后备力量。他们是否具有健康的人格在很大程度上决定着他们是否真正走上正确的成长道路。然而,在当今变革频繁、观念多元化的社会中,大学生的人格发展出现了较大的困境,大学生出现人格缺陷或是轻度人格障碍的现象越来越多。而人格缺陷和人格障碍会严重影响大学生的心理健康,甚至会引发某些疾病,对社会造成极大的危害。因此,大学生健康人格的塑造极为必要,已经成为一种时代的呼唤。

第一节　人格概述

一、人格的概念与特点

(一)人格的概念

"人格"一词源于希腊语"Persona",本意是指古希腊戏剧演员所戴的面具,面具体现了角色的特点和人物性格,心理学沿用其含义,转意为人格,把一个人在人生舞台上扮演角色时表现出来的行为和心理活动看作人格的表现。

对于人格的定义,可谓是"仁者见仁,智者见智"。在不同的学科领域,人格的解释往往各有不同。例如,在语义学中,"格",即资格、格位、格式、标准,主要指做人的资格,人在世界万物中的格位,人之所以为人的格式和标准。在哲学中,真实的、有理性的个人的本性被称之为人格。在伦理学中,伦理学家常常从道德的角度对人格进行诠释,认为人格与人品的含义是相同的,都是指一个人的尊严、价值和道德品质的总和。在社会学中,人格就是指"决定人在社会中角色和地位的一切特性的综合"。在法学中,人格指的是法律认可的主体享受权利、承担义务的资格。在文学中,人格是指人物心理的独特性和典型性。在心理学中，心理学家倾向于将人格视为人的心理特征的具体表现，即个体的性格、气质、能力等。在研究人格的诸多学科中，心理学的研究可谓是最完备、最深刻的。

不管是在很多学科中，还是日常生活中，"人格"一词都受到了广泛的使用。然而，至今为止，人格还是没有形成一个统一的、大家普遍认同的明确定义，不仅不同学科对它的解释各不相同，同一学科的不同学派或者不同学者，也往往从不同的角度、不同的侧重点出发有不同的解释。由此可见，人格是一个具有较多争议的概念。本书综合各学者的意见，认为人格是"一个人在一生漫长的历程中，所逐渐形成的、表现为稳定的和持续的心理特点，以及行为方式的总体"。

（二）人格的特点

1. 整体性与独特性

整体性主要指的是人格是由多种相互联系、交互作用的要素构成的一个有机整体，它具有内在的一致性，虽然不能直接观察到，但却隐藏在人们的行为之中，能够体现一个人独特的精神风貌。因此，我们在谈论一个人的人格的时候，大多只用一两个最突出和最明显的特征来表述，如说某人热情、果断，或者说某人吝啬、懦弱等。

独特性是指每个人因为遗传因素、生活环境、个人主观反映等因素的不同，具有自己独特的心理特点，没有哪两个人的心理特点是完全相同的，因而在人格表现上也会各具特色。以《红楼梦》中的人物为例，林黛玉孤傲、敏感，薛宝钗世俗、圆滑，贾宝玉浪漫、多情，王熙凤精明、泼辣等。可见，在诸多因素的作用下，人们会形成各具特色的人格特征。

2. 稳定性与动态性

人格的稳定性是指个体在其人格的发展过程中所表现出来具有跨情境的一致性和跨时间的持续性的特征。"江山易改，禀性难移"就描述了人格的这一特征。具体而言，人格的稳定性主要表现在以下两个方面。

第一，任何一个人的人格特征都不是在一朝一夕间形成的，因而它一旦形成，就相对稳定了下来，要想改变它，非常困难。

第二，在不同的时间和情境下，人格特征都会表现出一致性，即经常表现出某种稳定的心理和行为特征。例如，一个性格外向的学生，他不管在朋友、同学、老师、家长面前，还是陌生人面前都精力充沛、善于言辞，中学如此，大学如此，工作几年后还是如此。

总之，人格是一个人稳定的、持久的、整体的精神特质。人格虽然具有稳定性特征，但同时它也具有动态性特征。人格的动态性特征是指一个人的人格在整个人生发展过程中会发展和变化。当然，人格的改变和行为的改变是不同的，行为改变是一种外在的、表层的变化，人格的改变是内在的、深层的变化。例如，某人具有焦虑特质，当他是学生时，常表现为考试焦虑，在考前心神不宁、紧张焦虑，在考试中不能正常发挥；当他工作时，常表现为难以面对竞争和压力环境，一旦遇到就焦虑不安，于是常采取逃避的方式来处理焦虑。虽然在某一时段或是某一情境中，他并没有焦虑反应，但是其内在的焦虑特质是存在的，并没有改变。不过，他接受心理治疗，通过心理医生的脱敏治疗，彻底消除了焦虑特质，这就发生了人格方面的变化。一般来说，在社会变革时期，人类生活方式的巨大变化会促使人的人格特征产生一定的易变性质。

弗洛伊德曾提出，个体的人格发展在儿童阶段就已成熟。在这一观点的影响下，不少人认为人格是在儿童期和青少年期形成的，而一旦形成就不会再变，就会处于停滞状态，如威廉·詹姆斯就认为，人在 30 岁以后，性格就定型了，不能再塑了。事实并非如此，个体成年后，随着其所面临的一切，性格也会发生一定的变化。也就是说，人格发展是贯穿于人的一生的。

3. 生物性与社会性

生物性主要指的是人格的形成和发展与个人的生物因素，如遗传因素等密切相关，这些生物因素为人格的发展提供了物质前提，并会在一定程度上影响个人人格的发展方向和方式，影响其形成某些人格的难易程度。例如，某人的父母乐观开朗，那么他在形成乐观向上的人格方面较为容易；反之则不然，若某人的父母内向阴郁，那么他在形成乐观向上的人格方面就具有一定的难度。

社会性是指个人的人格倾向深受社会的影响和制约，其形成和发展是在社会生活的影响下实现的，因此他的人格特征也必然会反映他生活在其中的社会文化特点及所受到的教育影响。例如，德国崇尚严谨而规范，因此德国人给人的印象往往是沉默寡言、不苟言笑，显得呆板而沉重，但相处一段时间后就会发现他们虽然接人待物严肃拘谨，但却十分率真坦诚。

二、人格的结构

人格是一个复杂的结构系统，它包含着各种人格的基本成分，如气质、性格、兴趣、爱好、认知风格、人生观、世界观等。对人格成分进行一定的归纳，可以发现人格结构主要由人格的心理特征系统和人格的倾向性系统组成。

（一）人格的心理特征系统

人格的心理特征系统主要由性格、气质两种成分构成。这两个成分会从不同的角度反映不同个体之间在心理方面的个别差异，体现一个人独特的人格特征。

1. 性格

性格，是指人对现实的态度和相应的行为方式中所表现出来的相对稳定的心理特征。它往往决定着一个人如何去行动。例如，一个具有勇敢性格的人，在他做出行动之前，你就能断定他在面对艰险的情况时不会退缩，不会逃避。

性格也是个体稳定的心理特征。只有经常、一贯表现出来的态度和行为方式才能构成性格特征。与气质不同的是，性格有好坏之分，具有直接的社会性和道德评价意义。例如，诚实、勇敢、果断、友好等都属于好的性格特征，而小气、狡猾、懦弱、贪婪等属于不好的性格特征。

性格是人格中具有核心意义的部分，它集中地表现了个体的精神面貌，对个体的气质、能力的表现特点与发展方向有着直接的影响。

2. 气质

气质来自于拉丁语，原意是混合、掺和，后来被心理学家经常界定为：人在心理活动动力方面表现出来的稳定特征。它主要表现在以下几个方面：心理活动的强度（反应的大小）、速度（反应的快慢）、稳定性（维持时间的长短）和指向性（倾注外部世界还是内部世界）等。之所以说稳定，主要是因为其不以人的活动目的和内容为转移。

在现实生活中，有的人性情暴躁，非常容易冲动；有的人遇事沉着冷静，不慌不忙；有的人活泼好动，善于辞令；有的人则多愁善感，谨小慎微。这些都是气质特征的表现。

气质在相当大的程度上由个体的先天遗传因素决定。研究表明，在儿童生命最初几星期内，对刺激物的敏感度、对新事物的反应会表现出明显的不同。例如，有的孩子较为安静、不好动，哭声也比较小，对外界出现的刺激反应较慢；有的孩子则非常好动，哭声大，对外界出现的刺激反应较快。此外，个体的年龄越小，气质的表现越明显；遗传素质越接近，气质的表现也越接近。例如，把两个同卵双生子分别放在两个不同的环境下抚养，其气质比放在同一环境下抚养的异卵双生子更为相似。

气质的先天性决定了它难以改变，一旦形成就具有相对的稳定性。不过，气质并不是一成不变的，其也具有一定的可塑性。随着年龄的增长，自身修养的提高，社会环境的变化，气质就会发生一定的改变。例如，一个情绪容易激动的学生，在集体生活的影响下，自我控制能力会越来越好；一个抑郁质的学生长期生活在充满朝气和活力的环境里也会变得比原来更乐观开朗。

性格与气质有着非常密切的关系，以至于人们常常将它们相混淆，如把热情大胆的气质说成性格热情大胆，把老实稳妥的性格说成气质老实稳妥。实际上，这二者之间是有一定的区别的。

首先在它们的联系上，性格与气质是辩证统一的，它们互相渗透，彼此制约。先天的气质是性格形成的生理基础，某一种气质可能比另一种气质更容易形成某种性格特征，如黏液质的人往往比胆汁质的人更容易养成自制力，而抑郁质的人无须特别约束自己就能形成自制力。同时，气质会使人的性格特征显示其独特的色彩。例如，具有勤奋性格的人，胆汁质的人表现为情绪饱满、急切利索，黏液质的人表现为不动声色、从容不迫；具有乐于助人性格的人，胆汁质的人表现为风风火火，而黏液质的人表现为默默付出。另外，同气质类型的人可以形成不同的性格特征。例如，同是抑郁质的具有敏感气质特点的人，有的人形成了爱思考的性格特征，有的人则形成了好猜疑的性格特征。有时候，性格会掩盖某些气质特点或是对某些气质特点进行改造，使气质特点很难被人所辨认出。例如，从事精细操作的外科医生应具有沉着的性格特征，出于职业的需要，具有胆汁质特征的医生会有意识地克制自己，那种易冲动和暴躁的特征在学医和从医的过程中就会逐渐得到改变。再如，个体因遭受长期挫折经历而形成忧郁、自卑等性格特点，会掩盖其多血质活泼好动的气质特点。

其次在它们的区别上，气质由人的高级神经活动类型来决定，是先天就有的，主要表现为个体心理活动过程和行为中的动力特点，如心理过程和行为的稳定性、灵活性、速度等。而性格是人在后天的社会活动与社会环境相互作用下形成的，主要表现为对现实的稳定的态度和相应的行为方式。同时，从可塑性上来看，气质与活动的内容和目的没有什么关系，由于主要受生物因素制约，因而在个体的发展中发生得早、难以变化、可塑性小。而性格与活动的内容和目的有一定的关系，主要受社会因素制约，因而在个体的发展中，形成得晚，虽然也具有相对稳定性，但可塑性较大。此外，在社会评价意义上来看，气质无所谓好坏，在不同的情境和条件之下，人们可能表现出来的气质特征是相同的;而性格是能够分好坏的,在不同情境和条件之下,人们所表现出来的性格很有可能是不同的,有些是人们喜欢的、被社会所认同的性格,有些是人们讨厌的、不被社会所认同的性格。

(二)人格的倾向性系统

人格的倾向性系统主要由需要、兴趣、动机等成分构成。它们是关于人的行为活动动力方面的心理特征,是人格结构中最活跃的因素。个体的行为是在其理想和信念的激励下,以其世界观为指导,以需要为基础,在动机和兴趣的推动下去实现目标的过程。个体的人格倾向性决定着其对现实的根本态度,决定着其人格发展的方向。

1. 需要

需要是指有机体的某种缺乏或不平衡状态,是有机体活动的积极性源泉。它表现为有机体的生存和发展对某种事物有机体对于客观条件的依赖性。为了更好地维持自己的存在,必须占有许多物质或精神的东西,以获得内部生理上或心理上的平衡。正如荀子所说:"人生而有欲,欲则不得,则不能无求。"一旦出现了某种不平衡状态并在头脑中得到反映,个体就产生了相应的需要。于是,能够满足这种需要的东西,就成了个体努力寻求的东西,而需要也就成了个体行为的基本动力。可以说,人的各种活动行为,都是在需要的推动下进行的。越是强烈、迫切的需要,其推动力也就越大。需要是个性积极性的源泉,它常以意向、愿望、动机、抱负、兴趣、信念、价值观等形式表现出来。个体在某种需要得到满足之后,还会出现新的欠缺,产生新的需要。

个体的社会生活是纷繁复杂的,因而其需要也必然是多种多样的,是一个多维度、多层次的结构系统。可以依据不同的标准,从不同的角度来对人的需要进行分类。这样,需要可以划分为生理需要和社会需要、内部需要和外部需要、物质需要和精神需要,乃至高级的需要和低级的需要,凡此种种,不一而足。

2. 兴趣

兴趣是人积极探究某种事物或某种活动的认识倾向,是人的个性一种带有倾向性的特点,这种认识倾向使人对某种事物给予优先的注意,并具有向往的心情。当一个人对某种事物发生浓厚的稳定的兴趣时,他就积极地思考,大胆地探索其实质,并使其整个心理活动积极化。兴趣是认识中的倾向,而不是活动中的倾向,活动中的倾向叫爱好。爱好是兴趣的深化,兴趣是爱好的推动者,爱好是兴趣的实行者。

3. 动机

动机是发动、指引和维持个体活动的内在心理过程或内部动力。在有特定目标的活动中,动机涉及活动的全部内在机制,包括能量的激活,使活动指向一定目标,维持有组织的反应模式,直到活动完成。因此,动机是推动和维持人们活动的内部原因或动力。人的一切活动总是受动机的调节和支配。

动机由需要转化而来,但两者之间仍然有严格的区分。需要是行为积极性的源泉,动机是行动的直接原因。动机与目的这两个概念也不同。目的是人的活动所达到的结果,动机则是推动人追求某种结果的原因。动机和目的的关系复杂。并非简单的直接对应。人们活动的目的相同,但动机可以完全不同;相同的动机,也会有不相同的目的。

动机具有多种表现形式。就动机的表现程度而言,它可表现为兴趣、意图、愿望、信念和理想等各种形式。就动机表现的信度,可以分为真实的动机与伪装的动机。真实的动机是指个人表达出来的动机与头脑中的动机一致,伪装的动机是指个人表达的动机与内在的动机不一致。伪装的动机与无意识的表达失真不一样,前者有意,后者无意。无意识的表达失真在心理发展不成熟的人群中较为常见,尤其是儿童。

三、影响大学生人格发展的因素

(一)遗传因素

所谓遗传,就是亲代的一些特性借助于基因在子代中有所表现的现象。当前,大多数的心理学家都认为,遗传因素在人格的形成中有着十分重要的作用。同时,有关人格的遗传因素研究在血型、气质、神经递质、生理调节等方面都取得了一定的成绩。

由高尔顿首创的双生子研究,被认为是对人格遗传因素进行研究的最佳办法。双生子分为同卵双生子和异卵双生子两类,因而在进行双生子研究时要遵循一定的原则,即同卵双生子的遗传因素是完全相同的,因而他们之间出现的任何差异,都是环境因素造成的;而异卵双生子的遗传因素并不是完全相同的,但在环境上有着很多的相似性,因而可以对影响异卵双生子的环境进行控制。在这一原则之下进行双生子研究,就可以得出不同的基因在相同的环境下的具体表现。

根据这一研究,最终得出在人格的形成与发展中,遗传因素有着十分重要的影响,而且遗传因素在对人格产生作用时会因人格特征的不同而有所差异。

（二）家庭环境因素

家庭环境不同,生活其中的人们会表现出不同的人格特征。也就是说,家庭环境因素对人格的形成与发展有着一定的影响。

1. 父母人格对子女人格的影响

对于孩子来说,其人格的形成,离不开父母的影响。或者说,孩子的人格就是通过与父母进行相互磨合而形成的。因此,具有并经常实施攻击性行为的父母,其孩子会有较强的攻击性倾向,因而会更容易产生攻击性行为;而具有丰富感情的父母,其孩子会呈现出更富情感性的反应,因而攻击性倾向不明显,攻击性行为很少会产生。

2. 家庭差异对子女人格的影响

不同的家庭,在家庭结构、经济条件等方面会呈现出一定的差异,并进一步导致家庭成员形成不同的人格。

通常来说,家庭结构完整、经济条件较好的家庭,会有和谐的家庭气氛、较少的家庭矛盾,从而使孩子逐渐形成积极的人格特征;而家庭结构不完整、经济条件较差的家庭,家庭气氛一般是十分紧张的,家庭矛盾也比较多,这会导致孩子逐渐养成消极的情绪或是形成自卑心理。

3. 家庭教养方式对子女人格的影响

家庭的教养方式不同,对孩子人格的影响也会有所差异,具体如下。

权威型家庭教养方式中,父母教育子女时会呈现出鲜明的支配性和控制性,并独断地决定子女的一切。在其影响下,孩子会容易形成消极、被动、服从、依赖、懦弱、做事不主动、撒谎等人格特征。

放纵型家庭教养方式中,父母教育子女时会对其过分溺爱,并允许其随心所欲甚至胡作非为。在其影响下,孩子会容易形成自私、任性、无礼、幼稚、唯我独尊、蛮横、依赖等人格特征。

民主型家庭教养方式中,父母与子女会形成和谐、平等的家庭相处氛围,同时父母会高度地尊重子女、分与子女一定的自主权,并会对孩子进行正确、积极的指导。在其影响下,孩子会容易形成自信、积极、直爽、主动、独立、有礼貌、善于交往与合作等人格特征。

（三）学校因素

学校是人格社会化的主要场所。在学校中,教师、同学、班集体等方面的因素都会对大学生人格的发展产生一定程度的影响。

（1）教师。在学生的人格发展中,教师起着重要的指导定向作用。教师在学校中,除了对学生进行知识教育、帮助学生掌握基本的学科知识外,还要通过自己的良好人格对学生进行影响,并积极引导学生养成自尊、自信、自强、自主等良好的人格品质。具体来说,教师对学生人格的影响,主要表现在以下两个方面。

首先,教师管理风格对学生人格的影响。每个教师都有自己独特的管理风格,而在教师特定的管理风格下,学生的行为表现是有所差异的。举例来说,在专制型教师管理风格下,学生的依赖性很强、自主性较差、不满情绪比较多;在放任型教师管理风格下,学生通常会较为任性,而且会常常遭遇挫折、失败等现象;在民主型教师管理风格下,学生通常会有较高的独立性,自主性也比较高,很少有不满情绪出现。因而,教师在对学生进行管理时,最好采用民主型的管理方式,以便促使学生形成良好的人格特征。

其次,教师公正性对学生人格的影响。据相关研究表明,学生的人格发展深受教师公正性的影响。当教师能够公正、公平地对待学生时,学生通常会取得良好的成绩,形成优良的道德品质,并会产生学习的兴趣与动力,积极自主地进行学习。反之,当教师对待学生有所差异时,一些学生会感到自己不受重视,继而形成消极、自卑等不良人格特征。

（2）同学。学生在学校中,最为重要的一种人际关系便是同学关系。而且,同学关系会对学生人格的发展产生重要影响。举例来说,当同学之间因情趣相近、志同道合而形成积极的同学关系时,他们相互之间会相互帮助、相处促进、共同进步,并形成健康的人格特质;而当同学之间的关系建立在玩耍逗乐等与学习无关的刺激上时,无志者的消极人格特征便会产生重要影响,导致不良人格特征的出现。因此,教师在教学中,应积极引导学生建立良好的同学关系。

（四）社会文化因素

社会文化对人格的影响伴随着人的一生。首先,社会的形态、结构、政治、科技、教育、习俗等因素,会通过家庭、学校、舆论等多种渠道持续地、"无意识"地渗入个体的身心,久而久之就会促使个体形成较为稳定的价值取向。

其次，个体在参与社会人际交往或社会活动时容易受到暗示，产生模仿，从而对自身的人格发展产生影响。

最后，代表社会发展方向的社会思潮会促使个体人格发生解体与重组。

对于大学生来说，社会中的很多方面都会影响他们的人格发展。例如，社会分配的一些不合理因素就可能对大学生的人格发展产生一些负面的影响。

客观来说，社会文化对人格的影响力的大小因文化而异，这具体要看社会对顺应的要求是否严格。越严格，则其影响力就越大。影响力的强弱也视其行为的社会意义的大小而有所不同。对于在社会功能上十分重要的行为，就不允许发生太大的变异；对于社会意义较弱的行为，社会允许其发生较大的变异。如果个人极端偏离其社会文化所要求的人格基本特征，就不能融入社会文化环境之中，还可能会产生一些心理疾病。

(五)个人早期经验

中国有句俗语："三岁看大，七岁看老。"由此可以知道，一个人在早期所经历的事情，会对其人格发展产生重要的影响。

心理学家雷诺·斯毕兹通过研究孤儿院的儿童，发现这些很早便缺失了母亲照顾的孩子，在长大后各个方面的发展相比有母亲照顾的孩子来说，都比较差。同时，还有一些幼儿患上了失怙性忧郁症，哭泣、退缩、表情木然是其最为鲜明的表现。

心理学家伯恩斯坦通过研究发现，被抛弃的孩子都会有一定的心理疾病，并且其人格会带有鲜明的攻击、反叛特征。

心理学家艾斯沃斯通过研究婴儿在陌生情境中的依恋问题，发现婴儿的依恋模式主要有三种：一是安全依恋；二是回避依恋，三是矛盾依恋，而且不同的依恋模式对其未来的人格发展有不同的影响。其中，早期安全依恋的婴儿在长大后，通常会形成高度的自尊与自信，树立较高的目标，拥有较小的依赖性，容易与同伴建立良好的关系。

心理学家鲍尔毕通过调查成长于非正常家庭的儿童与流浪儿，发现婴儿在婴儿期和幼年期能否与母亲建立起稳定而和谐的亲子关系，将决定着其能够形成健康的心理。

通过以上论述可以知道，个人早期经验会对其人格产生重要性，即良好的个人早期经验有助于健康人格的形成，而不良的个人早期经验会导致不良人格的形成。当然，个人早期经验与人格之间并不存在完全对应的关系,因而逆境可能使人形成坚毅的性格,而溺爱可能使人形成不良的人格。此外,个人早期经验并不能决定人格,而且是否会永久地影响人格也是因人而异的,因为正常人随着年龄的增长以及心理的成熟,受童年的影响会大大减少,故个人早期经验不可能始终对人格产生影响。

第二节 大学生常见的人格问题

一般来说,大学生的人格问题主要表现为人格缺陷和人格障碍两方面,下面对这两方面的问题进行分析。

一、大学生的人格缺陷

人格缺陷是介于正常人格与人格障碍之间的一种人格状态,也可以说是一种人格发展的不良倾向,或是说某种轻度的人格障碍。常见的人格缺陷有自卑、抑郁、怯懦、孤僻、冷漠、悲观、依赖、过度敏感、猜疑、焦虑或对人敌视、暴躁等。由于自卑、抑郁、怯懦、孤僻、冷漠、依赖、猜疑、焦虑等在其他各章都有介绍,这里主要分析悲观、过度敏感、暴躁这三种常见的人格缺陷。

(一)悲观

大学生是时代的幸运儿、青年中的佼佼者,他们大多意气风发、踌躇满志,人们很难将他们与悲观联系起来,而实际上有相当一部分大学生存在着不同程度的悲观心理。

在日常生活中,悲观一词是心灰意冷、意志消沉的意思,是自卑、挫折心理等诸多不良心理的复合体。它是指一个人从事有目的的活动,由于受到阻碍或干扰,致使个人动机无法实现,个人需要不能满足时而产生的气馁、绝望的情绪,是一种社会心理。这种情绪如果得不到消除,长期郁结于心,便会对人的行为、思维产生极大的负面影响。有哲人说:"在许多使我们烦恼的主义中,唯一能扼杀我们灵魂的是悲观主义。"悲观是腐蚀剂,它侵蚀我们的灵魂,消磨我们的斗志,扼杀我们的创见,它常使我们与成功隔海相望而遥不可及。

当代大学生正处在社会急剧变化的年代,又恰逢身心亢奋、思想动荡的时期,他们面临着认同的危机、环境的适应、学业的竞争、能力的挑战、人际关系的困惑、恋爱的选择、职业的选择等全方位的心理适应问题。一旦他们不能正确认识自我,不能成为情绪的主人,在失败挫折面前便容易成为悲观主义的俘虏，特别是在高等教育普及化的今天，大学生在面对社会地位的转变时，很有可能会因为各种挫折而产生悲观心理，沉溺在悲观中不可自拔。

（二）过度敏感

敏感，即感知觉敏锐。适度的敏感是正常的，也是可以理解的。大学生正处于自我意识强烈的年龄段，对外界的刺激感觉灵敏。敏感只是个具有普遍性的性格特点，它在一定程度上有助于自我保护和防御伤害，但是严重时会发展成多疑、幻想等心理障碍，陷入过度敏感的深渊。

对于过度敏感的人来说，细微的咳嗽声或是身边人起身时发出的声音对他们也是一种痛苦的折磨。他们可能会把任何一句普通乃至无聊的话曲解成对自己的嘲讽或轻视，每个人说话的动机都被他们放在敏感的放大镜下观察。他们想象每个人好像都是敌人，而且他们随时准备着给自己施加伤害。他们拥有的能力和条件本来足以过得满足而幸福，可是因为假想了太多的嘲讽和侮辱，他们的人生实际上充满了苦涩。

（三）暴躁

暴躁是人的一种极端化的心理，指遇事好发急，不能控制感情。这种不良的个性品质主要表现是沉不住气，易激动，听到一句不顺耳的话就火冒三丈，甚至唇枪舌剑，拳脚相加。暴躁会影响人的健康，会使患心脏病的概率大大提高，同时会造成人际关系的紧张。暴躁这种不良人格倾向的形成与气质有关，如胆汁质类型的人更易具有这种特征，但更根本的还是缺乏个人的涵养、缺少自我克制的能力。部分大学生由于涉世不深，生活的知识、经验不足，看不到"一个篱笆三个桩""一个好汉三个帮"这一浅显的道理，只知爱惜自己的"脸面"，有时明知是自己不对，为了维护"脸面"，满足虚荣心，仍不惜伤害别人的感情，故意宣泄不满，这些都是暴躁的一个体现。此外，家庭教育中的放纵、溺爱，也是造成暴躁的重要原因。

二、大学生的人格障碍

在大学生的人格形成与发展的过程中，会有一些不良因素影响到人格的健康发展，使大学生出现人格发展不良现象或是人格障碍。人格障碍又称为人格异常，是指有一种或几种人格特征偏离常态。在大学生群体中，真正有人格障碍的人并不多，但却有不少人存在一些不良人格倾向，这些人是人格障碍的易感人群。了解大学生的人格障碍类型,有助于我们更好地避免各种人格障碍的产生。因此,以下主要阐述几种大学生常见的人格障碍。

（一）自恋型人格障碍

自恋型人格障碍的最大特点就是以自我为中心,不顾别人,只顾自己,常常以自己的行为准则去要求别人。具有自恋型人格障碍的大学生常表现为:自我评价过高,主观自我高于客观自我,对他人的评价过分敏感,在生活中听到表扬就沾沾自喜,听到批评就暴跳如雷;具有高度幻想性,特别是过高的自我评价带来成功的虚幻体验,过度自信,希望引起他人的重视;有较强的自信心与自尊心,缺乏失败的生活经历与亲身体验,当面临挫折甚至失败时,无法面对现实世界,容易心理崩溃;缺乏同情心,很少设身处地替别人着想,因而人际关系较为紧张。

（二）强迫型人格障碍

强迫型人格障碍也称为固执型人格障碍,其最大的特点就是要求严格,追求完美。具有强迫型人格障碍的大学生主要表现为:做事过分谨慎与刻板,事先反复计划与检查;做事优柔寡断,总是借故拖延或回避,以致无法完成任务;注重细节,却忽视全局;将自己的意志强加于别人,强令别人按照自己的意愿或特殊要求行事;过分循规蹈矩,缺乏随机应变的能力;情感表达拘束,不易放开。

（三）攻击型人格障碍

攻击型人格障碍,是指一种以行为与情绪有明显攻击性为主要特征的人格障碍。这种人格障碍发作前没有先兆,不考虑后果,不能自控,易与他人发生冲突,发作后能认识到自己不对,间歇期一般表现正常。攻击型人格障碍又可分为主动攻击型人格障碍和被动攻击型人格障碍。

（1）主动攻击型人格障碍。具有这种人格障碍的大学生主要表现为:情绪急躁易怒,具有无法自控的冲动和驱动力;心理发育不健全和不成熟,心理经常处于不平衡状态;冲动的动机既有有意识的,也有无意识的;行动反复无常;性格鲁莽和盲动性;行动之前有强烈的紧张感,行动之后体验到愉快、满足或放松感,没有真正的悔恨、自责或罪恶感。这种人格障碍的大学生很容易产生不良行为和犯罪的倾向。

（2）被动攻击型人格障碍。具有这种人格障碍的大学生主要表现为:表面上唯唯诺诺,甚至百依百顺,内心却充满敌意和攻击性;会故意暗地里破坏、阻挠某件事情；具有仇视的情感与攻击倾向，但是不会直接表露于外。

（四）偏执型人格障碍

偏执型人格障碍的主要特点就是明显的猜疑和偏执。具有偏执型人格障碍的大学生主要表现为：思想行为主观、固执；不能客观地分析形势，有问题容易从个人情感出发；经常主动寻衅争吵或背后风言冷语，或公开抱怨和指责别人，或是过高地估计自己的能力，习惯把责任和失败归咎于他人；极度敏感多疑，对他人的侮辱和伤害耿耿于怀；人际关系紧张，总是过高地要求别人，但从不信任别人的动机和愿望，认为别人存心不良。

（五）反社会型人格障碍

反社会型人格障碍，又称悖德型人格障碍，其最大的特点就是行为不符合社会规范。具有这种人格障碍的大学生主要表现为：感情冷淡，对人缺乏同情、漠不关心，缺乏正常的爱；忽视社会道德规范、行为准则和义务；挫折耐受性差，轻微刺激即可引起冲动型行为；即使给他人造成伤害，也很少感到内疚，缺乏罪恶感。因此，这类大学生常发生不负责任的行为，甚至是违法乱纪的行为，屡教不改。

（六）癔症型人格障碍

癔症型人格障碍又称为表演型人格障碍，其主要特点是过度情绪化及寻求被关注。具有癔症型人格障碍的大学生常表现为：以过分的感情用事或夸张的言行吸引他人的注意，富有表演色彩，如装腔作势、自吹自擂、轻微伤感的场合大哭等；以自我为中心，行为是为了获得即时满足，不能忍受延迟满足；易受暗示，容易受外界事物影响；情感体验肤浅，按自己的好恶去判断事物的好坏；爱幻想，不切合实际，夸大其词，令人难以核实或相信。

第三节　大学生常见人格问题的调适

一般来说，大学生的人格问题不同，其调适方法也不相同，本节依据第二节对大学生人格问题的归类，在分析人格问题的调适时，也从人格缺陷与人格障碍两方面入手。

一、大学生人格缺陷的调适

对应第二节中提出的大学生人格缺陷,下面对其调适进行分析。

(一)悲观心理的调适

悲观心理是一种严重的不健康心理,对大学生身心的危害极大。关于这一心理缺陷的调适,大学生可参考德国心理学家皮特·劳斯特的意见,做好以下几方面的工作。

(1)越担惊受怕就越容易出问题。因此,一定要懂得积极态度所带来的力量,要坚信希望和乐观能引导自己走向胜利。

(2)以幽默的态度来接受现实中的失败。有幽默感的人,才有能力轻松地克服噩运,排除随之而来的倒霉念头。

(3)不要把悲观作为保护你失望情绪的缓冲器。乐观是希望之花,能赐给人以力量。

(4)假如遭遇了失败和挫折,不要完全沉浸在自己的失败中,而要学会换个方向,想想自己曾经获得成功,从成功中得到安慰。

(5)即使处境危难也要寻找积极因素。这样,大学生就不会放弃争取微小胜利转机的努力。大学生越乐观,克服困难的勇气就越会倍增。

(6)既不要被逆境困扰,也不要幻想出现奇迹,要脚踏实地、坚持不懈,全力以赴去争取胜利。

(7)培养多方面的兴趣与爱好,多参加集体活动,多加强体育锻炼,多看幽默剧、相声等给人带来笑声的节目,都有助于培养乐观的性格。

(二)过度敏感心理的调适

哈佛心理学者们曾经提出过这样一种论断:从根本上来看,过度强烈的自我意识是自卑感在作怪。有些人总是期望自己是生活中的强者,可以成为他人心目中的优秀分子,但是往往事与愿违,现实与理想之间总是存在一定的差距,而这样的差距令他们的内心变得更加敏感,以至于随时都可以捕捉到任何对自己能产生负面影响的信号。最终,事情便极有可能会陷入一种恶性循环:你越是让自己在过度的敏感中过于紧张,便越容易成为他人的话柄与笑料,而这种来自于他人的恶性反应又会使你对人际的猜疑与敌意进一步加剧,从而让自己将人际关系搞得更加一团糟。要想让自己摆脱这种过度敏感,大学生可从以下几方面入手进行改善。

(1)不要给自己太高的期望。假如大学生对自己一直期望过高,那么很有可能会在遭遇失败和挫折的情况下产生失落的心理,这种心理会让大学生对自己产生怀疑,进而对周围的一切事物都怀抱敏感的心理,因此要想解决这一问题首先就要注意不要给自己太高的期望。

(2)不要让坏事影响到自己的心情。过度敏感者总是习惯于自责、自贬,哪怕遭遇了小小的挫折,他们都会放在心上,并随即开始怀疑自己的一切。于是,所有的外界批评来得都如此自然与应该——一切都是自己的错,并就此认定自己太平庸了,一无是处。因此,大学生应学会不要让坏事影响自己的心情,要学会换个角度看问题。

(3)接纳自己,寻找适合自己的环境。过度敏感者可能会对自己的敏感非常在意,所以会在嘈杂的环境中将它当成一种负担。其实,若大学生在进行了诸多的努力之后,依然无法获得自我认同的话,便需要让自己转变一下生活与工作环境了,在新的环境中尝试接纳自己。

(4)积极地反击。哈佛著名学者霍华德·加德纳曾经坦言:"若你认为他人对你的指责非常过分,那么,你也要懂得对那个指责你的人进行适当的回敬,不要让别人自以为他有任何可以对你进行无端与过度指责的权利。"过度敏感的人往往会过度畏惧人际关系的破裂,但事实上,唯有那些敢于反击的人,才会在拥有了他人的尊敬之后,拥有更多的交际对象。

(三)暴躁心理的调适

暴躁心理对大学生的生活、学习都不利,大学生调适这一心理缺陷可从以下几方面入手。

(1)认识暴躁的危害。暴躁会造成人际关系紧张,长期的愤怒会影响健康。人的行为是受人的意识的调节和控制。只有认识到暴躁的危害,才会有改掉脾气的前提。

(2)学会转移。转移分两种。一种是情境转移,即立即离开那个令人愤怒的环境,减少刺激,眼不见心不烦,改善自我感受;一种是心理转移,即把自己的感情和精力转移到其他活动中去,使自己没有时间和可能沉浸在愤怒情绪中。

(3)增强意志锻炼,学会克制。所谓克制,就是有理智有意识地克制自己,降低外界刺激在大脑中引起的兴奋程度。也可以找一些帮助自己克制暴躁的方法。如:在宿舍或课桌上贴上"息怒""制怒"的字条,当想发火时,看看这些字条,就可能冷静下来;也可以在快要发脾气时,嘴里默念"镇静,不要发脾气"之类的话。这些方法都有助于控制情绪,增强大脑的理性思维。

二、大学生人格障碍的调适

对应第二节提出的大学生人格障碍,其调适方法如下所示。

调适自恋型人格障碍的主要方法就是使大学生多与人交往。在与他人的交往中,大学生能够逐步发现自己的不足、调整自我,并在与他人的社会比较中,确立正确的自我观,走出自我中心的误区。

调适强迫型人格障碍需要注意:首先,要求大学生在日常学习和生活中,注意减轻和放松精神压力。其次,引导大学生办事情不要过分求全、见好就收,学会给自己找台阶下,学会放弃,事情做了之后就不要再做多余的考虑。

攻击型人格障碍是一种不稳定的缺陷人格。调适这种人格障碍,首先,要让大学生经常提醒自己镇静制怒,提高自己的修养,培养意志的自制力;其次,要开展丰富多彩的业余文化、体育活动,让大学生体内的能量寻找一个正常的释放渠道。

调适大学生偏执型人格障碍,可以从以下几方面入手:首先,帮助大学生了解自己的心理动态和病情,促进其自我性格的不断完善与成熟。其次,帮助大学生与他人之间建立互相信任的关系,在此基础上,向他们介绍其自身人格障碍的特点、性质、危害以及矫正方法,使其对自身有一个更深入、更客观的认识。再次,鼓励他们积极主动地与他人进行交际,以消除他们的不安感。最后,经常提醒自己不要陷于"敌对心理"的旋涡,而要懂得尊重别人,学会忍让和保持耐心。另外,若大学生的偏执型人格障碍较为严重,还需要采用一定的矫正方法,一般来说,矫正大学生的偏执型人格障碍的主要方法是认知疗法。具体来说,应引导大学生真正认识到自身不合理的认知和信念,重建自己的认知结构,进而学会与周围的人和睦相处,注意谦虚、灵活,尊重别人,不对别人有过高要求。

调适反社会型人格障碍应重点从以下两个方面做起:首先,帮助大学生提高认识,了解自己行为的危险,培养其责任感,使他们担负起对家庭、社会的责任。其次,提高大学生的道德意识和法律意识,使他们明白什么事可以做,什么事不可以做。

调适大学生的癔症型人格障碍,应该主要从以下三个方面做起:首先,多鼓励、表扬、帮助,对于他们不正确的做法要多解释,避免与他们争吵,减少其情感冲动的机会。其次,利用他们易受暗示的特点,努力将他们向积极的方面引导。最后,引导他们学会有意识地控制自身的情绪,办事多讲原则,客观地看待事情,而不是感情用事。

第四节　大学生人格优化培育机制及运行

大学生在人格发展过程中出现的心理缺陷和人格障碍都可归结为个人人格问题，要想优化大学生的人格，除了要采取科学的调适方法之外，还要不断优化大学生的人格特征。

一、人格优化的目的：塑造大学生的健康人格

人格优化的目的就是完善人格，克服人格障碍，培养健康人格。健康人格是大学生在现代社会发展中必备的人格要求，是时代精神与道德水平发展的集中表现，更是大学生自我潜能发挥与自我超越实践的体现，塑造大学生的健康人格也是优化大学生人格的一个重要方面。

（一）健康人格具体标准

健康的人格的评判应符合以下几点。

（1）良好的自我意识。具有健康人格的人在智力正常的基础上，既能够对现实进行客观准确的反映，对客观世界进行正确的评价，又能够准确地认识和了解自我、接纳自我和他人，并体验到自我存在的价值。

（2）和谐发展的心理机制。人格是由人的需要、动机、理想、信念和世界观、能力、气质、性格、情感、心理状态等因素构成的一个统一整体。各种人格因素的和谐发展形成了健康的人格。因此，人格健康的人必定具有和谐发展的心理机制，它既表现为内部心理机制的和谐发展，也表现为与外在环境达到一种平衡。

（3）较强的交际能力和人际关系。人格健康的人乐于与他人交往，能与人建立良好的关系。尊重别人，关心别人，帮助别人。

（4）较强的开放性态度和社会适应能力。面对快速变化发展、竞争激烈的社会，人格健康的人能够以一种开放的态度，关心社会，了解社会，积极投身于社会生活，并最终实现自我价值。同时，能够有效解决层出不穷的新情况、新问题，并在思想、行为上做到与时俱进，表现出良好的社会适应能力和应变能力。

（5）积极乐观的人生态度和现实的人生目标。积极乐观的人生态度是人们在社会实践中获得的本质力量的体现，是健康人格模式应具备的最重要的品质，是人走向自我完善的重要的特征。积极乐观的人一般有着现实的人生目标，能自觉驾驭自己的生活。即使遇到了挫折和困难，他们仍然

坚持不懈地努力从事有意义的事业。

(6)较强的独立自主性和创造性。人格健康的人能够独立自主地认识和处理事情,具有较强的创造才能。他们能够通过积极的主体活动,将各种影响"内化"为自己的心理意识,并能够最大限度地利用自己所接受的东西开发自我潜能,充分展现自己的优势,创造性地塑造新的自我,进而开创一种新的生活。

(7)强烈的道德责任感和事业心。在人格中,品德是具有道德评价意义和处于核心地位的部分。具有健康人格的人有着强烈的社会责任感和使命感,热爱祖国、热爱人民,能够正确处理个人与集体、国家之间的关系,个人与社会之间的关系,处理好理想、事业、家庭等方面的关系,表现出正直、勇敢、努力、谦虚等良好的道德品质,具有宽广的胸怀、谦让的美德。人格健康的人热爱并专注于工作,他们既注重未来的目标和使命,也重视现在的工作,具有献身精神。

(二)大学生健康人格的结构

人格结构是一个由多种人格成分构成的具有层次性、相互依存、相互作用的系统,不同的人格成分在人格结构系统中发挥着不同的作用。大学生健康人格是人格的内部结构要素之间和谐一致相互作用的结果和表现。要真正揭示大学生健康人格的结构,必须在对健康人格的一般结构要素理解的基础上,结合大学生心理发展特点和社会对大学生人才素质的要求。下面主要从以认知能力为基础的要素、以优良的性格特征为标志的因素、以自我意识为核心的要素、以社会价值为导向的要素出发,对大学生健康人格结构进行分析。

1. 以认知能力为基础的要素

能力是在人们的活动中表现出来的、对活动效率有着直接影响的心理特征,是保证人能够完成某种活动所必需的心理条件。能力属于实践活动的范畴,不同的实践活动需要具备与其相应的不同的能力。根据知识经济对人才的需求以及我国大学生的实际状况,对于大学生来说,应具备以下几种认知能力,它们是大学生健康人格中不可或缺的一个结构成分。

(1)自学能力。自学能力是指善于了解自己需要什么知识,并能够根据自己的意图独立自主地获取知识的能力。自学能力主要包括熟练地运用多种工具书的能力,阅读学术著作和科技期刊的能力,查阅文献资料的能力,检索数据库的能力,以及上网查阅信息的能力。社会进入知识经济时代,知识量急剧增长,知识更新的速度不断加快,大学生到毕业,也只是具备了从事职业生涯的基本知识,其他的知识需要自学来完成。

(2)组织协调能力。组织协调能力是指组织者为协调各种关系,发挥组织功能和为实行更有效的分工合作而在组织内外开展协调工作的能力。另外,组织协调能力也指组织者实施计划安排,贯彻实施监督控制和协调配置等活动的组织管理能力。随着现代科技的迅速发展,社会分工越来越细,学科越来越复杂,几乎所有大型科研项目的顺利实施都需要不同学科、不同专业的专家学者以及相关工作人员的相互协作。

(3)表达能力。表达能力是指以口头或书面的形式表达自己的思想、认识以及情感的能力。信息社会要求人们既要有深刻的思想和见解,又要有较好的表达能力,使自己的表达具有强大的吸引力和说服力。相关实践表明,一个人如果只拥有丰富的知识而没有口才,即使讲述的是真理,也难以激起人们的热情;一个人即使具有创造性的研究成果,但如果缺乏文采,词不达意或章法混乱,无法准确地表达自己的研究结论,也会让人对他的能力产生质疑。因此,无论是口头表达能力还是文字表达能力,在大学生获取知识、交流心得、积极为社会服务并且发挥自己的聪明才智方面都发挥着重要的作用。

2. 以性格特征为标志的要素

客观事物对个体生活进行不断渗透,从而通过人的认识、情感、意志过程逐渐地保留在心理结构之中,从而形成一定的态度体系,并通过一定的形式对自己的行为方式进行调整。这就形成了人的性格特征。所谓性格,是指个人对现实的稳定态度和习惯化了的行为方式。性格是人格中的核心因素。性格有优劣之分,优良的性格特征会增加一个人的魅力,使其很容易被社会接纳,更有利于其自身价值的发挥。良好的性格特征应成为大学生健康人格标志性的结构要素,具体包括以下几个方面。

(1)自制力。自制是一个人自觉地调节和控制自己行动的品质。一个人只有具备了坚强的自制力品质,才有利于在事业上取得成功。日常生活中,许多人要想集中精力完成某项特殊任务时,都是在自制力的作用下,排除干扰,抑制那些不必要的活动。大学阶段是求知的重要时期,同时接触的世界更宽阔,面对的诱惑也更多,只有形成了较强自制力的,能专心学习的学生,才能在正确的学习动机和目的的支配下,抑制和阻止杂念的干扰,做到勤奋学习。

(2)责任心。在社会生活中,个人的行为会对社会以及他人产生或大或小、或直接或间接的影响,因而,每个人在采取行为之前都要考虑到可能对他人、对社会产生的影响,必须按一定的社会规范去行动。个体一旦具有了责任心，就会成为性格心理的重要组成部分，就具有稳定性，使人能够自觉、主动、积极地承担责任。当一个人对他人、对社会尽责任时，会从内心产生愉悦的感情，相反，则会深感不安和内疚。总而言之，一个人只有具有了责任心，其自身的价值才能得到充分、合理的体现。因此，现代大学生应树立强烈的责任意识。

（3）竞争心。竞争在个人和社会的发展中起着重要的作用。在竞争的过程中，必然会产生胜利者和失败者。但需要注意的是，胜利与失败、领先与落后并不是固定不变的，而是可以相互转化的。在一次竞争中的失败并不代表永远的失败，只有积极总结经验教训，不断完善自我，才可能在下一次竞争中取得成功。

竞争心是人们普遍存在的一种心理品质，在日常生活、工作、学习中都有着具体的体现。在大学生活中，每个学生在学习等方面都希望超过其他同学，表现出很强的竞争心，对此，大学生应有正确的竞争意识，并引导自己的竞争心向着积极的方向发展。

3. 以自我意识为核心的要素

自我意识的形成和发展对健康人格的塑造具有重要的意义。在社会生活中，人并不是消极、被动地接受外界的影响，而是能够积极、主动地应对社会现实中的一切影响，其具体表现为对客观环境具有一定的选择性，并能够自主地调节自己，积极利用外部条件。因此，以自我意识为核心的人格要素是最能体现人格功能性的人格特征。具体而言，大学生健康的人格结构应该包括积极的自我概念、成熟的自我同一性和适度的自我控制。

（1）积极的自我概念。相关研究表明，个体的自我概念越积极，就越会具有乐观、勇敢、自律、自信等积极的人格特征；相反，个体的自我概念越消极，就越会具有胆怯、忧虑、紧张、自制力差等消极人格特征。与中小学生相比，大学生自我概念更加广泛、客观、合理、实际。大学生已经具备了一定的理性思维水平，但同时又具有易冲动的特点，因此，他们的自我概念还带有主观和幻想的色彩，甚至有时会与自我概念的描述自相矛盾。大学生自我概念有其自身的特点，并随着年级的升高不断发展变化。

（2）成熟的自我同一性。自我同一性的建立是自我概念明确的前提。而所谓自我同一性的建立，就是个体将与自己有关的全部信息进行整合，建立一个稳定的自我形象，确立一套自己认同的行为准则，进而获得一种稳定感，使整体的自我概念具有稳定性、概括性。同时，自我同一性也是个体生理自我、社会自我和精神自我的整合，使其实现一种连续性，只有这样才有利于健康人格的建立。如果个体没有建立成熟的自我同一性，那就不可能有稳定的自我形象和自我认识评价，更不用说对自己的全面把握、自我实现了，也就无法建立健康的人格。

具有健康人格的人具有成熟的、高级的自我同一性状态，即成就型同一性状态。成就型同一性具有以下人格特征：有明确的目标导向；主动进取、乐观自信、喜欢竞争和冒险；对新经验保持开放的心态；爱好广泛、积极、热情、合群、活跃；行事沉稳、果敢、有主见、待人真诚、助人。需要强调的是，成就型同一性状态的大学生具有高自主性，根据自己的内在标准去倾听和判断、不易顺从、更能抵制外部压力，表现出人际关系维度上的负相关。

(3)适度的自我控制。自我控制是个体自我发展的一部分，是个体对自己的情感的控制和调节能力。柯伯认为，自我控制是个体自主调节行为使其与个人价值和社会期望相匹配的能力。它能制止或引发特定的行为，包括抑制冲动，抵制诱惑，延缓满足，制定和完成行为计划，采取适应社会情景的行为发生等。

相关研究表明，过分自控者过分抑制冲动、延缓满足、控制行为和情绪；缺乏自控者不适当的调整冲动、无能力延缓满足、立即和直接地表达欲望与情绪，在困扰的环境中易受伤害。因此，大学生只有获得良好的自我控制能力，才能保证自身心理健康和人格健康发展。

4. 以社会价值为导向的要素

大学生生活在外界社会与学校社会的双重环境中，尤其是集体的学校生活使社会要素对大学生健康人格的形成发挥着重要的影响。总的来说，大学生健康人格构成的社会要素主要包括价值取向、人际关系、诚信意识等几个方面。

(1)价值取向。当代大学生的个性在市场经济迅速发展的背景下得到了极大的张扬，他们越来越注重自我价值的实现。同时，大学生也开始追求进取务实、协调并重的价值选择，表现出明显的兼容性。他们通过自己的积极思考，确定人生目标，最大限度地实现人生价值，为社会做贡献。他们在个人与社会、义与利、奉献与索取等问题的选择上积极寻找结合点，希望做到"社会与个人利益并重""事业和利益兼得"。

(2)人际关系。大学生进入大学以后，面临着新的环境和群体，人际交往变得频繁和复杂，需要对各种关系进行整合，并处理好与交往对象之间的关系。但是，由于他们来自不同的地域、家庭，有着不同的成长环境和经历，当以各自的生活方式、思维方式和行为方式与同学进行交往时，不可避免地会发生人际冲突，甚至发展为心理问题。相关调查表明，人际关系是大学生面临的最难适应的问题之一，主要表现为人际失调、交往嫉妒、交往自卑、社交恐惧等。因此，在心理健康教育实践过程中应积极引导大学生建立和谐、良好的人际关系。

（3）诚信意识。诚信是一种重要的道德品质，而道德品质对于塑造大学生健康人格乃至促进其事业发展方面都具有十分重要的作用。然而，相关研究表明，当代大学生中出现诚信意识淡薄，诚信行为缺失等问题。大学生之所以在诚信方面存在种种问题，其原因是多方面的，除了社会环境的负面效应以及家庭教育的片面性外，更重要的是由于高校诚信教育淡化所造成的大学生自身素质缺陷，从而导致诚信意识淡薄，诚信行为缺失。因此，高校应对大学生广泛进行诚信教育，普及道德知识和道德规范，提高大学生的诚信意识。

（三）加强大学生健康人格教育

大学生健康人格教育的一个重要任务就是培养和造就一批具有和谐发展理念、掌握和谐发展规律、具备和谐社会建设素质能力和健康人格的大学生。而从我们对当前我国大学生健康人格教育的状况来看，其情况并不容乐观，因此，加强和改进大学生的健康人格教育已经成为当前大学生心理健康教育的一个重要工作。具体来看，加强大学生的健康人格教育可从以下几方面入手。

1. 发挥学校在大学生人格教育中的主导作用

人格的形成与发展既受先天遗传因素的影响，也受后天环境的影响，先天因素虽然我们不能够对其施加影响，但在后天方面却可以通过塑造良好的生活环境，帮助人塑造健康的人格。对于大学生而言，其生活的一个重要环境就是学校，因此我们应发挥学校在大学生人格教育中的作用，为其人格的发展与完善创造道德教育的多种情景和场所，最终实现塑造大学生健康人格的目的。具体来看，发挥学校在大学生人格中的主导作用可从以下几方面入手。

（1）优化大学生健康人格的课堂教学。大学生的一大重要任务就是学习，而其学习的完成很大部分是在课堂上进行的，同时不少高校开展大学生健康人格教育都是通过心理健康教育课程来完成的。而在心理健康教育课堂上，教师所选择的教学内容往往侧重于对道德理想、价值观等内容的灌输，在教学方法上，教师也往往只是通过向大学生讲述一些抽象的概念，或者向大学生介绍一些具体的事例来完成教学任务，而并没有对其进行深入的、细致的分析，如并未向学生解释究竟什么是人格、人格包括哪些要素、健全健康的人格具有哪些特征、社会的发展需要的人格特质是什么、如何才能培育出健康的人格等。此外，受长期应试教育的影响，智育在大学教学中占据了重要内容，这也使得大学生健康人格教育为了弥补其他课程的缺陷，而侧重于从道德层面来培养大学生的思想，最终忽视了对大学生情感与意志等方面的培育。有鉴于此，我们必须不断优化大学生健康人格教育的课堂教学，要做到这一点可以从两方面入手，一是不断完善大学生健康人格教育的方法，二是不断完善大学生健康人格教育的内容。

教学方法介于教师与学生之间，它是教师与学生之间的中介和桥梁。若教师能够科学、合理地选择和有效地运用教学方法，则教学活动事半功倍。而教学方法在存在多样性的同时，又常常不可避免地会在某一方面存在这样或那样的缺点。例如，讲授法可以帮助学生了解一些人格方面的具体而系统的知识，但却容易因教学方式单一而使学生丧失学习的兴趣。因此，在大学生健康人格教育的过程中，教师应根据具体教学内容的特点以及大学生的实际情况灵活选用教学方法，如在讲授人格方面的理论知识时，除了必要的讲授法之外，还可以将引导法、活动法、探究法引入课堂教学中，通过这些方法来进行大学生自主性人格的培育、大学生集体精神和团体意识的培育、大学生创造性人格的培育等，以便全方位地培养大学生的人格素质。

（2）培养大学生健全思维方式，使其养成乐观情绪。思维方式作为人格结构的重要组成部分，不仅直接反映着个人的世界观，而且制约和体现着个人的价值观。因此，一个人的思维方式是否健全科学将会对其道德乃至人格的发展产生重要作用。有鉴于此，在进行大学生健康人格教育时，一定不能忽视对大学生健全思维方式的培养，这就要求在开展教育活动时，必须以对中国传统思维方式进行扬弃为基础，以当代社会的发展为参照，促使大学生形成"以生成性思维模式和理性思维为主，以经验、直觉和形象思维为辅的现代思维模式"。

（3）不断促进大学生人格价值体系的有效整合。大学生在人格社会化的过程中，很容易因自身身心发展特征或社会环境因素的影响而产生动机冲突，诱发人格障碍。作为高等教育的重要承担者，高校应肩负起促进大学生人格价值体系有效整合的责任，而要做到这一点，就需要高校在开展大学生健康人格教育的过程中，要注重对大学生价值内涵与精神品性的培养。具体来看，应将大学生健康人格教育与青少年自体构建的价值引导有机结合起来，从而增强大学生健康人格教育的纵深度，形成一条发展学生健康人格的教育链，从而使大学生能够在教师创设的特定价值情境中学会主动和自主地审视、评估、校正和调整原有的心理结构和价值体系。这种让大学生在特定情境与环境下进行自我价值情境的思索与探索的方法能够让大学生将社会上所共同认同的理想、思想等内化为自己的自觉行为，从而在自我人格的形成与发展中打上社会价值观的印记，使自己的人格与社会人格相一致，从而实现自我道德人格的提升。

2. 重视以人为本的原则，促使大学生形成健全人格

在人类的思想发展史中，尊重人的价值与尊严的"人文精神"在不同的时间、空间和地域都占据着举足轻重的地位。它是对社会中的个体作为人的尊严的一种认可与尊重，也是对一种全面发展的理想人格的肯定和塑造。我国正处于社会转型期，剧烈的社会变革很容易对大学生的人格、思想产生影响，使其受到如"金钱至上"等不良思想观念的影响，产生人格缺陷，这不仅会对大学生的个人成长与发展产生不利影响，而且也会影响我国未来社会主义事业的建设。因此，在大学生健康人格教育的开展过程中，我们应重视以人为本的原则，通过尊重、肯定大学生的人格尊严来推动大学生健康人格的塑造。而要做到这一点，可从以下两方面入手。

（1）大学生健康人格教育应注意发挥大学生群体的主动性，要以大学生自身作为出发点和归宿，在教育活动中要重视启发大学生的内在需求，注意调动大学生的积极性、主动性与创造性，以便促使大学生从内在不断完善自己的人格。

（2）大学生健康人格教育应尊重每个学生的独立人格，保护每个学生的自尊心，帮助他们充分挖掘自己的潜能，并尽最大可能发展大学生的个性，使其实现自我价值。

在这里需要注意的是，虽然进行大学生健康人格教育要注重发挥大学生的主体性，但大学生由于长时间处在校园这片象牙塔之中，很容易受到外界不良思潮或氛围的影响而出现人格缺陷，若教师对此完全放任不理，必将导致大学生的人格出现问题。因此，重视以人为本的原则也需要肯定教师的主导作用，要注意发挥大学生主体性人格的教育实践活动中教师这项外因，以便在培养大学生健康人格的同时，引导他们树立独立自主、自强不息的精神，能够更好地适应并服务于我们的社会，并且能够将这种精神传承从而影响更多的人。

3. 充分发挥家庭教育培育与发展大学生健康人格的作用

作为大学生最先和最早接受教育的地方，家庭在大学生的人格培育与发展中会产生很大的作用。不良的家庭教育观念不仅有可能导致大学生出现人格缺陷，而且可能造成大学生的人格变态。目前很多家庭在子女进

入大学后,都会将教育的重担交给学校,从而忽视了对子女人格的培育与发展的正向引导,从而忽视了家庭教育对大学生健康人格的影响。有鉴于此,我们认为,开展大学生健康人格教育,也应充分发挥家庭在培育与发展大学生健康人格方面的作用,这就要求家长们做好以下几方面的工作。

(1)采用科学合理的家庭人格教育方法。一些家庭虽然意识到了对子女进行人格教育的重要意义,但在具体教育的过程中却缺乏一些合理的手段与方法,针对于此,我们认为家长在对大学生子女进行人格教育时,首先要能以身作则,以便在为人处世和日常生活中为子女提供示范;其次要重视实践过程,要让大学生子女"从做中学",以便使一些道德知识内化为大学生的道德素质;最后要注意创造融洽的亲子关系,即建立和谐、健康、融洽的家庭环境,并经常与大学生子女进行沟通,深入了解他们的思想与内心,以便对大学生随时出现的一些人格缺陷进行调试。

(2)转变教育观念,强化责任意识。家长应牢固树立教育的核心目的是培养下一代的优良人格的观念,在家庭教育活动中,应明确家庭教育对培育子女优良人格的重要性,且认识到家庭教育在培育子女优良人格上较学校教育和社会教育具有不可替代的独特优势,从而在日常生活中抓好对子女优良人格培育与发展的工作,转变"升学=成才""分数至上"的狭隘教育观念,树立"人人有才,人无全才,扬长避短,人人成才"的观念,促进大学生人格的健康发展。

4. 营造良好的大学生健康人格教育氛围

良好的人格教育氛围不仅是大学生健康人格教育的实际需求,也会直接促进大学生健康人格教育的实施与开展,因此在推动大学生健康人格教育时,我们也应注意培养良好的大学生健康人格教育的氛围,以便从外部环境上为大学生的人格发展与培育提供支持。具体来看,营造良好的大学生健康人格教育氛围可从以下几个方面入手。

(1)加强高校校园文化建设。大学生正处在其世界观、价值观、人生观确立和稳定的关键性阶段,因此高校校园文化内含丰富的思想性,对于在高校校园中学习、生活的大学生具有一定的导向作用。有鉴于此,在开展大学生健康人格教育时,应注意加强高校校园文化建设,以便通过形成有利于大学生健康人格培育与发展的校园文化环境,推动大学生健康人格教育的开展。

(2)加强校园网络环境建设和管理。互联网是当代大学生生活与学习的一项重要工具,但就如同任何工具一样,互联网也具有两面性:一方面它可以为大学生提供丰富的知识、为大学生的人际交往与互动提供便利;另一方面却容易使自控力较差的大学生陷入网络的虚拟空间不能自拔，甚至出现因为网瘾而被劝退或开除的例子。可见，对于当代大学生而言，网络既为他们的人格发展与培育带来了发展机遇，也为教育活动的开展提出了挑战。因此，开展大学生健康人格教育，应注意加强对校园网络环境的建设和管理，以便塑造有利于大学生健康人格培育与发展的网络环境。

二、人格优化培育机制

（一）人格优化培育机制的内涵

大学生人格优化是一项复杂的系统工程，其根本目标就是通过积极引导大学生树立诚实守信、勤劳好学、自尊自强、明礼宽容、勇于创新、关爱他人、报效祖国的行为取向，培养教育大学生形成知荣辱、勤操守、乐进取、勇担当的良好人格，提高大学生素质，促进大学生全面发展，推动社会文明进步。因此，大学生人格优化培育机制也应当是具有系统性的结构因素和互动整合的功能实现过程及关系状态。

大学生人格优化培育机制的重要内涵是：在影响大学生人格优化相关因素内在联系中所形成的互动整合、并具有其特殊功能的有机结构状态与实现功能的有序过程，主要体现为课堂教学、课外教育、社会实践、舆论导向、示范引领、制度建设等相互促进，学校教育、社会教育、家庭教育、自我教育等形成合力的大学生人格优化培育系统方式和功能实现途径。

（二）大学生人格优化培育机制的实施

大学生人格优化培育机制的有效性，是在大学生人格优化培育过程中得以体现的。因此，实施大学生人格培育机制十分重要，具体可从以下几方面入手。

1. 增进大学生的积极体验

一些心理学家假设，每个人都存在一条先天遗传的积极基准线，当一个人在后天的社会生活中经历了更多的积极体验之后，他的积极体验的基准线标准就会提高，也就是说个体会对自己提出比以前更高的要求。人本主义心理学家马斯洛的关于高峰体验与存在性认知之间的关系学说也为积极心理学的这一主张提供了佐证。

根据以上原理，积极心理学家认为，个体在积极体验条件下产生的新要求主要来自个体自身的内部，是人对内在动机的觉知和体验，所以它更容易与个体先天的某些生理特点发生内化而形成某种人格特质。虽然与感官愉快相比较，心理享受类积极体验常常与个体的创造和创新相关联，因而其更具有社会意义和个人意义，也更有利于个体的成长和幸福感的产生，但在生活中，如果有机会对感官愉悦和心理享受做出选择的话，大多数人却会选择感官愉悦，因此，积极心理学在积极人格发展中也不忽视个体的感官愉悦，事实上，感官愉悦在很大程度上能促进个体心理享受类积极体验的获得。如果我们想从量上对积极体验进行计算的话，我们可以把一个人有意识地体验积极事件或积极结果的总时间量减（Positive Experience Amounts，简称 PEA）去其体验消极事件或消极结果的总时间量（Negative Experience Amounts，简称 NEA），这样得到的一个新的数量就是一个人的纯积极体验量（Well-Being Amounts，简称 WBA），即 PEA-NEA＝WBA。这个纯积极体验量的大小常常是评价一个人的积极人格状态的重要依据。

在进行积极体验培育时，积极心理学更为关注是什么导致个体在某一个时刻比另外一个时刻感觉更好，通过这种比较，积极心理学寻找到影响积极体验的各种因素，并把这些因素分为两个方面。一是外部的社会文化环境。人的积极体验不仅仅受本能的驱使，也受一定的社会价值观、文化观等的影响。从这个角度来说，个体的积极体验虽然是一种主观体验，但又不完全是一种纯粹主观体验。个体的积极体验总是深深植根于一定的社会文化，因此积极体验不仅仅只是一种快乐体验，也是一种集体或社会层面上的体验。二是个体追求积极的内在动机因素。人是自己发展的创造者，也就是说人的发展不仅仅来自外在的适应和生存压力，也来自他的内在动机，特别是追求积极的、有快乐体验的动机。无论在什么情况下，人们总是选择能使自己得到快乐体验的行为，如能胜任、有创造性、与周围环境相和谐等。在这里我们可以看出，其实积极心理学是把积极体验当作了人的本能天性与社会文化价值之间起调节作用的中间变量，它的作用在于既不使人成为纯粹生物意义上的人，也不致使人完全成为受外在刺激物控制的被动反应物。

2. 建构大学生健康人格塑造的认同体系

大学生健康人格塑造机制运行的有效性，不仅关系到对人格与文化、道德、家庭等重要因素的认识深度，也关系到对大学生所体现的社会地位、心理状态等特点的认知水平，同时还关系到社会各个团体对大学生的认可期望。因此，在深入分析研究大学生健康人格塑造机制的认同体系的基础上，积极建构大学生健康人格塑造机制的认同体系，应当成为大学生健康人格塑造机制运行有效性的重要显现。

人们相互接触时，往往会有一种"求同"或"求异"的定势心理。求同，实际上就是一种认同的心理活动过程。认同大致可以分为两大类：一是"自我认同"或是"个人认同"，是指自己对自我现状、社会期待等各层面的觉知，统合而成为一个完整的结构。二是"社会认同"，是指"个人拥有关于其所从属的群体，以及这个群体身份在情感上及其价值观上的重要性知识"。每个人将他的社会世界区分为不同的等级或社会类别，社会身份涉及个人将自己或他人定位为某一社会类别的体系。个人用来定义本身社会身份的总合就是社会认同。随着个体发展与生活环境的不同，每个人一生可能发展出各种不同的认同与接受范式：在个体方面，如自我认同与接受等；在群体方面，如阶级认同与接受等，所以认同是个体与群体彼此影响和相互作用的重要方式。

在认同基础上产生的价值取向或判断，称为"认同感"。从一定意义说，认同感的满足主要取决于主体对存在做出怎样的认知反应，认知反应的方式和状态不同在很大程度上影响着认同感的取向，也因此影响人的心境。

大学生健康人格塑造机制的有效运行，就是要建构人们对大学生健康人格塑造活动的认同感。也就是说，通过充分发挥大学生健康人格塑造机制有效运行的功效，有利于促进人们积极建构大学生健康人格塑造的认同基础。因为从心理接受的角度分析，"认同"是"接受"的必要条件，缺乏认同的心理基础难以形成真正的接受。从根本上说，大学生健康人格塑造活动的认同性就是一定的社会认同性，正如人格理论研究专家埃丽奇·弗洛姆深刻指出："人是社会的人，是在一定的文化中与文化相互联系、相互影响的人。人与动物有着本质的区别，虽然动物在发展的过程中也经历了个性化的过程，但只有到了人类社会，人的社会化才发展到高峰。是社会创造了人，人在这个社会中不断地为社会所同化，从而满足社会需要，形成与社会相应的人格。"如果大学生健康人格塑造活动缺乏一定的社会认同性，那么，大学生健康人格塑造的目标就没有被人们接受的可能。建构人们对大学生健康人格塑造活动的认同感，具体来说，主要体现为以大学生、学校、社会、家庭等方面对健康人格塑造活动的积极认同为基础，大学生健康人格塑造工作才能够被社会各个群体所理解和接受，得到他们的积极支持，学校教育、家庭教育、社会教育、个人教育等也才能真正相互促进、形成合力。如果失去了这种认同性的重要基础，大学生健康人格塑造机制的有效运行就失去了支撑，其功效就无从发挥，大学生健康人格塑造目标就无从实现。

3. 形成大学生健康人格塑造的工作合力

大学生健康人格塑造机制运行的有效性，关系到课堂教学与课外教育，舆论引导与制度建设，学校教育与家庭教育、社会教育的互动整合。因此，必须形成大学生健康人格塑造的工作合力，才能体现大学生健康人格塑造机制运行的有效性，进而实现大学生健康人格塑造活动的预期目标。当然，形成大学生健康人格塑造的工作合力，涉及诸多因素和关系的分析研究，其互动整合的过程也是十分复杂的。形成大学生健康人格塑造的工作合力主要体现为如下几个方面。

首先，在课堂教学与课外教育的互动整合中加强大学生健康人格塑造。课堂教学是加强大学生健康人格塑造的主要方式，必须高度重视在课堂教学中实施健康人格培育；课外教育在拓展课堂教学的内容和形式方面发挥着不可忽视的作用。因此，应当在课堂教学与课外教育互动整合的过程中加强大学生健康人格塑造，形成一种整合协调、互动发展的教学教育机制。

其次，通过课堂教学，开设具有针对性的人格理论教育专题课，如"大学生的荣辱观与人格修养""大学生的审美观与人格修养""大学生的民族观与人格修养""大学生职业生涯规划发展与人格修养"等理论专题课，在专题研讨之中引导学生明确加强健康人格修养的必要性和紧迫性，阐明大学生健康人格的基本属性和表征，使学生提高对健康人格修养的理论认知水平。需要特别注意的是，在课堂教学中要在"公共课""专业课"中都注重加强大学生健康人格塑造。"公共课"是每个学生都必须接受教育的课程，因而是加强大学生健康人格塑造的影响面最大的课程，如"马克思主义基本原理概论""思想道德修养与法律基础""中国近代史纲要""形势与政策"以及"大学语文""心理健康教育""创业就业指导教育"等公共课，就包含着丰厚的健康人格塑造内容，因此，应当充分利用和发挥公共课的作用，引导教育大学生明确加强健康人格修养的必要性和紧迫性，阐明大学生良好人格的基本属性和表征，使学生提高对健康人格修养的理论认知水平。

与此同时，还应当高度重视在各种"专业课"中加强对大学生健康人格塑造。专业课是不同年级、不同专业学生学习专业知识、培训专业技能的课程，也应当包含对大学生进行健康人格教育的内容，因为如何学习、掌握、运用专业知识和专业技能，都与大学生的人格修养有着十分密切的关联。一个人格不健全的大学生，是无法熟练掌握专业知识和专业技能的。因此，必须坚决消除"专业课与人格教育无关""专业课教师只传授专业知识和专业技能"的落后、错误的教学观念，牢固树立"公共课和专业课都是加强大学生人格优化培育的重要课堂"的教学新理念，在公共课与专业课的互动整合中加强大学生健康人格塑造，以形成全方位、全过程和全体教师都在课堂教学中共同加强大学生健康人格塑造的新机制，增强大学生健康人格塑造的说服力和影响力。

第七章　正视情感：大学生恋爱心理问题研究

大学生随着自身生理与心理的逐渐成熟，会对爱情产生强烈的冲动和渴望。爱情既能给大学生带来温馨和幸福之感，也能给大学生带来迷惘和痛苦。因此，对于大学生来说，正确地认识恋爱，形成健康的恋爱观是非常重要的。因此，大学生一定要对恋爱有一个正确的认识，当自身存在与恋爱相关的问题时，一定要学会正视情感，理性对待，以保证自身得到健康的成长。

第一节　恋爱概述

一、恋爱的含义

恋爱是指异性之间在生理、心理和环境因素交互作用下互相倾慕和培植爱情的一种高级情感交流过程。简单来说，恋爱就是对爱情进行追求的行为。此外，恋爱是爱情这一美好情感所达到的最辉煌的境界。

二、恋爱的特点

恋爱具有显著的特点，概括来说主要包括以下几方面。

（一）直觉性

恋爱中的男女双方是因相互吸引而在一起的，因而在看对方时总会感到非常舒服和顺眼，这便是恋爱的直觉性特点。而"情人眼里出西施"这句话，可以说是对恋爱直觉性特点最形象的表述。

（二）隐蔽性

恋爱的隐蔽性特点指的是恋爱中的双方往往有着含蓄而有诗意的言辞、隐蔽而有德行的行为举止，而且不论是表情、目光还是言谈、举止、行为，都包含着浓浓的爱意。

(三)冲动性

处在恋爱尤其是热恋中的人,往往会认知活动范围缩小、理智分析能力受到限制,即使是日常行为习惯也会发生一定的变化,从而做出很多与平时完全不同的事情。也就是说,恋爱中的人往往降低了对自己进行控制的能力,不能对自己的行为进行约束,也不能对自己行动的后果与意义进行正确评价。这便是恋爱冲动性的鲜明表现。

(四)波动性

恋爱中的人往往有着较大的情绪变化,在高兴时可能喜笑颜开、手舞足蹈,在懊恼时可能唉声叹气、垂头丧脑。这就是恋爱的波动性特点。不过,恋爱中情绪的大起大落,会损害身心的健康发展。

(五)排他性

恋爱的排他性指的是恋爱中的双方对对方都是专一执着、忠贞不渝的,而且不希望有人对他们的亲密关系有所介入,并本能地组成一个特殊系统抗拒他人对自己恋爱对象的亲近。恋爱的排他性有助于维持爱情的稳定与长久,但其如果走向极端,则会引起恋爱双方对对方的不信任,严重时甚至产生心理负担和心理问题,最终对恋爱造成不良影响。

三、恋爱的类型

(一)生活实惠型恋爱

生活实惠型恋爱的双方,往往是现实的、理智的,能够选择合适时期谈恋爱,并注重在恋爱过程中使彼此更加了解和相互信任。因此,这一类型的恋爱很容易获得成功。

(二)追求浪漫型恋爱

追求浪漫型恋爱的双方,往往有着比较丰富的情感,向往罗曼蒂克的爱情,追求爱情的浪漫色彩。表面看来,他们好像对爱情不够尊重,但实际上他们只是觉得相比爱情的责任与义务,在花前月下出没要更加富有韵味和色彩。

(三)功利世俗型恋爱

功利世俗型恋爱的双方,谈恋爱时往往将对方的门第、家产、地位、名誉、处所、职业、社交能力、驯服度等作为重要的前提条件，从而使恋爱呈现出鲜明的功利性和世俗性。

（四）玩伴消费型恋爱

玩伴消费型恋爱的双方，往往只有很少的同性朋友，而且精神上很空虚，时常会感到孤独和苦闷。因此对于他们来说，谈恋爱只是为了对自己精神的空虚进行弥补。

（五）时尚攀比型恋爱

时尚攀比型恋爱的双方，往往对恋爱持随意的态度，只是跟着感觉走，将恋爱看成是一种精神上的补偿，因而目的性不强或者说根本没有目的性。

（六）比翼双飞型恋爱

比翼双飞型恋爱的双方，进取心、事业心以及自控能力都比较强，还有着成熟的人格、正确的恋爱观，把有共同的价值观念、理想抱负以及获得事业成功看成是保持长久爱情的重要基础。在他们看来，爱情既是人生的快乐，又是推动学习和工作的重要动力，因而能够理性、妥善地处理爱情与学习、工作的关系。

四、恋爱的发展阶段

通常来说，恋爱会经过以下几个发展阶段。

（一）始恋

在这一阶段，个体会被异性的特殊魅力所吸引，从而对对方的仪表、气质、风度、言谈、品格等都非常仰慕。可以说，这是个体容易"失魂落魄"的一个阶段。同时，这一阶段告诉人们，第一印象在恋爱过程中很重要，会使双方获得好感，产生进一步交往的愿望。

（二）依恋

当个体被某个异性吸引，会想象对方的一切，并且还会将这种想象逐渐视为自己的理想形象，同时还会对对方的心理有所揣摩，不断评估对方情感的持续性和自己成功的可能性时，便进入了依恋阶段。此外，个体在这一阶段，也开始考虑接近对方的办法，以找机会向对方表达自己的心思。

可以说，这是一个"自我折磨"的阶段。

（三）爱恋

个体在这一阶段，终于鼓足勇气向对方表白，从而真正地意味着进入了恋爱心理状态。这时，主动表白的一方往往会神色紧张、心绪不宁，接受表白的一方也会不知所措。可以说，这是恋爱心理发展最为关键的一个阶段。

（四）相恋

双方经过表白并接受对方的爱慕，恋爱关系便正式建立，双方立即亲密起来。在这一阶段，恋人对对方的评价是最高的，而且恋爱双方的感情是相当热烈和深厚的，都有强烈的责任感，这对于加深双方的理解和信任具有重要的作用。

五、恋爱的影响因素

一个人的恋爱会受到多种因素的影响，其中较为重要的有以下几个。

（一）生理因素

恋爱从生理学的角度来看，是个体必然要经历的一个阶段，具有"应然性"。也就是说，恋爱是个体为了满足自己的生理需要而进行的一种活动。在当前的信息社会，由于各种"性信息"刺激，使整个社会青少年性成熟期提前，这导致青少年恋爱的时间也不断提前。

（二）心理因素

个体的恋爱，会深受其心理因素的影响。具体来说，影响个体恋爱的心理因素主要有以下几个。

1. 自我表现的需要

人并不是生来就具备自我表现的意识，它是随着年龄的增长、身体和智力的发展、生活范围的不断扩大而逐渐发展的。青年人有自己的价值取向，需要社会认可、肯定自己的价值，需要从社会上其他人对自己的认识和评价中看到"自我形象"。于是，争取在公众中受关注、争取他人的好感成为他们追求的目标，特别是争取异性的好感，成为青年人在同龄人中树立自己形象的一个很好的途径。这些因素就促使青年人想谈恋爱。

2. 追求归属感

人人都会追求归属感,而在恋爱中,恋爱双方在交流过程中互相理解、关怀,能排解内心的寂寞,形成了一个亲密关系极强的小群体。这对于个体归属感的满足具有重要的作用。

3. 追求浪漫的心理

在不少的恋爱文学作品和影视作品中,爱情都被描写得浪漫而温馨。人们特别是青年人在接触了这些作品后,很容易产生向往浪漫爱情的心理,希望找到一个情投意合的伴侣。持这种观点的青年人,一旦遇到合适的异性,很容易萌发爱恋。

(三)环境因素

影响个体恋爱的环境因素主要包括以下几个。

1. 学校因素

在当前,学校特别是高校在对待学生的恋爱问题时,秉承的是"既不提倡也不反对"的模糊性态度。在此影响下,学生对待恋爱越来越开放。

2. 社会价值观念因素

随着我国社会主义市场经济体制的确立与完善,社会贫富差距加大,人们价值观念发生了深刻的变化。有不少青年人政治意识淡化,回避社会责任,无心上进,甚至游戏人生,一味追求享乐等,这导致他们在恋爱方面采取随意甚至是游戏的态度。此外,社会贫富差距的加大、就业的压力也使一些人生观偏离,产生了"干得好不如嫁得好"的观点。

3. 社会文化因素

在商品经济蓬勃发展的进程中,原来倡导的传统道德的大众审美文化出现了某种偏离,人文精神有所失落。大众审美文化的偏离和人文精神的失落,在很大程度上影响了青年人的恋爱观。

4. 互联网因素

科技飞速发展,使电脑走进平常人家,也使互联网在中国得到极大普及。人们从互联网上获取各式各样的情爱观,一些人还大量涉猎色情网站,在网上尝试性体验。如此一来,人们的恋爱心理也必然会受到互联网的影响。

5. 大众传媒因素

青少年精力旺盛、求知欲强、思想敏锐,对社会信息需要越来越强烈,因而广播、电视、报刊等大众传媒和社会舆论对青少年的影响越显重要。进入改革开放历史新时期以来,我国的文化艺术空前繁荣起来。大部分的文艺影视作品一改之前避讳情爱的表现手法,在经济利益的驱动下,为吸引消费者,对恋爱、性进行夸张地描写和渲染。有的作品所描写的主题只是纯粹的爱情,在经过煽情描绘、声情并茂、大肆渲染后,给青年人造成了强烈的感官刺激和思想影响。这对青年人涉足爱河,实际上起了"示范"和"指导"的作用,让青年人觉得恋爱是生命的全部,是生活最高的意义之所在,为爱痴迷不悔。

六、恋爱中男女的心理差异

恋爱双方的性别不同,在恋爱心理方面也会有一定的差异,具体表现在以下几个方面。

(一)男生通常比女生更容易一见钟情

在男女生初次相见时,男生往往过多地关注女生的外在表征,如果女生的外貌出众,男生则很容易因此而一见倾心。同时,男生也更容易相信女生的话,通常没有怀疑对方的任何念头。但是,女生的戒备心较重,她们往往首先关注男生的能力、才华和人品。可是,这些内在的品质往往需要一定的时间观察和了解,所以女大学生往往不肯轻易答应一个男生的追求,唯恐上当受骗。

(二)男生在恋爱中比女生更为积极主动

在恋爱中,男生常常表现得比女生更为积极主动,可谓十分坦率。当然,他们也比较急躁,喜欢"速战速决",总是希望在短期内取得成功。相对地,女生则比较矜持,往往采取隐秘含蓄的方式,曲折、间接地流露自己的情感。在某些时候,女生还可能出于羞怯说一些违心的话。

(三)男生比女生更容易见异思迁

相对而言,男生在选择异性或进入恋爱关系后,往往表现得较为活跃,心理的跳跃性也较大。他们很容易进入一段感情,也容易因为某事而退出一段感情。但是,女生则由于她们对事物的观察比较细致,所以在选择异性的时候比较刻板,往往有自己的一套观察问题的角度和着眼点。当她们对某一个男生产生了好感之后,便会一往情深,即便对方已不爱自己,也不愿意分离。一往情深的心理在某种程度上确实是一种比较积极的心理,但是有时候也容易一意孤行,产生不良后果,阻碍自己的健康成长。

七、大学生的恋爱

(一)大学生恋爱的动机

恋爱是一对男女在生理、心理和客观环境因素的交织作用下,相互倾慕和培植爱情的过程。恋爱具有一定的动机,具体来说,大学生的恋爱动机主要有以下几个方面。

1. 对爱情的向往

随着性生理的发展,大学生的性意识也日益成熟,进而萌发了对爱情的向往和追求。许多大学生有这样一些想法,如觉得恋爱会使自己尽早享受到爱情的喜悦;在大学谈恋爱的选择余地大;不趁早谈恋爱将步入大龄青年的行列;恋爱能使自己得到异性的保护等。另外,模仿从众,为求心理平衡也是大学生急于恋爱的一个重要原因。有些大学生看到周围的同学成双成对的,生活得浪漫有情调,自己羡慕那样的生活,因此觉得不平衡,为了满足这种心理而找人谈恋爱。

2. 异性的吸引与好奇心的驱使

在大学阶段,大学生正处于喜欢探寻自我与世界的阶段,他们对未知的事物都充满了神秘感,对异性也产生了好奇、亲近的心理需要。另外,异性的容貌、体态、风度、谈吐以及才能等,也具有很大的吸引力。这驱使着大学生常常观察和接触异性,并对异性表现出十分关注、友好的态度。

许多大学生很享受异性对自己的赞美和青睐,并特别喜欢在异性面前显示自己的风度、知识和才干,以博得异性的好感。异性朋友对自己的点滴评价,都会铭记在心,具有极强的敏感性。对于相当一部分大学生来说,这种渴望了解异性,以满足自己好奇心的心理是促使其谈恋爱的一个关键因素。

3. 寻求精神补充和感情抚慰

许多大学生是第一次远离家乡、父母、朋友,到异地读书,可以说是进入了人生的"第二次断乳期"。有些大学生不能很快适应大学生活以及当地的文化习俗，对自己的生活、学习没有十分坚定的信念，加之人际关系复杂，因此常常感到精神空虚，孤独寂寞。在这种情况下，他们就想谈恋爱，想借助爱情来补偿空虚寂寞的心灵。

大学生恋爱的动机除了上述几种外，其实还有很多。例如，怕错失恋爱的好时机而恋爱；一见钟情，觉得恋爱是理所当然的；为寻找毕业后的一种出路而恋爱；为追求时尚浪漫，寻求刺激而恋爱。当然，还有一些大学生还存在一些不道德的恋爱动机，如一些男生抱着玩弄女生的心理去谈恋爱；一些女生觉得恋爱对象越多，证明自己越有魅力等。诸如此类的恋爱动机很可能会给大学生的成长带来相当大的危害。

（二）大学生恋爱心理的特征

大学生的恋爱心理具有一定的特征，概括来说，这些特征主要包括以下几方面。

1. 自主性

大学生在谈恋爱时，往往将自己的意志和情感作为最根本的出发点，很少会考虑传统习俗的限制，也很少会告知父母或是征询父母的意见，从而显示出较强的自主性。

2. 开放性

当前，随着社会的进一步发展以及西方文化的不断涌入，大学生日益呈现出开放性的恋爱心理，如对于婚前性行为、试婚、婚外恋等持不反对态度，也常常在大庭广众之下和恋爱对象表现出亲昵行为。

3. 年级性

大学生在年级升高的同时，与异性接触的机会也逐渐增多，再加上周围环境干涉的越来越少，使得大学生恋爱的心理需求总体上呈越来越迫切的趋势。这就是大学生恋爱心理的年级性特征。

4. 不成熟性

大学生的人生经验欠缺、社会阅历较浅、成熟的价值观和人生观未形成、没有明确人生目标和定位，因而其恋爱心理总体来说是不够成熟的。具体表现为无法真正理解爱情的真谛、不能对爱恋中的情感纠葛进行妥善处理、恋爱选择易反复不定、缺乏恋爱责任感等。

5. 少功利性

大学期间的恋爱，往往是因共同学习、长期接触而产生的，因而与社会上的恋爱相比，具有情感单纯、少功利性的特点。不过，大学生恋爱心理的少功利性特征也使得大学生恋爱普遍没有结果。

6. 重过程轻结果

当前大学生的恋爱，往往只注重过程，而不对结果进行慎重考虑。这对于大学生的成长来说既有积极的一面也有消极的一面。积极的一面是可以使大学生情感得到充分发挥、学会付出、抛弃功利思想、及时把握幸福；消极的一面是会降低大写生对自己的控制与约束能力，使大学生无法形成坚定的爱情信念，从而无法坚守自己的爱情。

第二节　大学生常见的恋爱心理问题

大学生在恋爱过程中经常会出现一些问题，概括来说，这些问题主要包括以下几方面。

一、恋爱选择困惑

大学生的心理以及择偶标准都还不够成熟，对友情、恋情的认识还很肤浅，而且对社会中的人际关系还缺乏科学的认识，因此恋爱选择困惑是大学生经常会遇到的一个恋爱心理问题。具体来说，大学生的恋爱选择困惑主要表现在以下几个方面。

（一）不知是否应谈恋爱

在大学校园中，恋爱现象是极为常见的。有的大学生看到身边的同学都忙着恋爱，自己却还没有心仪的对象，从而产生不知是否应谈恋爱的心理。而恋爱的大学生开始思考，大学生活应该是以学习为重，谈恋爱是否会耽误学习。产生这样的问题，主要在于大学生对爱情还没有形成正确的态度。

（二）不知是否应表达爱

有不少大学生确定某个人为自己的倾慕对象后，还不知道对方是否也倾慕自己，想向对方表白，但又怕对方拒绝，左右为难，不知道如何表达自己的心意。

（三）不知如何拒绝对方的爱

当大学生被某个人表白时，自己还没有做好心理准备，或者对方不是自己所倾慕的，但又不想伤害对方的自尊心，因此不知道如何拒绝对方。

（四）不知如何结束恋爱

在恋爱的过程中，双方的了解逐步深入，而某一方也开始发现对方不适合自己，但对方却还依然爱自己，此时不知道如何提出分手，怎样表达自己的意思才不会伤害对方的自尊心。

二、择偶心理不当

每个人都希望找一个称心如意的爱人，一生幸福，这是正常的。相当部分的大学生在择偶时首先重视对方的内在条件，如性格、品质、兴趣等，强调性格上合得来、体贴人、温和、热情，注意对方的道德品质，把理想、志向、诚实、善良、正直、能力、才华、聪明等放在重要位置。但是，有不少大学生存在择偶心理不当的问题，导致其在恋爱过程中遭遇挫折。就大学生而言，其择偶心理不当主要是通过以下几个方面表现出来的。

第一，有些大学生根据心中的偶像不切实际地确定理想化的择偶标准，有的人要求对方完美无缺，有的人固于某一偶像标准不放弃，如相貌不漂亮、身材不苗条的不谈，个子低于自己所定标准的不谈等。结果眼光过高，无法在现实中找到理想化的对象，因而会感到失望、懊丧，继而影响其对恋爱的看法及其身心的健康发展。

第二，有些大学生择偶不注重根本性的因素和品质、素养等，片面追求外在条件。比如，有的女大学生比较看重男性的家庭财产、收入等，择偶中功利化倾向比较严重。

第三，有些大学生在择偶动机方面不端正，其恋爱不是出于爱情本身，而是为了弥补内心的孤独空虚而谈恋爱；为了排解生活的寂寞而谈恋爱；盲目追随大流而谈恋爱；为了攀比而谈恋爱；为了展示自己的魅力而谈恋爱等。这些不良的择偶动机都没有以真挚的情感为前提，也没有把恋爱的行为与婚姻结合起来考虑，缺乏责任感，因而会导致恋爱先天不足，无法开花结果。

总之，恋爱必须要有真挚的感情、强烈的责任感和义务感，择偶标准也要符合实际，不能以文学作品中理想的"白雪公主"和"白马王子"的形象去套现实中的异性。

三、陷入恐爱误区

(一)单恋

单恋是一方对另一方以一厢情愿的倾慕与热爱为特点的畸形恋爱,也是一种具有臆想性的恋爱情结和幼稚的行为方式,会令人沉浸在幻想的情爱中不能自拔,如不及时纠正,可能严重影响人的知觉和理性判断,甚至形成精神错乱,个别的还会走向极端,做出伤害他人的蠢事。

有的大学生向对方表示好感后却没有得到反应,或公开表白遭到拒绝后,明明知道对方不爱自己,仍然不死心、不罢休,不管对方是否接受仍苦苦追求,企图以各种方式赢得对方的好感与接纳,甚至不顾人格,丧失自己的自尊去表达自己的爱,终日思绪不宁、寝食不安。要知道,爱情是两个人的共同情感,不要单方面地把爱情强加于人,一旦发现自己自作多情,就应该抛弃幻想,减少关注,控制感情,调整心态。要相信,爱上一个不爱自己的人永远不会有幸福可言。如果你真的爱对方,就应该尊重对方的选择。

大学生单恋形成的原因很复杂,通常主要与单恋者的性格特征与认知偏差有较大关系。同时,一般来说,性格内向、敏感、富于幻想、有自卑感的大学生容易出现单恋现象。此外,大学生的单恋存在以下几种表现形式。

第一,自作多情,即明知对方不爱自己,还一味地追求和纠缠。

第二,误会,即一些人由于缺乏与异性交往的经验,所以在与异性接触时,总是对异性的言行、情感等过于敏感,从而误将对方的友情当作爱情。

第三,自己深爱对方却又怯于表达,从而独自苦苦思念。

对于大学生来说,单恋会产生以下几个不良后果。

第一,会导致大学生单恋者虚度宝贵的青春。

第二,会导致大学生单恋者的斗志逐渐被消磨。

第三,会导致大学生单恋者无法集中精神进行学习和生活。

第四,会导致大学生单恋者产生一些心理失衡,如性格孤僻、内心封闭、兴趣低沉等,甚至会产生一些心理疾病。

(二)失恋

对于大学生来说,恋爱关系是除师生关系、同学关系以外的最重要的关系,对于其寻找自身的价值观也有着重要的作用。大学生在失恋后,通常会产生一些不良的心理，如消沉心理、自卑心理、报复心理、绝望心理等。对于这些不良心理，如果不及时采取有效的措施进行疏导，将会对大学生的身心健康造成不良影响。

（三）三角恋或多角恋

三角恋或多角恋是指一个人同时与两个或者两个以上的人建立恋爱关系，是一种十分反常的恋爱现象。大学生本身的心理就不够成熟，生活经验不足，恋爱时同时被别的异性动人之处吸引而动心，同时与两个或几个人相恋。这实质上是比单恋更为复杂、更为严重的异常现象。因为恋爱具有排他性、冲动性，任何一种三角恋或多角恋都潜伏着极大的危险性，一旦理智失控，就很容易给对方及社会带来一系列恶果。大学生出现三角恋或多角恋的原因，概括来说有以下几个。

第一，大学生虚荣心较强，以追求者众多为荣，导致"脚踏两只船或多只船"的现象出现。

第二，大学生受到社会上一些错误思想的误导，没有树立正确的恋爱观，视恋爱如游戏。

第三，大学生信念感较差，择偶标准未成型。有的大学生还没有明确自己的择偶标准，从而与多位异性保持亲密关系，可他们又不确定哪个更适合自己，只好颇费心思地多方应付，多头追逐，从而出现了选择性三角恋或多角恋。

第四，大学生明知对方已有对象，但由于盲目崇拜才华和容貌，加上嫉妒好强，固执任性，从而导致冲动性、竞争性的三角恋或多角恋。

（四）师生恋

有的大学生在不知不觉中喜欢上了一些异性教师，并且为此而十分痛苦、自责和羞愧，感到不知所措。中央人民广播电台的记者曾经在一篇文章中报道，北京某高校未婚青年教师跟女学生"拍拖"过的比例高达九成以上；而有的教师则创造过三年内同八位外省籍女生谈恋爱的纪录。总之，这些"师生恋"有悖于性爱道德婚恋价值观，潜伏着各种危险。

（五）与已婚者恋爱

现今社会，在爱情的选择条件中，有些人将物质作为中心要素，以至爱上多金已婚人士，背负上"小三儿"的骂名。有些大学生由于仰慕、好感、怜悯，或者是想借助一臂之力达到某个目的而与已婚人士相恋。但是，人是社会的人，活在这个社会，就要受道德与法律的约束。由于爱情具有深刻的社会属性．社会规范和社会舆论也会影响和制约爱情。因此，与已婚者恋爱的大学生需要承受来自社会、家庭、周围人的各种压力，这会对他们的身心健康造成不利影响。

四、恋爱行为不当

在大学生的恋爱心理问题中，恋爱行为不当也是一个十分重要的表现。具体而言，大学生中常见的不当恋爱行为主要有以下几个。

（一）频繁更换恋爱对象

大学生恋爱心理的变化性特点，决定了其在恋爱过程中很容易出现频繁更换恋爱对象的恋爱行为。此外，还有一些大学生自身条件优越，他们的家庭条件好，自我优越感强，在学校里面又因为外貌出众或是自身能力出众，往往会受到众多异性的追求，因此在恋爱过程中不懂得珍惜，随意的恋爱，随意的分手。还有一类大学生因为曾受到情感伤害后而不断地糟蹋爱情，到最后弄得精神萎靡不振，也荒废了学业。

（二）过度亲昵

有些大学生谈恋爱后，会不分场合地表现出亲昵行为，而且不能有效把握亲昵行为的尺度。这不仅有损于爱情的纯洁与尊严，有损于大学生的形象，同时对旁人也是一种不良的心理刺激，把自己和他人推向一个尴尬的境地，招来老师和同学的不满。

（三）沉溺于网恋

伴随着互联网的出现和普及，虚拟的爱情也成了恋爱的一种存在形式。在当前，有不少的大学生对网恋持乐观的态度，认为网恋相比现实中的恋爱来说，更为注重交流思想、沟通心灵，因而在此基础上建立起来的爱情要更为牢固。当然，也不乏对网恋持消极态度的大学生。在他们看来，网上聊天无法对恋爱对象进行全方位的接触和真正的了解，因而是一种典型的自欺欺人的恋爱方式，而且很容易"见光死"。其实，更多的大学生对网上恋爱不看重结果，注重的是在网上交往的过程。况且，真正的恋爱，不可能只存在于虚拟的世界中，应该带到现实生活中，即网上交流促成了他们从朋友到恋人的关系转变，后面要做的就是将虚拟世界中的关系移到现实生活中。事实上，确实有一些大学生做到了这一点，但是成功转变的不太多，原因是虚拟的世界让人遐想的空间太大。大部分时候在没有法律保障下的"网恋",犹如雾中之花,水中之月。

（四）性行为轻率

当前许多大学生由于受到西方性解放观念的影响,在恋爱中对性行为通常采取轻率的态度,恋爱后不久便会发生性关系,甚至在校外租房过同居生活。大学生对待性行为的这种轻率态度,是对自己不负责任的行为。

五、恋爱与学业的矛盾突出

对于爱情与学业的关系,绝大多数大学生都能够正确看待,懂得大学生的主要任务是学习,爱情应当服从学业。但在现实生活中,真正在客观上、行动上能够正确处理好爱情与学业关系的大学生是很少的。很多大学生把主要精力沉溺于爱河之中,严重地影响了学习、工作和身心健康。长此以往,这些大学生就在不知不觉中学习成绩下降,考试不及格,甚至无法顺利毕业。

第三节　大学生常见恋爱心理问题的调适

对于大学生在恋爱过程中出现的一些心理问题,应该采取一定的方法进行调适。概括来说,这些方法主要包括以下几方面。

一、树立健康的恋爱观

恋爱观是指人们对待爱情问题时所持有的基本观点。作为大学生,应该树立健康的恋爱观,健康的恋爱观是大学生在恋爱时品尝爱情的甘露的关键,对大学生的成才也具有至关重要的作用。具体来说,大学生健康的恋爱观主要包括以下几方面的内容。

（一）恋爱动机单纯

恋爱的目的应该是寻找一个与自己志同道合、同舟共济的终身伴侣,以共同走过未来的人生道路,而不应该是为了获得某种好处,只有具有单纯的恋爱动机,才有可能获得真正的爱情。因此,大学生在谈恋爱时,一定要具有单纯的动机,而不应过分看重恋爱对象的外貌、职业、金钱、地位和权势等。当然,恋爱的最终目的是缔结婚姻、成家立业,而这需要有一定的物质基础作保障,因而在恋爱过程中适当对对方的家庭、职业、经济状况等进行考虑也是无可厚非的,但是将其作为恋爱的主导动机则是万万不可的。

（二）心理相容

心理相容是指恋爱双方以共同的思想认识为基础，通过彼此间的相互影响、承认和理解来互补所短，从而形成互助和谐、相互促进的良好效果。恋爱双方只有心理相容，才能保证恋爱获得成功。而且，恋爱双方心理相容的程度越高，越有可能获得和谐的爱情。反之，则无法获得和谐的爱情，并时刻感到痛苦、惆怅和失望。

（三）恋爱双方要相互尊重、理解和信任

在恋爱过程中，男女双方一定要相互尊重，彼此尊重对方的情感，不能将自己的意愿强加给对方，更不要让对方为自己改变，使其成为自己想要其成为的样子。要知道，既然喜欢了对方，就要接受对方本来的面目，而不应该时时想着去改变对方。另外，在恋爱过程中双方还要相互理解，理解对方可以在恋爱中营造一种轻松和快乐的氛围，没有人追逐爱情只是为了被约束。相互信任是自信的表现，如果自己都不相信自己是值得别人去爱的人，那么，更不太可能得到别人全心全意的爱。

（四）思想感情一致

恋爱双方要想获得爱情的成功，并能同甘共苦、携手走过未来的人生，必须要思想感情一致，理想信念合拍，否则会导致恋爱最终走向失败。

（五）时刻保持理智

爱情从根本上说，是性欲与理智相结合的产物，因此在恋爱的过程中也要非常注重理智。具体来说，在刚刚谈恋爱时，要以理智为指导，对恋爱对象进行客观、全面的观察与评价；在进入热恋后，要注意运用理智对自己的情感和行为进行适当的调控，以使自己的行为与社会规范、社会道德相符合。恋爱中如果没有健康的理智的存在，则会使恋爱双方因冲动而做出错误的判断，甚至是后悔莫及的事情。

（六）真诚地对待恋爱

恋爱中的双方只有以诚相待，将彼此最为真挚的感情献给对方而没有任何的不良动机和目的，才能获得纯洁的爱情。因此，大学生一定要形成真诚地对待恋爱的态度。这也是恋爱双方全面了解和充分信任的基础，是产生美好爱情的重要条件。

（七）专一地对待爱情

专一地对待爱情指的是男女双方的恋爱关系一旦确立，就要经受得住时间和现实的考验，对双方的感情进行专心、精心的培养，以使爱情保持长久。在恋爱中，如果一方不能专一地对待另一方，则爱情是不可能长久的。因此，大学生一定要形成专一地对待爱情的态度，以使自己能够获得至真、至善、纯洁、永恒的爱情。

（八）懂得爱情是一种责任与奉献

大学生一旦开始谈恋爱，就必须要具有强烈的责任感和奉献精神，要明白自己现在已经不是一个人了，已经开始和另一个人开始了恋爱，而这个人很可能就是自己终身的伴侣，所以，对另一半一定要有责任感，对自己的所作所为负责任。另外，在恋爱伊始，便应具有奉献精神，懂得另一方对自己的重要性，要努力为对方考虑，让其感觉和自己在一起是一种幸福，从而获得长久、美好的爱情。

总体来说，健康的恋爱观是大学生生活幸福的保障，是恋爱成功的翅膀，它会使生命之树常青，爱情之花灿烂。

二、拥有正确的恋爱态度

通过人们对待爱情的态度，可以折射出一个人的精神境界和道德情操。因此，大学生要以正确的态度对待爱情。具体来说，大学生的正确恋爱态度是通过以下几个方面表现出来的。

（一）尊重恋爱对象

在恋爱中，尊重恋爱对象也是非常重要的。所谓尊重恋爱对象，就是让恋爱对象以自己的方式、为了自己而进行成长，而不对其横加干涉。大学生一定要形成尊重恋爱对象的态度，尊重恋爱对象的情感，不将自己的意志强加于恋爱对象。

（二）对待恋人专一

当恋爱关系一旦确立，双方在享受恋爱的幸福的同时也要承担恋爱的义务，即自愿地、全心全意地、忠贞不渝地去爱对方。忠贞是爱情心理结构的一个基本的、重要的心理因素，也是爱情成功的基础。一个在爱情上不忠贞、不专一的人，不仅得不到纯洁的爱情，而且也很难成为一个品德高尚的人。因此，大学生要用高尚的思想情操，去追求至真、至善的爱情生活，培育纯洁、崇高、永恒的爱情。

（三）对待恋人真诚

大学生恋爱双方要真诚相待。在恋爱中彼此应该诚恳相待，把自己的优点、缺点、思想、性格、理想爱好和其他情况，如实地告诉对方，不加掩饰和隐瞒。这样既有助于增进对方对自己的了解，也可以获得对方的信任，奠定爱情的基础。如果用欺骗手段骗取爱情，终归要自食其果。彼此诚恳坦白，十分重要。男女双方在爱情上的忠诚和相互信任，是巩固和发展爱情，建立美满婚姻的必要条件。当爱情关系一经确立，它就给相爱的双方带来一种义务，即自觉自愿地、尽心竭力地、矢志不渝地去爱对方。这种爱不只是口头上的山盟海誓，也不仅仅是强烈的感情流露，而是要尊重对方，帮助对方，关心和照顾对方。大学生特别要互相鼓励和帮助对方搞好学习和工作，要求对方上进，为了对方的进步和幸福，自己能做出自我牺牲。

（四）要理解和信任恋人

恋人之间贵在相知。没有理解和信任，互相猜疑、互相设防，美好的爱情就会失去光彩。因此，恋人之间要襟怀坦白、光明磊落，用理解和信任去浇灌、培育爱情，使爱情之树常绿。

三、学会处理各种关系

大学生要正确对待恋爱，就要重点处理好三个方面的关系，即爱情与友情的关系、恋爱与学业的关系以及恋爱与道德的关系。

（一）正确处理恋爱与友情的关系

爱情与友情可以说是人类情感生活中的一对"孪生姐妹"。爱情与友情可以说都是人们之间相互倾慕的感情，同时也是人们在互相尊重、理解，相互帮助支持的前提下，共同培育出的珍贵感情。不过，友情比爱情往往具有更广泛的交往关系，即友情不受到性别、年龄、职业以及数量等方面的制约。友情的产生是容易的，只要某一方面相投即可；而爱情的产生，却是双方全方位地碰撞，并且是含有一定生理因素吸引的。

要区分异性间的友情是否已经发展为爱情，一般主要看一方对另一方的好感有没有进一步深化。大学生只是感到交往中彼此心理上的愉悦、吸引或眷恋,却没有意识到共同的道德感和责任感,那么这种好感也就没有发展到爱情。所以,男女大学生在交往过程中,当关系进一步发展之时,应当区分自己感情的性质,识别对方对自己感情的性质,以免进入情感的误区。

（二）正确处理恋爱与道德的关系

1. 大学生追求爱情要注意道德文明

第一,大学生在追求爱情时应以尊重对方为基本前提。爱情的道德原则是奉献和利他,而不是占有和私欲。

第二,爱情就其本质而言是一种自觉和自愿的感情。其应当而且只能在轻松愉快的气氛中产生。假如一个人没有得到爱的回报,就采用强迫、欺骗或纠缠手段去获取对方的爱,即使达到目的,那么这种爱情也不会长久。

第三,大学生在表达爱情的方式上也应更多地从精神上、感情上进行交流,而不能庸俗化。

2. 大学生交往应健康

在恋爱关系确定之后,男女大学生都要经过较多的接触和交往来加深爱情。而在这一过程中,双方应培养高尚的情趣,进行健康的交往。在这一过程中,大学生应用理智来控制自己的感情,并注意把恋爱纳入正常的学习、生活之中,以培养高尚的情趣。切不可沉溺于私情之中,更不要恣情纵欲,以免造成严重的心理问题和社会恶果。

（三）正确处理恋爱与学业的关系

在人生道路上,虽然恋爱占有十分重要的地位,但其并不是人生的全部内容。恋爱给许多大学生带来了激动和美妙的憧憬,同时也给他们带来了失落、痛苦与困惑。我国婚姻法对于男女青年结婚年龄作了具体规定,违背了这个规定就是违法。但是,婚姻法没有规定男女青年恋爱的年龄,何时恋爱则不属法律范畴。目前,在中学有明确的规定禁止中学生谈恋爱,而在大学里却没有类似的规定。尽管如此,我们仍然认为大学生在校期间以不谈恋爱为好。在我国乃至世界上,许多国家都提倡晚恋爱、晚结婚,这对青年学生身心的健康发展、思想进步、知识积累和成才都有好处。因此,大学生应该认识到,在短暂的大学学习阶段,坚持学业才是第一位的,要树立崇高的理想和远大的目标,避免和克服爱情至上;要明确在终身学习的当今时代，大学的学习与未来的事业息息相关，也是爱情和未来婚姻美满的基础。大学生倘若沉湎于情爱之中，势必把自己封闭于两人圈子，丧失了追求学业的热情，也就丧失了全面发展自己的大好时机，有可能给一生带来不良影响。

四、采取恰当的恋爱方式

大学生在恋爱过程中一定要采取恰当的恋爱方式，概括来说，这主要包括以下几方面的内容。

（一）准确把握感情的分寸

通常来说，成功的爱情要经过一个由低到高的培养和发展过程，任何超越恋爱的感情发展阶段"飞跃"而成的爱情最终几乎都会因缺乏深入的了解、必要的感情基础而无法开花结果。因此，大学生在恋爱过程中一定要把握好感情的分寸，在恰当的时候表现出恰当的感情、做出恰当的举动，以使双方在逐渐了解的基础上，推动爱情的进一步发展。

（二）学会调适热恋中的性冲动

大学生在恋爱过程中，随着感情的进一步发展而产生强烈的性冲动是不可避免的。对此，必须要采取合理的方式对其进行调适，以防做出不理智的举动，给自己和对方的身心造成不良影响。

五、养成良好的恋爱行为

对于大学生来说，养成良好的恋爱行为主要包括以下几方面。

（一）恋爱过程中要平等相待

在恋爱过程中，不要拿自身的优点去对比对方的不足，以此炫耀抬高自己，戏弄贬低对方。也不宜想方设法考验对方或摆架子，这些都可能挫伤对方的自尊心，影响双方的感情。总之，在恋爱过程中，恋爱双方要做到平等相待，以保证恋爱的成功。

（二）恋爱言谈文雅

恋爱双方在交谈时，要自然、真诚、坦率，不可装腔作势；不能说脏话或污言秽语，也不能态度高傲、出言不逊；要在相互理解和信任的基础上进行交流，不能不可理喻地对对方进行盘问，以免对方的自尊心受损。恋爱中的双方如果不对自己的恋爱言谈加以注意,很可能会使对方产生厌恶之情,从而无法获得恋爱的成功。

(三)行为举止得体

一般来说,当男女双方刚刚相恋时,内心会感到非常紧张和羞涩,但是随着交往的进一步深入则会变得自然大方。在这一时期,一定要非常注意自己的行为举止,避免不合时宜的亲昵动作过早出现,从而引起对方的反感,导致恋情无法顺利进行。同时,恋爱双方在发生亲昵的举动时,要特别注意时间和场合,以免带来不好的影响。

六、培养爱的能力

与他人建立亲密关系的能力,就是爱的能力。一个人只有真正具备爱的能力,才能真正地爱自己、爱他人,也才能在爱情中真正体验到爱的快乐甘甜。因此,大学生在培养健康的恋爱观时,也要注意培养自己爱的能力。具体来说,大学生需要培养的爱的能力主要包括以下几个方面。

(一)判断爱的能力

爱情中是不能有虚假的,有些人常常以为自己和对方走到一起是因为爱,但实际上其中可能掺杂了一些与爱无关的因素,如对方的长相、家庭背景、经济条件,自己的虚荣心、怜悯心、征服欲、冲动等。因此,大学生在恋爱时一定要具有判断爱的能力,以对爱情的真伪进行判别,从而使自己能够获得真正的爱情。

(二)表达爱的能力

在爱的能力中,表达爱的能力也是一项非常重要的内容。所谓表达爱的能力,就是在心中有了爱并经过理智的分析后,勇敢地进行表达,以免错过爱情。表达爱表明了爱一个人是非常幸福的,即使得不到对方的回应;也表明了爱需要承担一定的责任。而在表达爱时,需要具有信心和勇气,也需要选用恰当的语言与方式。

(三)接受爱的能力

这里所说的接受爱的能力,指的是一个人在面对他人爱的表白时,能够及时进行准确的分析与判断,继而明确表明自己的态度,或接受、或拒绝、或再观察。一个人若是缺乏这种能力,要么难以把握住真爱,要么匆忙地接受不适合自己的爱,继而使自己和他人都受伤。因此,大学生必须要注意培养自己接受爱的能力。

(四)维持爱的能力

恋爱双方在确定了恋爱关系后,就需要对爱情进行维护和发展,以使爱情保持长久。因此,维持爱的能力也是爱的能力中一项非常重要的内容。维持爱情的长久,需要不断对自己进行充实和完善,以使自己不断变得丰富与深刻,从而增强对恋爱对象的持续吸引力;用无私奉献的精神对对方进行体谅和包容,并通过积极的交流与沟通有效地解决各种冲突;尊重对方的价值观念、行为方式等,并给予对方充分的信任、自由和空间,以使双方的信任感进一步增强等。

(五)承受恋爱挫折的能力

恋爱中的大学生,要充分认识"爱"和"被爱"是相互的,双方都有选择的权利。由于各种原因,在追求爱情的过程中遇到各种波折是在所难免的。前面所提到的单恋、失恋等恋爱心理挫折对大学生的心理承受能力就是一种考验。如果承受能力较强,就能较好地应付挫折,否则就有可能造成不良后果。

一般来说,大学生由于社会阅历较低、心理不够成熟,在遇到恋爱挫折时往往不能有效地进行应对,从而使自己沉溺在恋爱挫折之中,自暴自弃、无心学业,甚至因此引发严重的心理问题或选择自杀。因此,对于大学生来说,培养承受恋爱挫折的能力也是非常重要的,即当爱情受挫后要用理智驾驭感情,摆脱或消除烦恼和痛苦的思绪,在新的追求中确认和实现自己的价值,并注意通过适当的情绪调节和转移来减轻痛苦。

(六)解决爱情冲突的能力

恋爱中的双方发生冲突是不可避免的,这一方面可能源于双方的性格差异,另一个方面可能源于日常生活中的不一致或不协调。而当发生冲突时,恋爱双方应在相互理解、相互包容的基础上合理地进行解决。一般来说,沟通是非常有效地解决爱情冲突的方式。恋爱双方通过有效的沟通,可以使自己的思想、感受得到清晰明确的表达,从而有效地对冲突进行化解。伤害性的争吵或者冷战,都是解决爱情冲突时不可取的方式。

(七)拒绝爱的能力

拒绝爱的能力就是对于不想得到的爱情理智地进行拒绝的能力。面对自己不想得到的爱情,如果优柔寡断或因对方的穷追不舍而勉强答应,只会给双方带来痛苦。因此,大学生一定要注意培养自己拒绝爱的能力。通常来说,拒绝爱的能力主要包括以下两个方面的内容。

第一,对于自己不想得到的爱情理智、果敢地说"不"。

第二,在拒绝自己不想得到的爱情时要运用恰当的方式,如明确地进行表示、适当地进行解释、委婉地进行劝解等。

第八章　合理对待:大学生网络心理问题研究

互联网是信息的海洋,它不仅仅是人们表现自我的空间,更是为人们学习、工作、生活提取各种有用信息。中国互联网络信息中心(CNNIC)近日发布第 41 次《中国互联网络发展状况统计报告》。报告显示,截至 2017 年 12 月,我国网民规模达 7.72 亿,全年共计新增网民 4 074 万人。互联网普及率为 55.8%,较 2016 年底提升 2.6 个百分点。高校处于互联网发展的前沿阵地,大学生不可避免地受到网络的影响和冲击,成为重要的网络群体之一。互联网带领学生进入一个崭新的时代,大大开阔了学生的视野,激发了学习欲望,拓展了他们学习知识的平台和视野,青年人充沛的精力得到释放,有利于个性发展。但是,当代大学生心理尚未完全成熟,进入大学后,接触的是一个新的学习生活环境,处于独立后的个性张扬和心理断乳期后的人格解放,不免有些迷茫、孤独、胆怯、紧张、焦虑。互联网在为当代大学生带来便利的同时,也使其产生了一系列的心理问题。基于此,本章主要就大学生网络心理问题的相关内容进行探讨。

第一节　网络概述

"网络"是 Internet 的汉译俗称,即互联网,主要是指由全球的计算机等终端通过采用传输控制协议和网际互联协议(TCP/IP)连接而成的一个庞大的带有共享性的全球信息系统。互联网集报纸、广播、电视三家之长,实现文本、图片、音频、视频等素材的有机结合,并使受众全球化。作为一种新型的信息传播和人际交往工具,网络的出现正在深刻改变着人们的学习、工作和生活方式。大学生是互联网的忠实追随者,上网是大学生生活的重要组成部分。理性地研究网络,认识与了解网络的基本特征、网络对人心理造成的影响,对分析与干预大学生网络心理问题具有十分重要的现实意义。

一、互联网的产生和发展

互联网涉及通信与计算机两个领域,是二者密切结合的产物,是随着社会对信息共享和信息传递的要求而发展起来的。互联网的产生,将全世界的计算机连在一起,实现了全球各地的人通过网络进行通信,空间的距离已不再成为人们交流沟通的障碍。

（一）互联网的产生

现代计算机网络实际上是 20 世纪美苏冷战时期的产物。20 世纪 50 年代末,苏联发射了第一颗人造地球卫星。当时,美国国防部认为,如果仅有一个集中的军事指挥中枢,万一这个中枢被苏联的核武器摧毁,那么全国的军事指挥将处于瘫痪状态,其后果不堪设想。因此,有必要设计这样一个分散的指挥系统:它由一个个分散的指挥点组成,当部分指挥点被摧毁后,其他点仍能正常工作,而这些分散的点又能通过某种形式的通信网络取得联系。为对这一构思进行验证,从 20 世纪 60 年代末至 70 年代初,由美国国防部出资,美国国防部领导的高级研究计划署承建,通过一种名为 ARPANET 的网络把美国的几个主要军事及研究用计算机连接起来,这就是 Internet 的最早状态。

Internet 的第一次快速发展出现在 20 世纪 80 年代中期。当时美国国家科学基金会（National Science Foundation）为鼓励大学生与研究机构共享他们非常昂贵的 4 台计算机主机,希望通过计算机网络把各大学、研究所的计算机与这 4 台巨型计算机连接起来。开始,他们想用现成的 APAR-NET,但是由于与美国军方打交道非常困难,于是,他们决定利用 APAR-NET 发展出来的 TCP/IP 通信协议,自己出资建立名为 NSFNET 的广域网。由于美国国家科学基金会的鼓励和资助,很多大学、政府资助的研究机构甚至私营的研究机构纷纷把自己的局域网并入 NSFNET 中,从 1986 年至 1991 年,并入这个网络的计算机子网从 100 个增加到 3 000 多个。

Internet 的第二次飞跃归功于 Internet 的商业化。在 20 世纪 90 年代以前,Internet 的使用一直局限于研究与学术领域,并规定不能用于商业用途。对于这一规定,首先提出异议的是 General Atomies、Performance Systems International、UUNET Technologies 这三家公司,这三家公司分别经营着自己的 CERFnet、PSInet、Alternet 网络,可以一定程度上绕开美国国家科学基金会的主干网络向用户提供互联服务。1991 年他们成立商用 Internet 协会,宣布用户可以把他们的子网用于任何商业用途。很快,商业机构就发现了 Internet 在通信、资料检索、客户服务等方面的巨大潜力,世界各地的企业和个人纷纷涌入这一网络,带来了 Internet 发展史上的一个新的飞跃。到 1994 年底,Internet 已经通往全世界 150 个国家和地区,用户超过 3 500 万,成为世界最大的计算机网络。1995 年 4 月,NSFNET 正式宣布停止运作,代替它的是由美国政府指定的 3 家私营企业,至此,Internet 的商业化动作彻底完成。

（二）互联网的发展阶段

互联网从产生到发展总体来说可以分成以下四个阶段。

第一阶段:20 世纪 60 年代末到 20 世纪 70 年代初为计算机网络发展的萌芽阶段,其主要特征是:为了增加系统的计算能力和资源共享能力,把小型计算机联成实验性的网络。ARPANET 是这一阶段的典型代表。

第二阶段:20 世纪 70 年代中后期是局域网络(LAN)发展的重要阶段,其主要特征是:局域网络作为一种新型的计算机体系结构开始进入产业部门。

第三阶段:20 世纪 80 年代是计算机局域网络的发展时期,其主要特征是:局域网络完全从硬件上具备了 ISO 的开发系统互联通信模式协议的能力。综合业务数据通信网络(ISDN)和智能化网络(IN)的发展,标志着局域网络的飞速发展。

第四阶段:20 世纪 90 年代初至今是计算机网络飞速发展的阶段,其主要特征是:计算机网络化,协同计算能力发展以及全球互联网络的盛行。计算机的发展已经和网络融为一体。目前,计算机网络已经真正进入社会各行各业,为社会各行各业所采用。另外,虚拟网络 FDDI 及 ATM 技术的应用,使网络技术蓬勃发展并迅速走向市场,走进平民百姓的生活。

未来,互联网将迎来云计算时代,其主要特征是:数据的处理分布在云计算而非本地计算机或远程服务器。云计算(Cloud Computing)是分布式处理(Distributed Computing)、并行处理(Parmlel Computing)和网格计算(Grid Computing)的进一步发展,或者说是这些计算机科学概念的商业实现。从最根本的意义上来说,云计算就是利用互联网上的软件和数据的能力。云计算意味着用户无需再购买单机应用软件,无需担心数据存储的安全,这一切都交给互联网上的"云"来替用户完成。

二、互联网的特征

互联网之所以发展迅速,影响到人们生活的方方面面,并为广大的网民所青睐,与其自身所具有的特征有着十分密切的关联。具体而言,互联网主要有以下几个基本特征。

（一）便捷性

随着计算机通信技术的发展,网络已经成为联结世界各国和地区的桥梁和纽带,并且促使一种崭新的信息和通信网络系统得以形成。网络中的信息是以数字的形态用电磁波为载体传递的,所以,我们能够快速便捷地传递和处理数量不计其数的数据、信息和知识,并囊括世界上的万事万物。通过网络,人们可以从不胜枚举的信息中,快速查询到自己所需要的信息;可以和远隔重洋的亲朋好友像当面交谈一样,充分表达自己的意愿;可以和未曾谋面的陌生人交流情感,并附上各种照片、图片、表格等,淋漓尽致地表达自己的思想观点;可以实现网上学习、网上购物,等等。也就说,人们利用网络,就可以感知到世界上任何一个范围所发生的事情。网络使"海阔凭鱼跃""天涯若比邻"由期待变为现实,并第一次真实、具体地体现了"秀才不出门,能知天下事"。随着网络技术的进一步发展,其兼容性将越来越强,人们不仅可以在网上满足各种愿望,而且将把上网变得更为方便、快捷,实现信息内容地域性和信息传播方式超地域性的统一。目前,世界上主要的新闻网站大都能够做到在重大新闻事件发生后的一个小时之内,甚至是新闻发生的同时,使世界上所有的网络用户获得最新的报道。网络成功打破了时空的限制,信息来源异常丰富,搜寻信息也极为方便。上网查阅资料支持教学、科研,已成为师生经常使用的信息收集手段。

（二）开放性

计算机之间的互联互通使得信息之间能够实现共享,而网内计算机之间的开放程度在很大程度上决定了共享的信息量,开放性越高,网络用户可获得的信息越多。互联网的这种开放性,是其本质,主要体现在以下几个方面。

1. 对用户开放

互联网是一个对用户全面开放的系统。只要具备上网的条件,任何国家、种族、性别、地位、职业、年龄的网络用户,都能够自由地从互联网上获得所需的信息,充分享受互联网带来的诸多便利和巨大乐趣。

2. 对服务者开放

从系统论的角度来看,互联网是一个容量巨大的信息库,而网上的信息由不同的网络用户和服务者提供。互联网正是通过对服务者的开放,给网络用户提供一个开放的接入环境,从而使互联网上的每一个节点,都能够自愿地为互联网提供信息服务。

3. 对未来开放

互联网也是一个对未来开放的系统,这一特点使得互联网的每一个子网在遵循 TCP/IP 协议的前提下,可以随时根据需要进行更改,并且对整个互联网的使用不会造成不良影响,从而具有自己独特的风格和体系。

总之,互联网的开放性,使其对用户产生强烈的吸引力,并且生命力极其旺盛。在网络开放性的基础上,互联网上庞大的信息资源得以共享和迅速传播。

(三)共享性

信息资源的共享给人们带来了前所未有的便利,信息技术给教育领域带来了无比深刻的影响和不可估量的机遇。教育部部长韦钰曾指出,互联网将成为全民教育的大课堂。网上大学的发展,使得任何一个学习者只要拥有一台电脑,就能够随时随地接受教育,学到大学生在校学习的所有课程。

(四)虚拟性

网络世界是人类通过数字化方式,链接各计算机节点,综合计算机三维技术、模拟技术、传感技术、人机界面技术等一系列技术生成的一个逼真的三维的感觉世界。进入网络世界的人,其基本的生存环境是一种不同于现实的物理空间的电子网络空间或赛伯空间。理解互联网的虚拟性需要注意以下两点。

第一,网际关系的虚拟性是与实体性相对的。交往主体隔着"面纱",以某种虚拟的形象和身份沟通、交流着,交往活动也不再像一般社会行动那样依附于特定的物理实体和时空位置。

第二,网际关系的虚拟性并非与虚假性等同,尽管由于人的恶意操作它会堕落变质为虚假。在人工构造的虚拟情境中,网络赋予人一种在现实中非实在的体验,从功能效应上说这是真实的,所发生的虚假关乎于交往者的德行,而与网络的虚拟性无关。

(五)全球性

网络拓展了人类的认识和实践空间,为人们之间的联系提供了方便,具体表现为以下几点。

第一,庞大的地球在不知不觉中变成了"地球村""电子社区",人人都可以进入这个"地球村",成为这个"电子社区"的一员。

第二,人人都可以在网络上使用最新的软件和资料库,不同的观念和行为的冲突、碰撞、融合就变得直接和现实。

第三,网络化还把不同的价值观、风俗习惯、生活方式呈现在人们的面前,经过频繁洗礼和自主的选择,不同国家、不同民族、不同生活方式的人们通过学习、交往、借鉴,达到沟通、理解和共识。

总之,当互联网以其传播方式的超地域性将地球连接成"地球村"时,每个网民成为地球村的平等公民,互联网无论在广度上还是在深度上都在我们无法想象的空间中蔓延、伸展着,它突破了种族、国家、地区等各种各样的有形或无形的"疆界",真正实现了全球范围内的人类交往,体现了人与人之间的"无限互联"及"无限关涉"。

(六)交互性

网络不同于电视、广播的信息单向传播,而是一种双向的信息交流活动,受者不仅是信息资源的消费者,同时也是信息资源的生产者和提供者。网络的互动表现在两个方面:首先,受众可以自由选择信息,较少受时间和空间的限制;其次,借助于网络,传者也可以快速、低成本地收集受众的反馈信息,从而提高传播效果。

(七)非中心化

由于互联网络一开始的设计便是要实现发达的通信能力,即使发生核战争,其他通信设施都已经被破坏的情况下,因特网的通讯能力依然可以维持,只要源端和接收端之间还有网络联系,端到端之间的通信就仍然存在。这种端到端之间的通信特征使得因特网与其他通信网不同,其没有中心管理机构,任何网络终端只要接入因特网并获得一个 IP 地址后便成为其一部分,而在网络中无地位差别地与其他终端之间进行通信。网际交往突破了现实社会行为所具有的以自我为中心的互动特征。用户随着网络进入他人的行动空间,或进行在线交谈、网络讨论,或进行超文本的创作和阅读时,他人也同时进入了自己的行动空间中。没有了专家、平民之分,没有了作者、读者之别,每一个网络参与者都是处于一种交互主体的主体际界面环境之中。

三、互联网对人心理造成的影响

互联网的快速发展不仅在很大程度上改变了人们的生产和生活方式,而且对人们的心理也造成了不可忽视的影响。具体来说,网络对人的心理所造成的影响主要表现在以下三方面。

(1)网络对认知的影响。网络对人类认知的影响有利有弊,主要体现在以下几方面。第一,网络为人们提供了更多的学习机会,创造了良好的学习环境,有利于实现自我的发展。第二,网络拓宽了人们的信息来源渠道,提高了收集信息、汇集信息的效率,增加了信息所包含的内容,开阔了人们的视野,提高了人们的认知水平。第三,对某些辨别是非能力较差的人来说,网络上铺天盖地、五花八门的信息,会让他们眼花缭乱、无从选择,形成思维模式的非清晰状态。

(2)网络对人格的影响。在如今这个提倡个性化的时代,网络的出现在很大程度上强化了人们的自我意识状态,个性得到充分的张扬,处理事件也更加独立、自主,具有很强的支配性。同时,网络还能使人们在其中的行为与现实中的表现有一定的差异甚至截然相反,人们在网络中可以频繁地更换角色,从而也在一定程度上破坏了人们的人格统一性,动摇了知、情、意的和谐统一,极易导致人格分裂倾向,形成双重人格、多重人格甚至心理疾患。

(3)网络对情感的影响。作为一种新兴事物,网络的出现极大地影响了人的情感。互联网扩大了人们情感交流的空间和场所,使得人们可以自由在网络世界里尽情地释放自己的情绪,充分表达自我,这在现实世界中是无法实现的。在现实世界中,人们的情感表达总要受到一定的约束,并因环境的不同而需要不同程度的压制,尤其是要受到社会规范和社会关系的影响和制约。网络拓宽、丰富了人们情感表达的渠道,满足了人们情感表达的多样化需求,有助于人们保持和维护心理健康的良好状态。

第二节　大学生常见的网络心理问题

一、大学生上网需求分析

大学生上网心理分为积极的心理需求与消极的心理需求两种心态。

(一)积极的心理需求

1. 学习心理需要

互联网以其信息快、内容新、手段先进等优势极大地吸引了大学生的好奇心,引起了他们的特别关注和兴趣,激发了他们学习和掌握网络知识和应用技能的欲望,很多大学生利用网络浏览新闻,查询资料,满足了学习知识、增强能力的心理需求。

2. 参与心理需要

网络平等自由的氛围适应了当代社会中对自由、平等呼声最高的大学生群体。在网络这个虚拟空间里,种种现实社会的限制消失,只要参与进来,任何人都是互联网的"主人",都可以在网上按自己的意愿和口味,做自己想做的事。很多大学生在网络上开辟自己的空间,发表自己的观点,满足了张扬个性的需要。

3. 社会交往心理需要

网络是一个开放的信息源,各种文化、思想、观念都可以在这里争鸣。这就为大学生追求开放和多元的文化、观念提供了平台。在网络上,人们没有在日常生活中的交往障碍,在虚拟世界里,人们可以在匿名的状态下表达自己真实的观点和情感,表达自己的心声,结交情趣相投、志同道合的朋友,缓解心理的孤独感。

(二)消极的心理需求

1. 弥补畸形心理的空白

很大一部分大学生上网的目的是猎奇,即追寻一种在现实生活中难以了解,通过正当渠道难以获得的奇、艳事物或信息,并借此获得感官刺激。很多大学生在精神空虚时通过网络寻求现实中无法实现的心理满足。

2. 尝试网络发财的心理需要

网络信息的丰富与快捷,使许多大学生把上网当成通往成功的捷径和有利条件。在他们眼里,网络就是商机,网络就是生财之道。同时,一定程度的社会误导也使大学生对"成功"的理解产生了偏差。于是,电子商务、留学资讯、成才捷径、求职之路等就备受一部分大学生的关注。他们渴望凭借这些信息省一些力气,走一步先棋,成为网络时代的成功人士。很多人在这样的环境下萌生了"发财"心理。

3. 简单的宣泄心理需要

在互联网上,大学生们可以比在学校、家庭里更随意地发表自己的意见,抒发自己的爱与憎,表达自己的思想,不必担心会受到限制或承担责任,平时对学校不敢提、无处提的意见可以贴到 BBS 上去,平时对女同学不敢表达的感情则可以在聊天室里淋漓尽致地抒发。很多大学生通过网上聊天来宣泄自己的情感,缓解心理压力,做出与平时的规范行为相悖的不可思议的荒唐行为。

4. 逃避竞争压力的心理需要

科学技术的飞速发展,社会竞争的加剧,带动了网络技术的迅速发展,很多大学生担心自己的知识更新赶不上网络的发展,会被新技术淘汰而产生了心理压力;他们预感不经常上网就会被社会淘汰,就会在竞争中落败、很多大学生不得不在压力下上网。网上人际关系的不确定性与隐匿性,给大学生的心理压力开辟了新的缓解渠道。部分学生在现实中受挫时,往往愿意到虚幻的网络空间去倾诉,互联网成了他们逃避现实、寻求自我解脱的一个良好的渠道和环境。

5. 实现虚拟自我价值的需要

强烈的自我意识是大学生群体的一个显著特征,虚拟的网络可以成为大学生实现自我的一个理想王国。在网络上,大学生可以享受到网络特有的平等、自由、成功、刺激的感觉,满足他们部分的自我实现的需要。当然,虚拟的自我实现心理还会导致一些不道德的行为甚至是犯罪行为。

6. 满足逆反心理需要

在现实社会中的不和谐、不满,使很多大学生想通过网络来满足自我的心理需要。自卑是不信任自己的能力,用失败来衡量自己及未来的一种心理体验。它来源于心理上消极的自我暗示。这种心理常见于那些初次尝试的大学生,当他们怀着兴奋与好奇的心理来到网上,网络的虚拟性可以消解他们的自卑心理,通过过激行为、暴力行为来满足消除自卑心理的目的。

二、大学生上网目的分析

相关调查和研究表明,大学生上网目的主要包括以下几种情况。

(1)信息查询。互联网的开放性,使得网络空间如同一个信息的聚宝盆,应有尽有。这些取之不尽、用之不竭的多彩信息赋予了网络无穷魅力,很多大学生正是把互联网看作一个庞大的信息库,而经常上网来寻奇觅宝的。这也正是大学生们上网最主要的目的。

(2)收发邮件。随着学习生活节奏的加快和电子信箱的普及,Email 作为一种传递信息迅速及时、费用低廉的通信方式，正在逐渐取代传统的书信而成为大学生人际交往的重要手段。每天打开邮箱收发邮件已逐步成为当代大学生日常生活的一部分。

（3）网上聊天。在网络上聊天交友，是大学生在网上的主要活动内容之一。各式各样的聊天室是大学生漫游网络的第一个驻足之所，也是他们随后经常光顾的地方。相关调查显示，大学生中上网聊天的人数占上网总人数很大的比例。聊天、交友、网友见面成了一些大学生日常生活的组成部分，有的乐此不疲，甚至深陷其中不能自拔。

（4）网上游戏。和游戏机或游戏光盘相比，在线游戏因其具有交互性，更加具有吸引力，因此，游戏网站也是大学生们经常光顾的地方。有的大学生在游戏网站一待就是七八个小时，甚至逃课逃学，严重影响了学业。当然，并不是所有大学生上网都以聊天或游戏为目的，问题的关键是，这样的情况远没有我们想象的那样多，很多大学生没有很好地利用网络来增长知识、增长才干，相反却把大多数的时间和精力，都放在了聊天交友和游戏娱乐等"旁枝末节"上了。

三、大学生网络心理问题的表现

网络心理问题是指由于对互联网的认识和使用不当而引发的不良心理反应。大学生作为最大的网络群体，因其特殊的心理特征，受到了网络环境最深刻的影响，也催生了许多心理问题，如网络孤独、网络迷失、网络焦虑、网络依恋、网络强迫、网络抑郁等。

（一）网络孤独

网络孤独就是过分地依赖网络，淡化了个人与社会及他人的交往，远离周围伙伴，慢慢地对丰富多彩的现实生活失去了感受力和参与感，变得越来越孤僻。现代网络和通信技术是以人机对话的形式进行的，直接颠覆了传统的人与人之间面对面的交往方式。网络世界的相对独立性、隐蔽性、诱惑性容易使一些在现实世界人际交往受阻的大学生转向虚拟世界寻求安慰和满足，必然导致其在现实生活中人际交往能力的弱化。这些大学生在现实生活中不愿意表露自己的情感，也不愿意接受他人情感的表露，网络使他们对真实的现实产生某种疏远感、淡漠感，甚至不信任感，使他们变得沉默寡言、不善言谈，从而阻碍其自身心理健康的良性发展。

对于许多大学生来说，上网的初衷是为了获取大量的信息，通过网上娱乐、网上人际关系来改变自己。但由于上网交往的对象的匿名性及其社会角色的不确定性,学生在上网时不必遵守现实社会人际关系和角色表演的规则,不必履行角色义务,他们可以在无拘无束、随心所欲的状态下说话做事,这种匿名效应直接导致了社会角色的混淆。大批精彩、刺激的网上游戏也吸引了大学生网民,消耗着他们的体力和精力,使他们忘记了自己在现实生活中的角色,整日沉溺于网络,心甘情愿地退出现实生活,逐渐患上了网络心理依赖症。网络所能给的只能是键盘、鼠标和显示器所造就的书面语言甚至是直接复制的网络语言,这对于那些善于通过身体语言来解读对方心理的大学生来说无疑形成了沟通障碍,"无所不能"的网络反而增加了他们的孤独感和压抑感。网络孤独多发生在性格内向者身上,其典型症状是:沉溺于网络,脱离现实,寡言少语,情绪抑郁,社交面狭窄,人际关系冷漠。他们一天中大部分时间都在网上度过,对自己不再有任何控制,表现出逃避现实的心理现象。

(二)网络迷失

情感是指人们对外界事物采取的某种态度,并由此产生的诸如喜、怒、哀、乐、惧、愁等各种不同的内心体验。大学阶段是自我意识发展的重要时期,外界环境和社会条件的急剧变化可能导致一些人的情感活动异常。一些在现实生活中"不得志者"在网络世界的过分张扬、攻击等表现,就属于情感活动异常。人们无法通过信息传递和双方的互动这些现实中人际交流的过程来修饰和填充信息的感情色彩。科学研究表明,大学生正处于情感体验的高峰期,情绪起伏大,情感体验强烈,一些大学生沉迷于网络之中不能自拔,阻断了社会情绪体验的渠道,使自己在人—机交往中逐渐变成了情感冷漠的机器,造成了情感的迷失。

(三)网络成瘾

网络成瘾简称"网瘾""网痴",它是由互联网引发的机能失调症。"网痴"全称为"国际互联网络痴癖症"。美国心理学会冠以"病态使用因特网"的疾病名称,简称 PIU,并且正式宣布其为心理疾病的一种。大学生网民由于长时间沉迷于网络游戏、上网聊天、下载文件、制作网页,醉心于网上信息、网上猎奇,造成对网络的过度依赖,导致个人生理受损,正常学习、生活及社会交往受到严重影响,从而出现心理障碍。就目前大学生群体出现的网络成瘾的情况来看,主要有以下几种类型。

1. 网络交际成瘾

利用各种聊天软件在聊天室长时间聊天交友。患者常常无节制地花费大量时间和精力在网上持续聊天，将全部的精力投注于在线关系之中，认为在线朋友比现实生活中的家庭成员和朋友更重要，以致损害身体健康，并在生活中出现各种人格障碍，交感神经功能部分失调和行为异常。该病的典型表现为：情绪低落、睡眠障碍、生物钟紊乱、饮食下降和体重减轻、精力不足，精神运动性迟缓和激动、自我评价能力下降、思维迟缓有自杀意念和行为、社会活动减少、大量吸烟饮酒等等。

2. 网络色情迷恋

迷恋网上的色情音乐、图片及影像。目前，随着网络信息的全球化，网上内容应有尽有，其中不乏黄色网站、淫秽网站。

3. 网络游戏成瘾

更为严重的是暴力互动游戏，容易诱发大学生的冲动，引发各种争执，甚至引起厌学、荒废学业。同时，在游戏中，图画颜色具有压抑感，游戏过程对抗性和刺激性强，玩的过程中需要一定的智力和精神的高度紧张，很难达到放松的目的，游戏中屡次失败受挫折，会使上网者变得悲观抑郁、消极颓废、沮丧甚至绝望。

4. 网页浏览成瘾

网络内容包罗万象，翔实的文字材料、悦耳的音乐旋律、精良的影视图像，对大学生具有极大的吸引力。网页浏览成瘾者往往能一连几个小时毫无目的地浏览各种信息，强迫性地收集各种网络信息，并以堆积和传播这些信息为乐趣。和一般的资料查询不同的是，随机性和无目的性是其主要特征，所以一方面看起来该人在摄取着大量资料，但另一方面这些资料却无法被其主动加工而成为信息垃圾，使得其头脑更为凌乱。网页浏览成瘾使大学生容易倾向于注重事物的感知，而引起分析的非理性。

5. 虚拟社区成瘾

虚拟社区这种通过角色扮演或者现实生活网络化的方式使得参与者有一种亲切感。在社区里面往往有着其具体的规则，有着现实社会里所涉及的工作、娱乐、生活方式，甚至还可以结婚、炒股、养宠物、赚钱等。虚拟社区仿佛是构建在网络中的一个现实社会的翻版，却没有现实社会那么多的无奈和烦扰，所以很容易让少数自制力差的大学生迷恋。

（四）网络焦虑

网络焦虑又有网络适应焦虑、网络信息焦虑、网络安全焦虑之分。

1. 网络适应焦虑

大学新生，特别是来自经济落后地区的农村学生，接触互联网比较少。当他们进入大学面对色彩斑斓的网络界面，看到层出不穷的各种电子书籍、电脑软件，看着周围同学熟练地使用网络自由地浏览、聊天，自己却有很多不懂时，倍感恐惧和迷茫。他们害怕别人嘲笑自己是"网盲"，害怕自己被五花八门的网页和软件弄得眼花缭乱而使学习成绩远远落后于同学，迷茫感和无所适从的焦虑心理很普遍。还有的大学生虽然比较熟悉计算机操作和网络使用，但还是担心自己会跟不上网络的快速发展，怕掌握不了新的网络技术而被无情地淘汰。

2. 网络信息焦虑

互联网是信息传播的载体，网民通过网络输入信息、传播信息也共享着信息，信息在网络上与日激增，其直接结果就是造成信息数量的无限性，我们在用输入和传播的信息实施"轰炸"时，也被海量信息"轰炸"着。当我们面对一个过度的信息刺激情境，尤其大量的信息是无意义的信息时，我们往往会因无所适从而焦虑；当我们吸收的阅读量超过消化所需要的能量时，日积月累，最后会因为压力与过度刺激转化为信息焦虑症。

3. 网络安全焦虑

安全性表现在人际安全和技术安全两个方面。网络人际交往中，人们不仅很容易隐藏自己的真实身份，还很容易地把自己装扮成别人所希望的人，因此，很难区分网络里谁是善良的人、谁是骗子。大学生的交往需求高，欲望强，在网络上很容易建立交往关系，但缺乏辨别力的学生容易误入居心不良的人的圈套，导致上当受骗。这种不安全的隐患给大学生的网上交往带来担心和忧虑。网络技术发展日新月异，但也存在技术上的漏洞，一些人利用这些漏洞进行黑客活动，侵犯网络用户隐私或经济、名誉的损失，没有安全感可言。

（五）网络抑郁

网络抑郁是由上网引起的持续时间较长的低落消沉的情绪体验，对什么都提不起兴趣，常常感到精力不够，注意力难集中，思维迟钝，同时伴有痛苦、羞愧、消沉、自怨自责、悲伤忧郁的情绪体验。自我评价偏低，对前途悲观失望。处在网络抑郁状态下的大学生常常精神萎靡不振,缺少青少年应有的朝气和活力,对生活失去广泛兴趣,感觉迟钝、容易疲劳,严重者甚至会轻生。

第三节　大学生常见网络心理问题的调适

一、大学生网络心理问题的产生原因

归纳而言,大学生产生网络心理问题的原因主要有以下几个。

(一)大学生有自我实现与情感表达的需要

在网络虚拟世界中,能够比较容易获得成功的机会,实现自己的理想,获得心理上的满足。这是因为网络提供了新的方式来满足人的心理需要,这种方式就是替身,隐藏起来了真实的自我。如果大学生将替身的成功当作是自身的成功,就会迷失自我。因此,沉溺网络世界会导致各种各样的心理问题,比如网络机制缺乏必要的制约力而造成大学生的自我道德意识弱化以及自我膨胀;长期处于虚拟角色扮演状态会使大学生表现出自制力、行为责任意识降低,较少关注社会评价,还会做出一些违背社会道德的行为,并且不感到内疚、羞愧、恐惧。

同时,大学生有交往、归属和自尊的需要,而社会现实让他们的这些需要得不到很好的满足。而网络是他们获得这些满足的一条不错的途径,网上的匿名使他们敢于并善于表达自己,且不需要任何掩饰和伪装。生活中的压抑在网络世界得以宣泄,从而使得大学生在一定程度上获得了心理自疗,并产生了强大的内驱力。但是,大学生的心智发展尚不完全成熟,很容易过分依赖网络,长期沉溺于网络世界,从而导致性格孤僻。

(二)大学生本身人格扭曲

许多大学生上网的动机不正当、不纯洁,如有的大学生专门通过网络来骗取对方的情感,即人们常说的网恋,一旦失去新鲜感,马上更换网恋对象,极大地伤害了对方的身心健康。也有的大学生上网是为了骗取钱财。

(三)家庭教育存在问题

调查研究表明,家庭气氛越好,子女对现实社会生活的参与度和满意度越高,其情感体验和表达就越积极正向,并且乐于参与各种社会活动,较为认同和适应集体，对生活保持乐观的态度。当进入网络世界时，也能保持较为清醒的认识，从而最大化地利用网络所带来的便利。而家庭气氛越差，子女对现实社会生活就会越疏离，产生的负性情绪也越多，从而更易在网络虚拟世界中寻求情感补偿，而过多使用网络又会导致其减少参与社会活力，与社会产生联系，从而社会卷入和社会出现各种心理问题。

二、大学生网络心理问题的特征和诊断

（一）大学生网络心理问题的特征

大学生网络心理问题主要表现出以下几个特征。

1. 病症发现的隐蔽性

网络心理问题是人类进入以互联网为标志的信息时代后高科技环境下的产物，是伴随着计算机科学的发展和网络的普及而出现的新疾病，是网络用户在现实环境和网络的虚拟环境的巨大反差下形成的特殊心理状态。因此，对于网络心理问题的认定本身就存在诸多的困难。患者自身也很难意识到自己已经患有此种病症，其周围人员也无法在患者患病初期进行确认。一般网络心理疾病患者的发现都是在中后期，而网络心理问题一旦发展到一定的程度，患者的心理发生严重的扭曲，极易做出对自身健康和社会安全构成危害的行为。

2. 生理疾病的并发性

网络心理问题是由于患者长期处于网络的虚拟环境中而形成的心理疾病，是以长时间上网为基础的。上网持续时间过长，就会使大脑神经中枢持续处于高度兴奋状态，引起肾上腺素水平异常增高，交感神经过度兴奋，血压升高。这些改变可引起一系列复杂的生理和生物化学变化，尤其是自主神经紊乱、体内激素水平失衡，会使免疫功能降低，诱发多种生理的并发疾患，如心血管疾患并胃肠神经官能症、紧张性头痛等。同时，由于眼睛长时间注视电脑显示屏，视网膜上的感光物质视紫红质消耗过多，未能及时补充其合成物质维生素 A 和相关蛋白质，就会导致视力下降、眼痛、怕光、暗适应能力降低等。

3. 治疗手段的模糊性

网络心理问题产生的根源在于人脑的潜意识发生了病变，其特征也已

突破了传统心理疾病的特点,因而现代医学的各种医疗手段和心理学的理论并不能彻底地治疗此种病症。同时,网络心理问题涉及计算机科学、医学、心理学和思想政治学的范畴,所以,很难单纯依靠医务人员或心理专家单方面来对此类疾病进行治疗,而医学界和心理学界对这种疾病的认识也只处于起步阶段,尚需深入的研究和探讨。

4. 预防和治疗的紧迫性

包括网络心理问题在内的许多心理问题都是文化抑制的结果,也就是说一个人受教育程度越高,所受的文化禁忌越深,内心的冲突也就越强烈。因此,大学生上网过多,就很容易形成网络心理问题。随着网络在高等院校的普及,网络心理问题的患者将出现快速增长的趋势,如果采取的措施不及时、效果不理想,就会导致网络心理问题的蔓延。

(二)大学生网络心理问题的诊断

对于网络心理问题,目前没有明确的诊断标准,但是像网恋、网络依赖人格障碍、网络越轨行为等都有明显的症状,网络孤独症可以通过经典的心理学量表来诊断。而对于网络成瘾,虽然没有明确的诊断标准正式出台,但专家认为这是一个很广的概念,涉及一系列不同的行为和冲动控制问题。要诊断一个人是否患有网络成瘾综合征。必须看其在过去的 12 个月内是否出现过以下 7 种症状中的 3 种以上。

(1)受耐性增强,要通过不断增加上网时间才能达到同样的满足程度。

(2)如果有一段时间(几个小时或几天)不上网,就会变得焦躁不安,不可抑制地想上网,时刻担心自己会错过什么,甚至做梦也是关于网络的事。

(3)上网频率总比事先计划的要高,上网时间总比事先计划的要长。

(4)企图缩短上网时间,总是以失败告终。

(5)花费大量时间在和互联网有关的活动上,比如安装新软件,整理和编码、下载大量文件等等。

(6)因上网而严重影响社交、学习和家庭生活。

(7)虽然能够意识到上网带来的严重问题,但仍然继续花大量时间上网。

三、大学生网络心理问题的干预

为帮助大学生正确对待和使用网络,有效解决大学生在上网过程中所产生的心理行为的失调、心理障碍,有必要对大学生网络心理问题进行调适，采取措施培养大学生健康网络心理。只有对大学生网络心理问题进行干预，才能避免大学生心理冲突和困惑加重，长期发展成为心理问题甚至疾病。具体而言，可以从以下几方面来实现对大学生网络心理问题的调适。

（一）重构社会认知和网络世界的认知，树立科学的网络观

大学生要树立科学的网络观，全面正确地看待网络，不要为了逃避现实生活问题或者排遣消极情绪而沉溺于网络世界。同时，大学生还要充分明确网络只是一种工具，而不是生活，把它作为传递、交流信息的有效途径和学习、掌握知识的有力手段。

在有网络心理障碍的学生中，多数学生性格内向，较为孤僻，人际交往能力较弱，一些负面的生活实践对其影响比积极的要大，易使其夸大社会的阴暗面，导致社会认知偏见。这些学生的个人体验较深，对个人自我的关注较多，而将个人自我和社会自我整合起来的能力较差，尤其是当他们形成对这个社会根深蒂固的偏见时更是如此。所以对他们的咨询也应从追踪个人心理发展的早期经历开始，引导他们从正反两方面认识社会和网络这两个世界，纠正他们固有的单向度、片面化的思维方式。对他们进行一定的人际交往能力训练，引导他们发现和发展自己现在和潜在的兴趣和特长。

总之，大学生要合理地利用网络为自己服务，以健康的人格与积极的心态处理好现实世界与虚拟空间的关系，避免用上网来麻醉自己，从而产生各种网络心理问题。

（二）充分认识网络心理问题的危害

很多大学生上网的主要目的是为了缓解学习压力、宣泄消极情感、摆脱孤独寂寞、追求时尚流行等，可是，上网通常不能达到以上目的，反而成了生活的依赖，其上网行为潜移默化中强化，最后"形成宣泄消极情感—上网—注意力从现实中转移—身份虚幻—忘记现实烦恼—回归现实—孤独、烦恼—宣泄消极情感的恶性循环"，长此以往，形成消极的条件反射，不自觉地在上网过程中感到兴奋不已，沉溺其中，不能自拔。为此，大学生在享受网络带来的诸多便利的同时，要理性地认识网络孤独、网络焦虑与网络成瘾所带来的危害，加强安全意识和自我防范意识，避免自己的思想、心理和行为被网络垃圾所误导。

（三）透彻分析自身迷恋上网的原因

大学生应对自己上网的动机进行分析，充分认识上网的诱因。可以比

较上网前后的两种感觉,弄清楚自己希望从网上得到什么,逃避的是什么。如果上网是由于现实中的孤独,那就要认识到虽然自己在网上花费了大量时间,但存在于现实生活中的孤独感并没有因此而得到减弱或消除。针对这种情况,应该深入地分析造成自己孤独的原因,并有针对性地采取科学的措施消除这个因素,彻底改变目前所处的困境。

另外,大学生还可以将自己在网上表现的优良品质,运用到现实生活中,观察一下其在实际生活中所产生的效果;也可以尝试一种新的生活方式,从而发现一些生活的乐趣,摆脱困境。

(四)矫正不良的网络习惯

研究表明,在生活中失败的人受网络和游戏的消极影响较大,更容易沉溺于虚拟时空。针对那些存在网络心理问题的大学生,咨询老师要让他们多体验成功,让他们学会管理时间的技巧,把时间和精力主要集中到学习上去。帮助他们明白独特的校园环境确实比因特网所具有的社交好处更多,让他们找一个与他们在网上所沉溺的某个领域相符的社团和组织。对于那些喜欢在电脑空间创作一些机智的电子邮件信息或者聊天室便条的网络使用者,可以让他们为校报撰写一个专栏或者组建一个写作班或文学社,让他们参与学校事务。咨询老师要培养学生广泛的兴趣,引导学生学会正确交往。

(五)提高自律与自我管理能力

对于大学生而言,自律不仅能够充分体现其自尊、自主与自由,而且非常有助于其养成良好的"慎独"习惯。在网络世界中,由于信息含量巨大,各种文化、价值理念、论断交织在一起,各色诱惑俱在,是非难断、虚实难辨,网络世界又充满着自由,缺乏强大的、明确的外在约束。面对这样一个五彩缤纷的网络世界,大学生在开始上网之前有必要制订一个科学合理的计划和目标,有意识地给自己限定上网的时间,以更好地督促自己有节制地上网,不断培养自己的自制力、控制力。

(六)加强校园信息发布管理,营造良好的网络信息环境

在当前校园网络信息广泛传播的环境下,加强校园网络媒体的建设具有重要的现实意义,也是势在必行的。

首先,借助于网络传播监管技术,对网络传播行为进行源头上的规范。同时,大力倡导网络实名制,即网络传播主体可以在网上采用匿名的方式发布信息,但在网络注册时,应该登记个人的真实身份资料。

其次,加强对网络传播行为的有效监管。针对网络信息传播速度快、影响范围广等特点,建立网络监控体系,力争将网络传播过程中产生的各种违法行为和不健康言论扼杀在萌芽状态,禁止其扩散,带来负面影响。此外,学校还应该加强网络工作队伍的建设,对校园网络信息进行及时跟进。

最后,学校要充分发挥网络传播的积极正面示范作用,特别是开展全面的教育。各学校一方面要加强对广大教职员工进行网络教育,使其适应新形势下网络工作的需要;另一方面要对学生开展广泛的思想政治教育,督促他们主动学习网络知识和技能,从而强化其政治意识,正确对待和使用网络。

(七)进行团体心理辅导

针对网络心理问题的常见团体心理调适内容主要包括以下几个步骤。

第一,对前来寻求帮助的大学生的紧张心理和焦虑情绪进行有效缓解,利用成员之间的相互介绍或游戏活动转移他们对心理问题的过度关注,初步拉起一道心理安全网。

第二,让成员讲述各自的成长经历,并做自我评价。其他成员从中获得相同的体验,产生共鸣。

第三,让成员互相讨论与交流对网上信息的认识,引导他们对网上信息进行正确评价,共同为提高自身的信息素养贡献出一份力量。

第四,让成员对网络与网络技术进行研讨,使他们认识到网络的两面性、网络技术的工具性,等等。

第五,运用"头脑风暴法"让前来寻求帮助的大学生逐一列举出网上人际交往与现实中人际交往的异同、困顿,并进行归因。之后,再让全体成员倾诉各自在人际关系上所存在的疑难、不解,成员间进行互相辅导,帮助对方寻找出现这种心理问题的根源,以及改善人际关系的有效措施。

第六,设定基本的人际交往的情境,辅导者做交往行为的正确示范,前来寻求帮助的大学生模仿学习。

第七,全体成员对上网行为的自我管理展开讨论,彼此建立互相监督对方上网的约定。

(八)运用多种心理疗法

例如,采用美国人本主义心理学家罗杰斯提出的来访者中心疗法,该疗法认为:人性都是积极向上的,且都有能力发现自己的缺陷和不足并加以改进。该方法的目的不在于操纵一个被动的人格,而是协助来访者自省、自悟，充分发挥其潜能，以达到自我实现的目的。也可采用行为疗法，该疗法源于行为主义理论，它强调通过对环境的控制来改变人的行为表现。该疗法的目的在于利用强化使患者模仿或消除某一特定的行为习惯（如网络成瘾综合征），建立新的行为方式。该疗法常用的技术包括放松训练、系统脱敏法、厌恶疗法等。总之，心理治疗的方法很多，在来访者咨询的过程中可以根据不同的实际情况加以综合运用。

此外，我们还可以借助有关食物和药物的治疗。例如，由于眼睛长时间注视电脑显示屏，视网膜上的感光物质视紫红质消耗过多，在饮食上应注意多吃些胡萝卜、豆芽、瘦肉、动物肝脏等富含维生素 A 和蛋白质的食物，经常喝些绿茶等。病症严重的，还可以采用专用的药物进行控制和治疗，必要时应住院，采用综合疗法。

第四节　健康网络意识的教育

一、培养大学生网络道德情感，塑造网络道德人格

道德情感是依据一定的道德认识，对现实生活中的各种行为所产生的崇敬或鄙视、赞赏或批评、爱好或厌恶的心理体验和态度倾向，是人们对善恶的情绪和态度。道德情感是道德认知转化为行为的"催化剂"，对行为的方向和强度都会产生重要影响。培养大学生对网络社会道德的真切情感，可以促进网络道德认知向道德行为的转化。同样地，在网络社会中，培养学生对网络欺诈、网络盗窃、网络黑客以及网络色情等现象的憎恶之情，必然会促使他们自觉主动地遵循道德规范。网络环境的特殊性决定了大学生网络道德人格的培植特别需要借助道德自律来实现，而道德自律本身作为个体的自觉活动，绝对离不开道德情感的作用，甚至说，道德自律的自觉性、主动性在很大程度上是通过道德情感的作用体现出来的。

网络中的各种行为引发的问题往往涉及道德教育和责任教育。因此，网络道德教育势在必行。一方面，学校德育必将注入网络道德教育的新内容。另一方面，学校必须将网络道德教育纳入信息网络课程。只有在学校德育和网络技术教育中加强网络道德教育，才能增强学生网络道德意识，塑造高尚的网络道德人格，提高学生网络道德自立能力，从而平衡学生的网络道德心理。

（一）网络与道德人格

网络作为一种智能化、技能化的信息媒介，其本身是没有道德人格的，

但网络一旦进入大众传播过程,就不仅涉及网络技术,而且涉及网络道德。网络道德失范行为,会破坏新时期大学生的人格养成。

所谓道德人格,即作为具体个人人格的道德性规定,是由某个个体特定的道德认识、道德情感、道德意志、道德信念和道德习惯的有机结合。道德人格不是先天的,而是人们进入社会道德生活以后,在不断地处理围绕着他本人而发生的种种道德关系,不断地进行各种各样的道德实践的过程中,被逐渐塑造而成的。

所谓网络道德人格就是在网络社会中每个网络个体人格的道德性规定,是网络个体特定的道德认知、道德情感、道德意志、道德信念和道德习惯的有机结合。它既是道德客体自觉接受和内化道德规范的结果,又是长期熏染的心理基础。从有关调查中可以看出,当前大学生还没有完全协调好网上与网下的关系,他们对自己在现实社会与网络社会的道德要求不一样,实行的是双重道德标准。

(二)大学生网络道德人格目标

1. 摒弃网络庸俗、低级文化的污染,极力培养健全的、积极向上的道德人格

这是网络社会的基本道德人格目标,是让大学生们具有一个网络公民应有的人格素质和道德水准。当前,互联网发展迅速,信息庞杂,既有大量进步、健康、有益的信息,也有不少消极、迷信、黄色的内容。网络对处于心理断乳期的大学生道德目标的养成有着重要影响。而目前开设的大学生专门网站,由于经费、人员、技术和体制的限制,其内容、形式等方面还与大学生实际需求存在差距,加之宣传和引导不够,尚不能真正发挥主导作用。因此,我们要高度重视健康网络文化的建设,加大网络道德的宣传力度,使大学生明确现实道德规范在网络社会中的价值和意义,帮助学生们识别和抵制网上不良思想意识的能力。同时要加强网络管理,把网络对大学生道德教育的负面影响降低到最低限度。此外,要在纷繁复杂的网络虚拟空间中加强学校德育观念的导向。学校的德育要让学生从各种各样的思想旋涡中走出来,培养学生的协作精神,培育学生健全的心理和性格。

2. 弘扬民族文化,增强在网络空间的自我认同感

这种自我认同既包括对本民族文化的认同,也包括对自身个体价值的认同。强烈的民族认同心理是中华民族产生巨大凝聚力的心理基础。而随着网络技术的发展,数字化可以把任何信息转化为二进制的数学语言,从地球任何一个地方无限量地向另一个地方传输。因此,中华文化不可避

免会被卷入交织着交流与冲突的旋涡之中。再加上西方某些发达国家通过因特网推行文化霸权主义,不仅一方面有组织地利用因特网进行文化输出,而且在技术方面也力图掌握网络控制权。这就使得中华文化必然会陷入"文明的冲突"之中,而以民族文化为基础的民族认同心理必然会弱化。这种弱化的趋向对大学生来说更明显。在网上加强民族文化教育,让大学生自觉继承和发扬中华民族的优秀文化,从而产生强烈的中华民族认同心理,是网上心理健康的教育的重要内容。当然,我们既要向青年大学生提供传统文化的精神食粮,又要引导他们正确利用人类社会包括西方国家在内的优秀文化成果。在传统文化教育中,要加强正确的世界观、人生观、价值观以及爱国主义、集体主义、社会主义教育。

3. 网络时代的理想道德人格应培养主体性道德人格

每一个时代都有自己的理想道德人格,它体现着一个时代的人生追求和价值取向,体现着做人的方向和人格标准。主体性道德人格,即独立、理性、自由的道德人格,用描述性话语来说,就是处变不惊、清醒从容、有所执着、敢于担待的道德人格。如果说理想人格是时代精神在个体人格上的凝聚与表征,那么,主体性道德人格则是网络时代理想人格更为内在或更为本质的方面。主体性道德人格作为个体生命最为独立、理性、自觉、自为、自由的存在方式,使个体的道德行为植根于明敏的心灵、无畏的勇气、坚强的毅力和热忱的信念成为可能。主体性道德人格教育力图标识这样一个方向,即个体人格尊严的确立和对个人自主选择的尊重既是道德教育的目标,也是道德教育得以有效进行的前提。

(三)大学生网络道德人格塑造

大学生的心理尚未成熟,但是他们对世界和人生已经有了自己并不成熟的观念。加强学生的自主与自治,唤醒学生的主体意识,使学生获取一种道德人格上的进取动力,是有助于塑造大学生的网络道德人格的。个体自身的自律精神对道德人格的塑造具有重要的作用。重视个人的道德修养是儒家传统文化的核心价值,我们要摒弃其中的封建糟粕,吸收符合现代价值的精华用来指导青年做人。

1. 知行统一

当代大学生中知行脱节的现象普遍存在,这也是造成道德失范的一个主要原因。因此,大学生道德修养的一个重要环节就是要加强知行统一。道德知识是道德行为的先导,没有道德知识就不可能有道德行为。而这些知识不是个体先天所具有的,它们是不断学习和思考的结果,所以,道德知识的学习是十分必要的。这种学习的目的在于理解和把握道德必然,形成科学的道德知识系统。

2. 自我磨炼

个体的善不是一蹴而就的,需要有一个不断积累和深化的过程。所谓自我磨炼就是要通过善的积累,不断巩固强化,逐渐凝固成优良的品德。这种道德修养方法,实际上就是强调对人的道德意志的磨炼,只有不断加强对自我的磨炼,才能步入更高的道德境界。

3. 自律

自律,即从自身做起,通过反省,发现、面对并且努力克服自己网络习惯中的非道德行为,并在网络道德实践中不断改进自身的缺点,自觉地履行道德规范,达到道德自律。

在道德自律过程中,个体积极的态度、坚定的信念和顽强的意志等情感因素共同形成的良好心态,是道德人格得以培养并持之以恒的强大动力。网络中既有的道德规范如果始终游离于个人道德情感之外,网络道德要求就不能真正融入个人内心世界中,化作一种自觉行动,达到道德自律,网络道德人格也始终将成为徒有其名的摆设。由良好网络道德行为所产生的欢愉、自豪等正向情感体验可以鼓励学生坚持正确的道德行为;同样地,由不良道德行为所带来的愧疚、悔恨等消极心理情感反应可以遏止并矫正道德失范行为。

4. 省察克治

所谓"省察",就是通过反省检查以发现和找出自己思想和行为中的不良倾向、坏的念头、毛病和习惯;所谓"克治",就是克服和整治,去掉所发现的那些不良倾向,坏的念头、毛病和习惯。从本质上讲,每一个人都过着一种经过"省察"的人生。在《理想国》中,柏拉图记叙了苏格拉底的对话,在讨论"正义者是否比不正义者生活得更好更快乐"时,苏格拉底提醒说,这个讨论涉及的绝不是普通的小事,而是我们应当如何生活的大问题。他在《申辩》篇中告诉人们:"未经省察的生活,对人来说是没有意义的。"这表明人们希望能够通过一种典型的哲学的理解,用一般的、抽象的、理性的反思,来指导自身的生活。

二、培养大学生健康网络心理素质

为了提高在网络社会中的生存和发展质量，大学生要不断加强网络心理素质的养成、培养和调适，完善自己的网络心理素质结构，增强网络心理免疫和防御能力，塑造良好的网络心理品质。

（一）大学生健康网络心理素质的内容

大学生网络心理素质的主要内容包括健全的网络自我意识和网络人格，高尚的网络道德和心理品格，优雅的网络情趣和审美格调，牢固的网络规则意识等。

1. 健全的网络自我意识和网络人格

网络自我意识是指个体在网络行为活动和网络社会中对自己的身心、自己与别人以及自己与周围世界关系的意识，是人格结构的核心部分。大学生正处在青年中期，是从少年走向成年的过渡期。这个阶段正是人生观形成的关键时期，其心理发展正迅速走向成熟但尚未真正完全成熟。他们的自我认识具有理想自我与现实自我等多重矛盾性。处于心理并不完全成熟期的大学生，一旦沉迷于网络这个虚拟的空间，就会容易丧失自我。大学生必须自觉养成良好的网络自我意识，确保自己在网络环境中保持清醒认识和理性思维，不迷失自我。

大学生健全的网络人格是指具有健全的网络心理生活的人的人格。健全网络人格的方法，主要是在网络环境中确保自我认识现实而又客观、适应社会而又保持独立、建立适宜的人际关系、保持情绪稳定、协调人格结构。只有具备良好的自我意识和健全人格的网络主体，才有可能成为适应网络和现实社会的人。

2. 高尚的网络道德和心理品格

网络道德和心理品格，是网络心理素质养成的重要组成部分。网络给道德伦理带来了许多难题，如信息污染，信息欺诈，信息崇拜的负效应，对个人隐私的挑战，对知识产权保护的威胁，对网民道德人格的考验等。大学生面对诸多的网络道德伦理的考验，要学会自尊、自爱、自律、自省，提高网络道德意识和水平，养成高尚的网德和心理品格。社会应该尽快建立网络伦理规则，形成网上道德氛围，善于利用网络促进人的道德进步，抵制消极影响。

3. 优雅的网络情趣和审美格调

面对良莠不齐、充满诱惑的网络空间，大学生除了要提高自己的识辨能力，还要提高自己的审美等网络情趣。有不少大学生，由于好奇、从众或心理抵制诱惑的能力较差等原因，经常在网上使用格调低俗的语言，观看内容庸俗的信息，发表不堪入目的言论，破坏了网络有序环境。当前大学生需要提高的是包括网络图片、文字等在内的信息审美情趣和包括广告、影视、风土人情等在内的文化审美情趣，做秀外慧中的网络"情趣人"。

4. 牢固的网络规则意识

当前网络法制尚不健全，立法相对比较滞后，所以网络欺诈、网络黑客、网络垃圾、网络失信现象因缺乏应有的管理监督和约束而时有发生，严重地干扰了网络文化环境的秩序。大学生作为中知识层次较高的群体，应牢固树立网络规则意识，在网络守法中做出表率。

（二）大学生健康网络心理素质的培养

大学生网络心理素质的培养，是指家庭、学校以及社会力量和大学生主体通过教育、学习和实践活动有意识地、自觉自主地塑造和构建自己的心理品质，使得心理素质和品质能够充分适应网络环境和网络社会生活的过程。

大学生网络心理素质培养的重点，主要突出体现在以下几方面。

1. 培养良好的网络认知能力

网络认知能力是指网络主体对网络与人、网络与社会关系的认识能力和水平。网络认知能力的高低主要取决于网络主体的普遍认知能力、网络本身的技术含量和文化内涵，以及网络、人及社会关系的复杂程度。大学生要用全面、辩证的认识观来剖析和认识网络，积极应对变化。网络是继人类工业文明之后的又一伟大的人类文明，人类已离不开网络。但网络也给人类带来不少的挑战和困惑，具有不可忽视的负面效应。对待网络，要趋利避害，积极应对。同时，大学生还应全面学习网络知识技术。通过学习网络科学知识、掌握网络技术技能，从科学层面的角度来认识网络，走进网络。另外，大学生必须克服从众等不良认识心理，积极、主动地做自主性强的网民，提高网络的驾驭能力。

2. 培养良好的网络交往能力

网络交往能力是指人们运用语言、符号等表达方式，以网络空间为载体,传达思想、表达情感和需求,进行网络沟通和交流情感的能力,它是网络活动最基本的形式。大学生提高网络交往能力,应从网络交往态度、网络交往认知、网络交往中的情绪和人格等方面加以完善。网络交往最宝贵也最为重要的品质是诚信和宽容。培养良好的网络交往能力,并不是说在网上毫无目标、漫无边际地广交、滥交、乱交朋友。无论是交友还是网恋,都是善交、乐交知心、知己之友,这样才有益于身心成长和人生发展。

3. 培养良好的网络社会适应能力

以互联网为代表的互联网技术对人类社会历史产生革命性影响,并将继续对社会产生剧烈的冲击,推动人类经济、政治和文化的整体提升与转型。互联网正以极快的速度,把社会各部门、各行业以及各国、各地区联成一个整体,形成了所谓的"网络社会"或"虚拟社会"。学会适应网络社会,就是适应现实生活的一个重要过程。对大学生而言,要想完全适应现实社会,就必须进行全面的社会化塑造,使得自己成为一个适应社会生活、适应社会变化和转型的社会人。培养良好的网络社会适应能力的关键是加强实践,体验生活,不断塑造自己的社会适应性人格和技能,完善综合素质结构。

4. 培养良好的网络创新能力

培养良好的网络创新能力,要求大学生在全面掌握和了解信息网络知识和技术的基础上,利用网络优势,积极为网络技术本身进行创造性的活动,从而产生新的智慧、技术和成果。大学生是创造欲最为亢奋的时期,要高度重视自己的创新、创造潜能,在提高创新意识的前提下,培养自己的观察、注意、记忆和想象等基本能力,加强自己的合作、组织、沟通、公关、实践操作和运筹等综合能力。

5. 培养良好的网络识辨能力

网络是把双刃剑,人类既是网络的创造者、受益者,又可能成为网络的寄生虫或受害者,更有可能成为网络的施害者。因此,在网络时代,大学生需要提高自己的分辨力、判断力、控制力、免疫力,培养良好的网络识辨能力。网络识辨能力主要包括信息内容、信息形成和信息价值的识别和判别能力,如果缺乏这种能力,面对网络就会陷入盲从、迷失的状态。网络的虚拟空间和虚拟情境使"社区"生活和情感交流显得十分逼真,但它毕竟是假的,是与现实生活脱节甚至背离的,大学生不可能脱离社会现实生活而存在,尽管可以暂时逃避到虚拟的网络"乐园",在其中获得情感的满足和慰藉，但终究要回到现实社会中，面对现实生活中存在的各种问题。因此，大学生要清楚地了解网络的虚拟性与现实之间的差距，勇敢地直面现实，接受不能改变的现实，树立信心，落实行动，提高自身的心理素质和抗压能力，而不是一味地逃避。总之，大学生要辩证地看待网络，既要利用网络的快捷、便利来学习和解决问题，又要明辨是非，远离色情传播与赌博游戏，不沉溺于网络的虚幻情境，提高自己对网络信息的免疫力。

6. 培养良好的上网习惯

培养良好的网络心理素质，就必须持之以恒地养成良好的上网习惯。网络给大学生打开了认识世界的一扇窗户，创造了另一个求知的广阔空间，提供了超越现实生活的另一种虚拟空间。网络自身的特点和属性，迎合了大学生的心理需求和精神向往，他们渴望通过上网来求知、交友、恋爱、游戏和抒怀，网络成为大学生学习生活最为亲密的"朋友"。从整体上来说，网络给大学生带来的多是正面影响。但是，大学生如果处理不好上网与平时学习、生活的关系，养成不良的上网习惯，就会走向相反的一面，荒废学业，精神空虚，甚至造成严重的心理问题直至影响前途。因此，大学生要自觉形成良好的上网动机，满足自己积极的人生发展需要；上网时间、频率及各种安排应当遵循合理的规律，并做到行为文明。培养良好的上网习惯，应该是既乐于上网，又有所约束和节制；既满足心理的需要，又能保持充沛的精力；既充分发挥个性，尽情娱乐，也要体现大学生较高的文明层次。

7. 积极参加健康有益的线下活动

大学生要自觉地积极参加各项有益的校内活动和校外社会实践活动，搞好校园网络文化建设活动，通过这些活动，加强相互之间的交流与沟通，充分调动自身的主动性、积极性和参与意识，展示其才华和创新能力，开阔个人视野，增强判别是非的能力、抵制力以及自信心，体验到自我价值感和自豪感，从而倍感生活有意义和多姿多彩。

三、加强校园信息发布管理

加强校园信息发布管理，营造良好的网络信息环境，具体可从以下三大点入手。

第一，借助于网络传播监管技术，对网络传播行为进行源头上的规范。同时，大力倡导网络实名制，即网络传播主体可以在网上采用匿名的方式发布信息,但在网络注册时,应该登记个人的真实身份资料。

第二,学校要充分发挥网络传播的积极正面示范作用,特别是开展全面的教育。各学校一方面要加强对广大教职员工进行网络教育,使其适应新形势下网络工作的需要;另一方面要对学生开展广泛的思想政治教育,督促他们主动学习网络知识和技能,从而强化其政治意识,正确对待和使用网络。

第三,加强对网络传播行为的有效监管。针对网络信息传播速度快、影响范围广等特点,建立网络监控体系,力争将网络传播过程中产生的各种违法行为和不健康言论扼杀在萌芽状态,禁止其扩散,带来负面影响。此外,学校还应该加强网络工作队伍的建设,对校园网络信息进行及时跟进,在信息的接受、提供、修改和发布过程中,科学理性地选择信息源,周密而慎重地提供和发布各类网络信息,关闭发布不实、不健康、不安全信息的网站,采取屏蔽、删除及限制权限等手段来实现网络的监管,从而充分发挥校园网的作用,促进资源交流和信息共享,净化校园网络信息环境,积极推进良好网络信息环境的建设。

另外,就高校教育管理方面而言,高校应积极开展各种网络活动,积极帮助大学生建立各种团体,使其在参加团体组织的活动过程中,获得被接纳、关爱和归属的满足。高校还应该制定《大学生上网行为规范》《大学生上网违章行为处罚条例》,大力宣传法规制度的教育,加强大学生的网络责任意识。同时,对于任何网络违法行为,一旦发现,则严加处罚。

第九章　顺利就业：大学生就业心理问题研究

就业是大学生第一次独立地面对社会进行职业的选择，可谓是他们人生的一次重大转折，考验着他们的综合素质，尤其是心理素质。面对就业，大学生的心理是复杂多变的。通过几年的大学生活，大学生在知识、能力与人格方面有了积极的显著发展，有着强烈的就业意愿和积极的就业动机，为能尽快实现自己的人生价值而感到由衷的欣慰；而就业岗位和就业方式的多样化也为大学生就业提供了更多的机遇和更大的自由度。但是当前高校毕业生就业形势严峻，竞争激烈，大学生在求职、择业过程中，常会遇到许多难以想象的困难和阻力，涉世不深的大学生由于缺乏充分的心理准备，面对就业压力产生出焦虑、恐惧、自卑、急躁、冷漠、孤独等心理障碍，影响了他们的正常择业、就业。所以重视大学生的就业心理问题是一件刻不容缓的事情。

第一节　就业心理概述

一、就业的概念

就业就是具有劳动能力的人，运用生产资料从事合法的社会活动，并获得相应的劳动报酬或经营收入的经济活动。就业有三个基本条件：一是要从事社会劳动；二是要有报酬或收入；三是要得到社会承认，只有具备了这三个条件，才算真正就业。如果一个有劳动能力的人，在一定的社会工作岗位上从事着合法的劳动，并因此获得相应的劳动收入，他就实现了就业，是从业人员，或者说是就业者。我国通过法律法规的形式对劳动年龄做出了限制，一般在 16～65 岁左右，低于 16 岁从事有报酬的劳动属违法现象，不算是就业。那些从事非法经济活动（如生产销售毒品）而获得报酬的，也不属于就业，从事无报酬的公益劳动、家务劳动也不能属于就业的范畴。就业能满足人的物质及生存的需要、安全及稳定的需要、接受及认同的需要、尊重及承认的需要以及自我实现的需要。

二、就业心理的概念

就业心理就是指个体在面临择业时所持有的心理态度和所拥有的心理素质。对于择业者而言,稳定的心理态度和良好的心理素质有利于进行择业前正确的角色定位和自我评价,从而从容找到一份适合自己兴趣爱好和特长发挥的职业,最大程度展现自我的价值。

就业心理主要包括以下几个阶段。

(1)初始就业心理:表现为求职者对职业期望值较高,对工作感到新奇,有成就事业的渴望。

(2)受挫就业心理:在工作过程中,由于对领导、同事的行为不满,或者对事情的处理不当,从而产生焦虑、不安、恼怒等心理状态。

(3)调整的就业心理:经过一段适应期,逐渐与社会相融合,认同某些与自己心理相冲突的价值观,从而实现个体与周围环境的和谐。

三、就业心理的特点

就业心理的特点主要表现在以下几个方面。

(一)既定性

虽然我国已初步建立了社会主义市场经济体系,但教育领域,特别是在高等教育招生方面,还主要沿用计划经济的模式,而且今天的大多数高中毕业生在报考大学时,仅凭自己的兴趣、爱好和家长的意愿来确定自己的学习方向和学习内容。而特定的专业学习和训练,限定了他们要在一定范围之内择业。这种就业心理的确定性优势在于可以引导大学生按部就班地获得专业知识,但在市场经济条件下社会需求会经常发生变化,原来需求旺盛的专业可能会变得需求不足,这也会造成人才的浪费,很大程度上影响了毕业生的就业。

(二)矛盾性

随着社会主义市场经济的建立和完善,人们的思想、观念和生活方式也相继发生重大变化。大学生思想活跃、勇于探索、求知欲强、勤于思考。经济和社会发展派生出来的社会矛盾,高校扩招、高等教育大众化带来的一系列变化,使青年学生的心理产生困惑迷茫,无所适从。反映在择业心理上,就是集体主义和个人主义的价值取向问题。他们往往具有开拓进取、创造文明的美好愿望,但亦苛求社会的回报,这种现象就构成了择业心理的矛盾性。积极的和消极的、崇高的和畸形的、理想的和现实的择业心理均是其矛盾性的不同体现。

（三）渐进性

处在青年时期的学生，其政治上、思想上，尤其是心理上还不够成熟，辨别正误的能力不够强，不善于全面、客观、发展地看问题，因而思想容易产生偏激。当个人理想和客观现实之间产生矛盾和冲突时就会引起心理上的不平衡，并产生各种悲观的消极情绪。随着受教育时间的增长和学业的渐进，丰富的知识、顽强的意志、全面的综合能力就会逐步促进毕业生的心理成熟，使他们学会怎样分析问题和解决问题。

（四）波动性

考入大学的学生实现了升学的愿望，来到了新的环境，学习的目的、方法和人际关系都发生了较大的变化。同时随着大学生独立性的增强，生活空间的逐步扩大，自我意识有了新的发展，行动的目的性和自觉性增强。但其知识结构不尽完善，独立个性还未完全形成，在面临多种动机的选择时，往往易从一个极端走向另外一个极端。对于择业也是一样，一个时期或一个环境他们如果感觉到该职业有利于自身发展，就有可能盲目确定自己的奋斗目标，而在另外一个时期或另外一个环境就又改变了自己的初衷，在择业心理上出现很大波动。

四、良好就业心理的一般要求

良好就业心理的一般要求，主要包括以下几点。

（一）保持正确的自我意识和自我评价

自我意识是人格的核心，指人对自己以及自己与周围社会关系的认识和体验。"人贵有自知之明"，心理健康的学生能了解自己，接受自己，自我评价客观，既不盲目去做力所不能及的工作，也不妄自菲薄而甘愿放弃可能发展的机会。大学生要尽量保持自信乐观，让生活目标与理想切合实际，不苛求自己，能扬长避短。正确认识、评价自我，才能找准求职方向和切入点。

（二）能调节与控制情绪，保持良好心态

在日常生活中，有些人一取得好成绩，就喜不胜收，忘记了自己的努力

方向和奋斗目标,停止前进的步伐;一碰到困难,就一筹莫展,认为前进道路上处处布满荆棘,畏缩不前,因而与成功无缘。这二者都不是一种良好的心理状态,尤其是对处于成长期的大学生而言,会对成才与发展造成阻碍。因此,大学生应当时刻保持乐观、向上的良好心态,对生活与未来充满自信与希望。主动调节喜、怒、悲、乐,适时控制自己,时刻把握自己,做到喜不狂、忧不绝、胜不骄、败不馁。

（三）具备较好的适应环境的能力

这里谈到的环境,是指人际环境与社会自然、生活和工作环境。适应人际环境,就是善于与人交往、开朗乐观、积极主动、助人为乐,与人相处时可做到尊重、信任、友爱、宽容与理解。适应社会自然、生活和工作环境,是指大学生在面临环境改变时,能正视自我,面对现实,对环境作出客观的认识与反映;调整自我,使个人的行为符合新环境的要求,能与社会保持良好的接触和链接;对社会现状有清晰的认识,能及时修正自己的需要与愿望,使自己的思想行为与社会协调一致。

（四）具备坚定的信念与顽强的毅力

大学生具备坚定的信念与顽强的毅力是指大学生在气质、能力、性格、理想、信念、人生观、价值取向等多方面得到平衡发展。大学生应当将自己的所思、所做、所言、所信协调一致,树立积极进取的人生观,并以此为中心,把自己的需要、愿望、目标和行为统一起来。

五、大学生就业心理的活动过程

大学毕业生的就业心理活动过程潜藏着一定的目标指向和价值观念,并表现出发展的阶段性。

（一）就业心理活动的动力

心理学家认为,当主体追求的人生目标对社会进步起促进作用时,这种符合历史发展潮流的价值定向,就成为心理健康发展的动力。在这种动力的驱使之下,心理得到发展、成熟。就业中的动力是在大学生现在的生理和心理基础上形成的心理意识与社会需求的矛盾运动。当大学生把个人价值实现融入社会价值体现之时,把个人利益的获取置于社会效益的创造之后,人格就达到了完美,个人价值与社会需求就实现了和谐。在这种心理支配下,会促使自己磨炼意志,完善自我,从而获得进步。

（二）就业心理活动的过程统一与实践

大学生就业心理活动的过程就是内部矛盾和外部矛盾相互联结、辩证统一、共同作用的过程。这一过程的显著特征就是内部矛盾和外部矛盾相互作用于就业主体，并统一于主体的就业实践之中。只有当外部矛盾和内部矛盾在大学生个体就业实践活动中构成就业心理发展的矛盾之时，才能共同推动大学生就业心理的发展。大学毕业生的就业心理应该在就业实践过程中寻求内部矛盾和外部矛盾的统一。有了这个心理基础，个体心理因素中新的、先进的、正确的因素才会不断增长，旧的、错误的、落后的因素才会不断减少以至消失，这样不断循环往复相互作用，使个体内部因素中积极的和消极的因素的力量对比得以改变，从而推动大学生就业心理由简单到复杂，由低级到高级，从不适应到适应，从旧质到新质的转变。

（三）就业心理活动阶段

大学毕业生从进入大学到毕业，就业心理无时不在。大学教育是有目的、有计划、有步骤地进行的，其教育过程有一定的阶段性。

1. 大学初期的就业心理

大学生刚进了大学校门，伴随着对未来的向往，就业的心理在他们内心深处渐渐萌生。大学生根据自己的意愿、家长的期望或其他因素选定了专业方向，期望着用自己的一技之长，在喜爱的领域有所作为，有所成就，从而体现自己的人生价值。但当客观现实与本人的心理期望形成反差时，又不得不冷静下来，认识自己，分析现实，寻求理想的我与现实的我的统一。此时就业心理处于相对的平静期。

2. 大学中期的就业心理

经过一个学期或更长时间的生活实践，大部分大学生的情绪趋于稳定。专业知识的积累更强化了就业的兴趣；世界观、人生观和价值观的教育，更激发了服务人类、贡献社会的信念；社会活动的增加、交际范围的扩大，学会了如何适应环境。为了实现理想，他们在各方面会严格要求自己，努力学习，开发智力。在这个阶段就业心理得到巩固和发展。

3. 毕业时期的就业心理

在这个阶段，大学生的就业心理就是怎样才能使自己学有所用，怎样才能最大限度地使自己的价值得以体现，这也是他们的就业心理发展的顶峰。

六、大学生就业心理的一般特征

大学生就业心理通常表现出以下几个特征。

（一）追求职业的经济报酬是择业的重要目的

市场经济条件下，工资薪酬的高低，已成为大学毕业生择业时的重要衡量标准。务实是当代大学生显著的心理特征，因为市场经济的社会对人的经济实力越来越看重，社会声望的获得很大程度上是由经济状况的好坏决定的。而且这几年大学培养的成本越来越高，很多农村家庭几乎是倾尽家力供养一个大学生，他们在面临毕业时，不少还得应付赶紧偿付助学贷款的压力。此外，大学毕业生面临恋爱、结婚建立家庭等需要大量的经济支出，这些都需要他们具有一定的经济基础。因此，大学毕业生择业时对经济报酬的考虑是比较多的。

（二）普遍追求职业的社会地位和社会声望

大学毕业生往往有一种优越感，认为自身有学历、有技术，就应该有一份体面的职业，而体面的职业一般是社会地位和社会声望评价都较好的。所谓"水往低处流，人往高处走"，那些有实权、有声望或经济实力雄厚的单位就成了毕业生普遍追求的目标；也有一部分毕业生产生"低就意识"，他们认为，条件好的乡镇企业重视人才，收入较高，而且来去自由，因此这些乡镇企业也成为他们选择的目标。

（三）以追求职业的安全感和稳定性为主流

在我国很多地方，仍深信国有单位或事业单位才算是稳定有保障的工作单位，只有在国有单位里或事业单位里有工作，才算是一个人稳定下来了。如果在私企工作，或者经常变换几份工作，是件很丢脸的事情。这种观念至今还在影响着人们的择业态度，不少大学毕业生在父母的影响下，对此也深信不疑。尽管集体企业或其他所有制企业对自己的发展有利，而有些国有企业相比较条件差一些，他们还是宁愿选择国有企业，其心态是求国有企业的相对稳定。与此相反，也有一些大学毕业生开始不再看重稳定性，愿意尝试新的就业形式，这种比例正在呈逐渐上升的趋势。

（四）对知识和技术性强的岗位持有高期望值

很多大学生对职业发挥个人才能的适宜性要求较高。他们对自己所学知识、掌握的技能能否在工作岗位上发挥作用非常看重。他们认为，如果选择的职业能够学有所用，发挥专长，发挥个人的创造才能，就能获得他人的尊重，得到精神的满足，这应该是最佳的选择。近几年，我国越来越重视高职高专技术性人才，许多未曾考上本科专业的高职生，在毕业时比起本科生具有更强的技术性和实践性，也深受企业的认可，在择业就业过程中，双向选择的现象非常普遍。

(五)择业易冲动

大学生因为年龄的原因，容易受社会热点因素的影响，在择业过程中难免感情冲动。每个时期都有每个时期的职业热点，它随着社会的变化而变化，比如曾经的外企热、机关热、高校热等，随之引起大学生择业中的经商热、从政热、从教热。在社会因素的影响下，大学生择业的冲动性就更加突出，此时，理智成分减少，功利成分增加。

第二节　大学生常见的就业心理问题

当今，大学生就业存在诸多问题，如社会有效需求赶不上毕业生增长速度，大学生普遍缺乏职业生涯规划，"高不成、低不就"的就业尴尬，"人才高消费"现象比较普遍，部分大学生的能力素质不够，大学生的就业结构不平衡，等等。这些就业问题也直接或间接导致大学生产生各种各样的就业心理问题，或者是一些心理矛盾，或者是一些心理误区，或者是一些心理障碍。

一、大学生常见的就业心理矛盾

在就业过程中，大学生主要存在竞争意识与信心不足、高期望值与社会现实、找职业与找企业、奋斗成才与贪图舒适、就业政策与社会现实的矛盾。

(1)竞争意识与信心不足的矛盾。大学生求职的竞争，实际上就是各自基本素质和能力的竞争。大学生通过几年的大学学习，确立了美好的愿望，想通过平等竞争找到自己的理想职业。因此，多数大学生支持我国就业制度的改革。但也有部分大学生感到就业的压力越来越大，担心就业机制不健全，难以真正实现公平就业，对就业竞争信心不足、顾虑重重。他们更愿意从事那些风险小、工作稳定的职业，而不愿意参与竞争。

(2)高期望值与社会现实的矛盾。大学生普遍希望自己能到一个理想的单位就业,但是社会所能提供的让大学生比较满意的就业岗位有限,因此在大学生心中难免产生较大的心理冲突。由于部分大学毕业生求职期望值过高,如果要下基层、到偏远地方、到民营企业或个体企业就业,就感到非常失落,牢骚满腹。

(3)找职业与找企业的矛盾。许多大学生在求职的初期,虚荣心很强,往往只看中某一企业的知名度或者是冲着这家企业名声在外的一块响亮的牌子,很少考虑自己的实际情况。事实上,有的企业初创时期名不见经传,规模也不大,但注重吸纳人才,发展潜力大。因此,大学生在求职时,应当选择一个长期稳定、有发展前途的职业,而不应过分关注有什么响亮牌子的企业。

(4)奋斗成才与贪图舒适的矛盾。当代大学生思维敏捷、信息通畅,绝大部分进取心强,在理想、事业上有很高的追求,为实现理想,争取早日成才,他们努力提高自身素质,增强各种能力特别是动手能力。要使事业有成就必须付出一定的心血和汗水,就必须经过艰苦的努力和奋斗。但是,部分大学生缺乏艰苦奋斗的思想准备,追求轻松、舒适、安逸的工作和生活,不愿意到那些国家特别需要、能真正发挥个人专长、需求量较大的单位工作。

(5)就业政策与社会现实的矛盾。"双向选择,自主择业"的精神实质对每一个大学生都是平等的。但是,社会现实和社会存在是不依个人的意志为转移的,还存在传统体制的弊端;社会上的不正之风也不同程度地影响着大学生的就业问题;各级人才市场发育还不健全,制度还不完善,这些对大学生择业形成不同程度的影响。因此,价值观与现实的落差,也很容易引起大学生求职心理冲突。

此外,大学生就业时出现的矛盾还有就业与继续求学的矛盾、生理特点和社会偏见的矛盾、亲情与爱情矛盾、所学专业与职业选择的矛盾等。

二、大学生常见的就业心理误区

大学毕业生在择业时,由于种种原因,思想会不知不觉进入一些认识误区中,这对于大学生正确择业有直接影响。常见的择业误区有以下几种。

(一)哪个单位待遇好就去哪里

有相当一部分求职者认为,行政、人事、大型企业这些单位待遇好,工资高。只有去这些单位,才能充分发挥自己的聪明才智。其实,这些条件较好的单位,人才济济,竞争十分激烈,落选的可能性很大。只要有真才实学,在其他单位同样能干出一番事业来。

(二)有能力就行,何必表现自己

在就业中,有的大学毕业生表现得非常消极。不善于表现和推荐自己,很少参加招聘会。有单位来了就看看,如果不满意就等下一家,满意时也不主动争取。抱着"你不要我是你的损失"的态度,期待单位主动邀请,结果却失去很多就业机会。人们常说光说不练的假把式多半被人瞧不起,有能力还要适当表现自己。而有的大学毕业生只注重自己能力的培养,忽视被社会的认同。对于大学毕业生而言,在招聘时倘若不适当地表现自己的能力,用人单位则无法聘用你,你也将会错失良机。

(三)一定要舒适的工作环境和高薪

有相当一部分大学生对社会就业环境以及用人单位对人才的需求了解不足,对个人专业技能、特长、兴趣等又没有客观、准确的认识和定位,在求职择业过程中一味追求舒适的工作环境和高薪。这种不切合实际的择业标准,使得他们在求职择业的过程中屡屡受挫,最终导致对个人能力产生怀疑,丧失自信心,更为严重的形成心理障碍以及导致恶性事件。实际上,国际上许多大公司的决策者,让其子女就业时,也是让从一般的基层工作做起。所以,刚走出校门的大学毕业生,没有理由要求自己在择业时一步到位。

(四)眼前利益更重要

部分大学毕业生在社会上"拜金主义"风气的影响下,不顾自己所学的专业,只求高薪收入。他们在择业时最关心的是用人单位的效益和待遇。这部分毕业生只注重眼前个人利益和物质利益,不考虑长远发展,其结果往往会使用人单位产生反感,从而被用人单位拒之门外。

(五)多换工作可以找到满意的就业单位

现在的大学毕业生在择业时,总是抱着多找几个不同的行业,多换几个工作单位,就可以寻找到自己最喜爱职业的想法,频繁地调换工作,这是缺乏耐心和实力的表现。作为一名大学毕业生,在择业之前应该对于自身及将来可选择的职业方向有一个起码的认识,一旦选定了一份正式的工作,就应该全身心地投入到工作中去。如果经过相当一段时间后(至少应有一年以上)感觉自己确实不喜欢或不适应该项工作,再考虑换工作也不迟。这样做并非浪费时间,恰好相反,如果一个人能够耐心地投入到一项工作一段时间后,就可以详细了解所在工作岗位的相关情况,为自己将来的职业发展打下一个比较坚实的基础。而那些频繁调动工作的人,表面上看他们工作经验较为丰富,而事实上,不利于他们真正对任何一项职业及企业相关部门的了解。

(六)热门工作才是好的

大学毕业生求职时一般都会追求热门,但毕竟僧多粥少,竞争更激烈。面对人才济济的局面,用人单位只好"百里挑一",刷下了很多大学生求职者。与之相反,冷门职业对人才的需求量很大,却少人问津。于是,人才市场就出现了"热门难进,冷门更冷"的怪现象。另外,大学毕业生通常首选的是"大企、名企、公务员、外企",但是竞争非常激烈。一般的小企业,对人才的需求如饥似渴。于是,大企业里的大学生"大材小用",而小企业却多"小材大用"。其实,无论是在大企业还是在小企业里,只要有真才实学,脚踏实地,同样都能干出一番事业来。

三、大学生常见的就业心理障碍

心理障碍是指在特定情境和特定时段由不良刺激引起的心理异常现象,属于正常心理活动中暂时性的局部异常状态,是个体由于生理、心理或社会原因而导致的各种异常心理过程、异常人格特征、异常行为方式,是个体表现为没有能力按照社会认可的适宜方式行动,以致其行为后果与本人和社会都不适应的状态。心理障碍几乎人人都可能遇到,如恐惧、抑郁造成的情绪波动、失调,人际关系冲突引起的烦恼、退缩、自暴自弃,不良心境造成的兴趣减退、生活规律紊乱甚至行为异常、性格偏执。近年来,由于大学毕业生人数的剧增,就业形势的严峻,就业压力增大,加上大学生个人心理生理方面的特殊性,大学生在择业过程中呈现出不同的心理障碍问题,如盲目求高、急功近利、偏执等。

(一)盲目求高心理

不少大学毕业生自认为学识渊博,工作不是难事,无论做什么,伸手即可出成果。因此,他们在就业过程中通常出现"眼高手低""高不成、低不就"的现象,盲目求高,导致就业困难。部分大学生受"万般皆下品,唯有读书高""学而优则仕"等传统观念影响,形成了一种"精英情结",以为考上大学即万事大吉，多年的苦读，必应得到高回报，工作理应得到丰厚的待遇。还有的大学毕业生在校担任学生干部，得到了各种锻炼的机会，见识面也较广，无形之中形成了一种优越感。在这种心理支配下，他们就业过程中总是洋洋自得，自以为是，好高骛远，对很多单位、职业都看不上，而不考虑或者很少考虑自己的期望值是否过高、是否符合实际、是否有利于自己未来的发展。还有的大学毕业生在选择就业单位时，还总是拿周边同学的标准来定位自己的就业标准。在这种攀比的心理作用下，他们往往错过很多合适自己的就业单位，事后悔恨不已。部分大学毕业生单向考虑自己的就业理想，要求用人单位在薪资待遇、福利、住房、地理位置和环境等方面都是完美的，却很少考虑自身条件，无形中设定了过高的期望值，导致就业困难。只有正确认识自己，先低再高，才能够生存下来，然后才有发展的可能，这是一种适用于大多数毕业生的务实求职方法。

（二）急功近利心理

大学毕业生就业过程中急功近利，期望自己的第一份工作就能够达到理想状态，渴望高收入和较高的社会地位，追求一步到位，对需要奉献、踏实工作的职业则视而不见。大学毕业生刚走上工作岗位，社会阅历相当匮乏，还不太了解或者不够深入了解职业生涯规律，他们的挑剔缺乏客观依据，具有片面性。有些大学毕业生受传统观念影响，过分看重初次择业，认为首次就业关系着自己一生命运。其实，这是因为他们没有看到人才流动形势的变化，没意识到越来越多的人正是通过流动才寻到最能发挥自己才能的岗位。

（三）偏执心理

在就业过程中，大学毕业生的偏执心理主要表现为对公平、对高标准的偏执，求专业对口的偏执。

在就业过程中，有的大学生设定的目标太高，不能及时调整就业目标，降低就业期望值，甚至宁愿不就业也不改变。有的大学毕业生不顾社会需要，无视专业的适应性，只要是与自己专业关系不密切的职业就不考虑，这样的偏执心理人为地增加了自己的就业难度，必然减少自己的就业机会。

（四）盲目攀比、从众心理

攀比心理实际上是一种求名心理。有的大学毕业生在选择单位时，不考虑自己的主客观条件，不深入了解单位发展情况，而是盲目与身边同学攀比，一心想找比别的同学好的工作。近年来的调查发现，由于此心理的作用，影响了为数不少的大学毕业生。造成要么不就业，要么因能力有限而不能适应新的工作岗位，导致违约现象增加。每一位同学由于自身的条件、志向以及各方面的差异，毕业后不一定都能找到自己满意的工作，工作肯定各有不同，切勿盲目攀比。

从众现象包括思想和行为上从众，其原因是实际存在的或头脑中想象到的社会压力与团体压力，使人们产生了符合社会要求与团体要求的行为与信念。个人不仅在行为上表现出来，而且在信念上也改变了原来的意见，放弃了原有的观点。在大学毕业生的求职过程中，从众心理是较普遍的，如校内举行招聘会。毕业生只要看到人多就去应聘，只要单位给予的报酬多、地理环境优越、条件好就行。签协议的人多自己也就跟着签协议，表现得非常盲目。在此心理影响下。毕业生择业时没能很好地对自己的兴趣、爱好、特长进行分析，不考虑自己是否适合这一工作岗位，它是否有利于自己的发展等问题，到后来要么毁约，要么就业的压力变成为从业的压力。

（五）过分求稳心理

由于传统观念的影响以及对社会发展趋势认识的片面性，仍有部分大学毕业生希望寻求一个一劳永逸的职业。他们认为第一次就业是人生中的关键，只要能找个稳定的职业，就能安安心心过一生。然而，在市场经济条件下，这种传统的择业观念已经不符合时代发展潮流。从主观而言，稳定因素在很大程度上取决于个人的事业心和责任感；从客观而言，我国现阶段正在进行人事制度改革，所谓稳定的职业实际上也是不稳定的，企盼一份既轻松，挣钱多又稳定的职业，安安稳稳过一辈子的想法是不现实的、脱离实际的。在人本理念的社会中，每个人都应结合自身条件变化对职业做出多次选择和调整，以利于个人职业发展。

第三节　大学生常见就业心理问题的调适

一、大学生就业心理问题形成的原因分析

（一）外因：社会就业心理变迁

我国大学生就业制度从计划分配到一定范围内的双向选择，再到"自

主择业，不包分配，竞争上岗，择优录取"就业机制的建立，表明了大学与"铁饭碗"的彻底分离，大学生必须通过就业竞争凭借自身能力和机遇择业。这反映在社会就业心理上，存在一个从计划思维到市场思维转型的过程。大学生就业制度的变革，带来了社会就业心理的变化，加剧了就业市场竞争，也加重了贫困大学生的就业心理压力。

1. 经济条件制约了大学生就业竞争力的有效提升

面对日趋激烈的就业竞争，为提升自身就业竞争力，许多大学生忙于考取各种证书、参加各类培训、考研复习等。但这一切都必须建立在一定经济基础之上。巨大的经济负担要求他们尽快找到一个报酬相对较高的工作。而面对严峻的就业形势，他们不仅承担着家庭和生活的责任，也背负着巨大的心理压力，这又在一定程度上制约了其就业竞争力的有效提升，使其在就业竞争中处于弱势地位。

2. 家庭的过高期望加重了大学生的就业心理负担

作为一个纯消费群体，大学生虽已成年，但其经济来源大多出自家庭。大多数大学生都背负着光宗耀祖、出人头地的精神压力走进大学，承担着家庭、社会太多的希望，面对日益激烈的就业竞争，他们承受着过重的心理负担。

3. 社会就业机制的某些弊端加大了大学生的心理落差

在就业市场竞争中，大学生限于其经历、能力等的局限，不可避免地会在人际交往、言谈、举止、气质、综合素质等方面存在一定不足，学以致用的理想与物竞天择的社会现实之间的差异无疑会给大学生沉重压力。同时，现行社会分配机制不够完善，人情、关系等不正之风使大学生成为就业大军中的弱势群体，使他们对读书的实效性产生怀疑，更加大了其心理落差。

（二）内因：大学生自身心理调适能力不足

心理调适能力是大学生就业竞争力的重要组成部分，直接决定和支配着大学生就业心理调适行为的过程、方式和效果。由于经历、能力等的局限，大学生往往存在自卑与自信、乐观与悲观、感性与理性等多重矛盾心态，心理调适能力相对不足，加重了其就业心理障碍。大学生自身的心理调适能力不足，其原因又有以下三大点。

1. 大学生就业视野不够宽广

考大学是绝大多数学生改变自身命运的普遍途径，沉重的经济负担促使他们急于找到能够迅速改变自身经济地位的工作,这就限制了他们的就业视野和就业思维,使其对就业市场缺乏理性认识,无法根据自身特色和优势合理规划人生。他们的眼光往往局限于大城市、发达地区,盲目寻找专业对口的工作、稳定的工作、高报酬的工作。

2. 大学生心理承受能力较弱

在高等教育资源还比较稀缺的现实条件下,许多大学生个人爱好、特长少,缺乏工作经验,在就业竞争中处于明显的弱势地位。同时,不少大学生或多或少存在敏感、孤僻、自卑、自闭等心理问题,心理承受能力较弱,对就业过程面临的困难和挫折缺乏必要的心理准备,一旦面对现实生活中遇到的就业挫折,往往就表现出焦虑、苦闷、抑郁、自卑甚至悲观失望等情绪。

3. 高校传统教育管理模式制约着大学生心理教育和心理疏导体系的发展

尽管目前一些高校对解决大学生心理问题的重要性和紧迫性已逐步取得共识,并做了一些工作,但针对大学生就业心理的专门研究和辅导仍然相对欠缺,没有真正形成一套完整有效的、能够真正帮助他们掌握正确的自我心理调节方法的心理指导体系。这使得不少大学生的就业心理障碍无法得以及时解决,就业心理压力无法得到有效释放。

二、大学生常见就业心理问题的调适要点

（一）不断提升就业心理调适能力,有效应对就业市场挑战

从大学毕业生就业心理现状分析,心理障碍的存在既来自于社会大环境的外力作用,更来自于大学生自身心理调适能力的欠缺。相应的,大学生就业心理调适能力的提升途径,也包括外部提升和自我提升两个方面。

1. 大学生就业心理调适能力的外部提升

从外部提升大学生就业心理调适能力,就要不断优化社会就业心理环境,完善大学生就业心理健康教育的工作机制,有效开展大学生就业心理健康教育。

（1）不断优化社会就业心理环境。社会心理是大学毕业生就业心理调适能力的社会基础,优化社会心理环境,是大学生就业心理调适能力提升的前提。第一,加强社会生活秩序建设,保证社会的合理有序运转。为了给大学毕业生的顺利择业、就业提供公正、公平的社会环境和规范、安全的

生活秩序,一方面要完善社会规范体系,特别是完善大学生就业保障政策体系,有效维护大学生的正当权益;另一方面要维护社会规范体系的权威,遏制社会丑恶腐败现象的产生,为大学生的健康发展创造良好的社会环境。第二,加强社会利益矛盾的协调,促进社会利益关系的平衡。平均主义的利益分配格局打破后,随之出现了一定程度的利益分配不公现象,收入差距扩大、贫富悬殊等带来了一定负面影响。社会应该为大学生创造宽松的环境,缓解其择业、就业等方面的压力。第三,加强校园文化建设,优化校园文化环境。良好的校园文化环境,能给大学生以积极的情绪影响和精神启迪,能使大学生感受到温馨的文化气息,缓解择业、就业心理压力,有效地调整就业心理状态。优化校园文化环境,应突出富有个性的校园精神的培育,使大学生在积极向上的心理氛围中受到激励和鞭策,走向就业心理成熟;加强就业指导,引导大学生进行职业生涯规划,解决大学生"为什么要学习,为谁学习"的问题;内化校园文化理念,把客观的校园文化成果转变成内在的心理过程,从而使他们的择业、就业行为符合社会发展的客观要求。

(2)完善大学生就业心理健康教育的工作机制。高校要把大学生心理健康教育和咨询工作纳入学校思想政治教育重要议事日程,不断完善和健全心理健康教育的工作机制,形成课内与课外、教育与指导、咨询与自助相结合的心理健康教育工作体系。对此,应从以下三大点入手。第一,建设一支以专职就业指导教师为骨干,队伍相对稳定、素质较高的就业心理健康教育和就业心理咨询工作队伍,充分发挥辅导员和班主任在就业心理健康教育中的重要作用。第二,加强就业心理健康教育和咨询工作人员的培训,提高就业心理健康教育的针对性和实效性。第三,加强理论研究,为加强和改进大学生就业心理健康教育提供理论依据和决策支持。

(3)有效开展大学生就业心理健康教育。大学生就业心理健康教育是大学生心理健康教育的重要组成部分,要根据大学生的身心特点,运用心理学、行为科学、教育学、管理学等学科的理论和方法,对大学生进行就业心理健康教育,提高其就业心理调适能力。大学生就业心理健康教育既需要注重对大学生的优良心理品质的培养,更要注重预防各种异常就业心理和就业心理障碍的产生,对各种就业心理问题进行适时矫正和治疗。

2. 大学生就业心理调适能力的自我提升

心理学把人的心理活动分为认知、情感、意志三种心理过程(即知、情、意),相应地,大学生就业心理调适能力的自我提升可以从三方面着手。

(1)提高认知水平。大学生对自身的认识、对择业的认识是其自我就业心理调适能力提高的起点,具体说来,可以从以下三个方面提高就业心理调适能力。第一,加强思想道德修养。树立正确的人生观、世界观、价值观,淡泊名利,宁静致远,立足现实,完善自我,不断提高自身综合素质,才能提高对就业心理冲突和挫折的承受能力。第二,客观认识自己。了解自己,客观评价自己,是提高就业心理调适能力的基础。对自己了解越充分,对自己的评价越切合实际,就越能够树立起自信心,就越容易找到一份称心如意的工作。第三,客观评价他人。要善于换位思考问题,正确认识自己,客观评价他人,在择业和就业过程中,才不会出现自傲或自卑心理。

(2)培养积极的情感。情感是对事物好恶的一种倾向,对人的思想、行为、身心健康等都有着重要影响,应该培养积极的情感,克服消极的情感。为此,就要科学确定期望值,适当调节需要,增加情绪体验。

第一,科学确定期望值。大学生就业心理压力与目标的实现程度是成反比的。大学毕业生在设定人生目标时,要遵循科学、可行、有效的原则,要根据主客观条件,合理确定发展目标,避免因就业期望值过高而受到挫折。

第二,适当调节需要。需要是情感发生的基础,需要的满足是心理调适能力提升的物质基础。就业是大学毕业生的一种基本需求。人的需要也是动态发展的,在人的主观能动性作用下,在正确的世界观、人生观、价值观的指导下,需要的内容和需要的表现形式都应得到调整。当代大学生要根据现实条件提供的可能,自觉调节需要,正确处理当前需要与长远需要、物质需要与精神需要、自我需要与他人需要和社会需要的关系。

第三,增加情绪体验。任何事物都有积极和消极两个方面,若能从积极的角度看问题,就会使人增强信心,振奋斗志,产生乐观、积极的情绪;反之,从消极的角度看问题,就会使人产生悲观、消极的情绪。因此,大学毕业生面对就业心理压力时,应改变思维方式,从积极的角度分析问题,增加积极情绪体验,把就业心理调整到最佳状态。

(3)提高意志力。意志是人自觉确定目标并支配其行动以实现预期目标的心理过程。意志对大学生的就业心理和行为具有重要的调节作用。对此,大学毕业生应该提高自己的果断性、坚毅性。果断性就是及时做出决定并坚决执行决定的意志品质。一个果断的大学毕业生,对自己的择业、就业可能遇到的困难,都会有比较深刻的认识和清醒的估计。一旦就业时机成熟,就应当机立断,快速签订就业协议书,并且根据用人单位的要求充实自己,使自己毕业后能够更快适应单位要求。坚毅性是为实现既定目标而顽强拼搏、不屈不挠的意志品质。对于大学毕业生来说,其择业、就业充满了众多不确定的因素,不一定是一帆风顺的,总会遇到这样那样的波折,需要具备坚强的意志。

(二)努力保持健康心态,乐观面对职场压力

心态决定成败,就业心态决定了大学生就业的精神面貌、思想定位。在激励的职场竞争中,积极健康的心理状态对于大学生把握职场机遇、迎接职场挑战尤为重要。在求职择业过程中,大学生应该着重保持以下几种心态。

1. 自信心

自信作为一种积极的心理暗示,是个体对自身有准确的认识和评价,并在此基础上自知、自尊、自爱,在自己内心建立并保持良好的自我形象。这种自我形象一旦建立,便牢固留存于自己的潜意识中,给人以信心和力量,长期地指导自身行为。良好的自我意识,是保持个体良好情绪状态的关键因素。具有自信心的人,常常表现出活泼、开朗、幽默、果断等特征,能够保持愉悦心态,从容面对职场挑战。大学生在择业求职时必须树立自信心,要在正确估量自己的情况下,鼓起勇气去迎接挑战,参与竞争,相信自己具备求得合适职业的能力。当然,自信不是自负自傲,自信要有资本和基础,这个资本和基础就是真才实学。大学生在平时的学习、生活中,要不断努力,不断进步,完善自身知识结构和能力结构,有真才实学作后盾,才会有真正的自信。

2. 进取心

职业活动是人谋生的方式和手段,但职业对于人来并非只有工具的意义,它还具有目的性,即它是人奉献社会、完善自身的必要条件。因此,大学生应该树立崇高的职业理想,为自己的理想在学习和职业就业活动中不断地进取。大学生只有保持积极向上的进取心,才能追求卓越,超越自我,才能真正成为激烈市场竞争的强者。不是所有的大学生都能一次成功地选择到满意的职业,相反有的甚至经历了几十次的选择、面试,再选择、再面试的考验,但不能因此而气馁,而要认为这些是人生的挑战和锻炼。只有这种乐观的就业情绪,才能促使大学生始终保持着良好的心态,最终实现自己的愿望。再者说来,当今社会发展如此迅速,一个人一生可能从事多种职业的现象也会越来越多,这就提示大学生应该具备变通性和适应性,这是一种良性的转换态度与自我调适。当个人的职业定向和愿望与社会需求发生冲突时,也可以迅速作出调整。

3. 求实心

就业市场化、自主择业给大学生带来了机遇与实惠,但许多大学生对就业市场的客观实际了解不够。面对当前激烈的就业市场、严峻的就业形势,大学生必须明白现实情况就是如此,无论是抱怨还是气愤都没有用。与其怨天尤人,还不如勇敢地承认和接受当前所面临的现实,彻底打破以往的美好想象,立足现实,脚踏实地地寻求解决问题的好办法。大学生毕业时,应分析自己专业素质和其他条件及所面临的就业环境,对自己的就业情况确定合适的期望值。一方面,改变"就高不就低"的心态。大学生应根据社会经济发展需求和个人特点进行职业生涯设计,当理想暂时无法实现时,应该退而求其次。另一方面,改变"就东不就西"的心态。由于东部经济相对发达,吸纳毕业生占明显优势,人才相对集中,但竞争压力自然大;西部处于大开发时期,百业待兴,大量的工作虚位以待,却少人问津。大学生应该避开激烈的竞争市场,而到西部寻找更大更多的机会。当然,国家也应建立完善相关政策,鼓励大学毕业生到西部就业,到基层就业。

4. 平常心

平常心是指大学生在求职择业过程中,取得成功不沾沾自喜,遇到挫折不垂头丧气,真正做到胜不骄,败不馁。保持平常心态,最重要的是要坦然面对挫折,提高心理承受能力。在激烈的就业市场竞争中,大学生的求职择业过程总会遇到这样那样的困难和挫折,总不会是一帆风顺的,因此要对可能出现的困难和挫折有充分的思想准备,同时要正确分析自己失败的原因,调整求职择业策略。

(三)科学选择心理调适方法,及时释放就业心理压力

大学生在求职过程中,会不可避免地遇到困难、挫折和冲突,造成很大的心理压力,既影响身心健康,又影响顺利就业。科学选择心理调适方法,有效进行自我调适,及时释放心理压力,从而成功就业。心理调适方法比较常用的有认知调整法、情绪调节法、意志锤炼法、个性优化法、挫折应对法。

1. 认知调整法

良好的认知能力是大学生良好就业心理素质形成的基础。大学生就业认知调整,一是要客观认识自我,在求职和就业过程中,既有对自己正确的评价,也有对社会长远的认识和判断。二是要主动适应社会。大学生应

具有发展的眼光，重点考虑职业的社会价值和自身对社会的贡献，准确定位自己的职业坐标，合理进行职业生涯规划。

2. 情绪调节法

在求职择业过程中，大学生应当自觉提高自我心理调适的主动性，根据自己的实际情况，选择各种自我心理调适方法，如自我静思法、自我转化法、自我适度宣泄法及理性情绪法等，来调节自身心态，重新建立心理平衡，从而以健康的心态完成求职择业。

3. 意志锤炼法

市场经济是竞争经济，在求职择业过程中，大学生应该积极培养自身的竞争意识，敢于竞争、善于竞争，不断完善自身知识结构，争取成为就业市场竞争中的强者。大学生锤炼意志，一是要有锲而不舍的品质，要结合社会需求，瞄准目标，完善自我，培养不达目的决不罢休的意志品质；二是要脚踏实地，从小事做起，树立小目标，实现小目标，积小而成大，最终成就大业；三是要正确支配和控制自己的行为和情绪，遇事能够分清轻重缓急，理顺主要矛盾和次要矛盾，主动排除干扰，保证达到预期目标。

4. 个性优化法

优良的个性心理即健全的人格，是大学生在个性心理方面所要求具备的心理品质。人格是个体心理反映在行为上的倾向性，是把一个人与他人区别开来的独特的心理特征。在培养优良的个性心理时，大学生树立良好的人生态度至关重要。大学生良好的人生态度首先来自于积极健康的人生观、价值观，并且要在人生观、价值观的指引下，将自身理想、需要、目标与行为有机统一起来，使自身条件与社会现实对接。

5. 挫折应对法

大学生在求职择业过程中要理性应对各种困难和挫折。一是正确认识挫折。任何事物都有两面性，求职择业过程的挫折固然是对自身能力、知识的否定，但挫折也给人重新认识自我、不断完善自我的动力。二是积极运用心理防御机制（如升华、认同、补偿等），提高挫折承受能力。大学生在求职择业过程中，积极运用心理防御机制，可以减轻心理上的痛苦，从而保持健康心态。三是合理评价自我，适当调整求职择业期望值。挫折的产生往往是自身条件与社会需求不相适应的结果，是对自身能力估计过高的结果，这就要求大学生适当调整求职择业期望值，使自身条件与社会条件相符合，使个人目标与社会需求保持一致。

第四节　大学生就业心理的准备

一、大学生应有的就业心理

在就业过程中，大学生应一切从实际出发，认准适合自己的就是最好的，秉承"先就业，后择业，再创业"的原则。

（一）一切从实际出发

大学生在求职时，要正确认识就业环境，客观评价自身素质，一切从实际出发，处理好理想与现实的关系。

1. 正确认识就业环境

大学生应当通过理论学习和实践经历两个方面来深入了解和认识自己所处的就业环境，在关注社会政治、经济等大环境变化发展趋势的基础上，充分了解自身所处的校园生活小环境的基本情况，分析利弊、扬长避短，提高职业生涯规划的实际效果。当就业形势发生新的变化，大学生必须相应调整自己的就业期望值，对就业地域、就业单位、就业岗位、薪水等都要作出相应的调整，适应现实社会的发展变化。

2. 客观评价自身素质

我国人事科学研究者罗双平用一个精辟的公式总结出职业生涯规划的三大要素，即"职业生涯规划＝知己＋知彼＋抉择"。知己、知彼是抉择的基础，正所谓"知己知彼，百战不殆"。知己就是认识与了解自我，知彼就是探索外在的世界，特别是与职业生涯发展有关的工作世界。抉择就是在获得内外部信息的基础上，进行正确的选择。只有正确认识自我，才能在职业抉择时有的放矢。正视自身条件，首先要对自己有充分的认识，如思想境界、专业水平、能力素质、身心健康状况等。其次是兴趣方面。大学生在求职中应当考虑自己的兴趣和爱好，求职时尽量选择自己感兴趣的工作，使自己的工作更加充实，更加富有乐趣。再次是能力方面。大学生的能力除了一般能力（即智力）之外，还包括学习能力、实践动手能力、科研能力、社交能力、组织管理能力和创造能力等。一个不能正确认识自己的人，是不可能把主观愿望和客观条件有机地结合起来，从实际出发确定目标的。

3. 处理好理想和现实的关系

马克思主义认为"人的本质，在其现实性上，是一切社会关系的总和"，它具有鲜明的社会属性。所以，人是社会的人，是现实的人，无论正视与否，都是客观存在的。积极的心态就是正视社会，适应社会。随着社会主义市场经济的推进和发展，社会将尽可能地为大学生求职择业提供较好的条件和环境，但社会为大学生提供的工作岗位不可能人人满意。有的地方、有的专业供需不平衡，边远地区、艰苦行业、基层和第一线急需人才。国家通过宏观调控，控制人才流向，需要部分大学生到艰苦地方去工作。所以，大学生应该面对现实，从实际出发，拓宽视野，放开眼界寻找发展空间，正确处理好理想和现实的关系。

(二)适合自己的就是最好的

"双向选择，自主择业"的就业体制越来越完善，但是大学生求职过程中总有部分人不能如愿，总是对就业单位不满意，或者待遇不如别人，或者在亲朋眼里没有那么高大尚。其实，就业单位好不好，大学生不应该用别人的眼光和标准来评判。事实上，单位好坏的标准都是相对的，一个单位对一个人来说很好但对另一个人来说不一定就好。单位的好坏根本就没有一个统一标准，每个人的专业、能力、兴趣、爱好和特长不同，适合的单位也不同，追求更不能一样。适合自己的就是最好的。

(三)先就业，后择业，再创业

随着社会对人才要求的进一步提高，人才资源总是在不断地交换和流动中得到优化配置。加上当今社会人力资源供过于求，岗位竞争日趋激烈，就业市场存在很大压力，"先生存再发展"的原则成为求职者缓解职业空白期冲击的最佳途径。大学毕业生应意识到，初次就业对于许多人来说，更多的是一种实践经历、一种接触社会的方式、一种融入社会的渠道，大学生在一生中都要有多次就业的思想准备。因此，"先就业，后择业"的出发点是积极的。

此外，大学生要认识到基层是锻炼人的最好地方。我国的现状是大城市、大企业、大机关、科研单位人才密集，新进入大学生短期内很难得到重用；基层，特别是边远地区、偏僻地区、民营中小企业却是人才匮乏，这些地方为大学生施展才华提供了很多有利条件，这有助于自己实现理想、抱负。

二、大学生健康就业心理的培养

心态决定思维，思维决定行动，行动改变结果。大学生要更好地就业，就要培养健康的就业心理。具体可从以下几点入手。

（一）客观正确地分析自我

大学生在对自我进行客观正确的分析时，要主要从以下几个方面着手。

1. 了解自我的性格

性格在人的个性特征中占有重要地位，人与人的个性差异首先表现在性格上，通常我们提到一个人的个性时，主要就是指一个人的性格。在大学生就业中，性格是构成相识和吸引的重要因素，与职业选择的关系极为密切，既彼此制约，又相互促进。人们对现实的态度，表现在对国家、集体、他人和自己等多方面，直接影响职业选择。一个不关心国家发展、社会进步的大学毕业生，其择业必然带有较大的盲目性。另外，性格表现出的对集体、对他人和对自己的态度，也往往会影响到职业的选择和成就。自私、孤傲、暴躁、不关心他人、无视社会行为规范，不遵守公共道德的人不可能受到社会的欢迎和用人单位的青睐，在未来的职业生活中也不可能有所作为。

性格中对工作和学习的态度，也直接影响职业的选择和成就。工作态度积极、认真负责的人比那些得过且过、马虎应对的人更能选择到适合自己的职业岗位，因为他们的适应面大，选择机会较多，更能展现自己的才能。

性格中的意志特征与职业的选择也有非常密切的关系，缺乏坚强意志的人常常不能顺利地选择职业和就业，今后也难以胜任工作，往往一事无成或成就平平。由于意志薄弱，一遇挫折、困难就产生被动、退缩，因而失去许多成功的机会。缺乏坚韧性的人无法从事要求耐力很强的工作，如科研人员、外科医生等，而缺乏自制、任性、怯懦的人也不适宜去做管理和社会工作。

性格就类型而言，可以分为外向型和内向型。外向型性格的人更适合从事教育、公关、管理等对外交往性较强的工作，内向型性格的人更适合从事财会、医生、技术性工作等比较深沉、细致的工作。

总之，大学生在求职就业中时，要充分了解自己的性格特征，避免盲目择业,使自己的行为方式与职业工作相吻合,更好地发挥自己的性格特长。

2. 明确自己的兴趣

兴趣在心理学中是人力求认识某种事物和从事某项活动的意识倾向,表现为人对某件事物、某项活动的选择性态度和积极的情绪反应。大学生在就业过程中,如果对某种工作产生兴趣,在工作中就会具有高度的自觉性和积极性,在工作中容易出成绩。反之,则会影响积极性的发展,有可能一事无成。当前,走自己的路,做自己喜欢的事情,选择自己感兴趣的职业,是当今社会最具有典型性的择业就业观念。

通常来说,一个人的兴趣是在后天生活实践中形成的,但兴趣有相对的稳定性,而且与一个人的个性有内在的联系。因此,大学生在就业过程中应适当考虑自己的兴趣和爱好,不能为了暂时的眼前利益而选择不符合自己兴趣的职业,否则不仅不能充分施展自己的才能,而且会贻误终生。

3. 分析自己的气质

气质是人心理活动的速度、强度、稳定性和灵活性等方面的心理特征,实质上是神经类型特征在人的行为上的表现,是人的个性中最稳定的因素。因此,大学生在就业时认清自己的气质是至关重要的。通常来说,气质没有好坏之分,但能影响一个人的工作效率。气质分为黏液质、多血质、胆汁质和抑郁质四种类型。黏液质类型的人适合于从事要求稳定、细致、持久性的工作,如医务、图书管理、情报翻译、教师、思想教育工作者、会计、外科医生等,但不适宜从事具有冒险性的工作。多血质类型的人适合从事要求迅速灵活反应的工作,如记者、律师、公关人员、艺术工作者、公安干警、外交工作、导游、军官等,但不适宜从事单调机械的工作和要求细致的工作。胆汁质类型的人适宜竞争激烈、冒险性、风险意识强的职业,如体育运动员、企业改革者、航空、勘探、探险、导演、推销员、节目主持人、探险、地质勘探、登山、体育运动等。抑郁质类型的人适合做要求精细、敏锐的工作,如诗人、作家、画家、理论研究工作者、书法家、编辑、机要秘书、服装设计等。大学生在就业中,一定要"量质结合选择",找到适合自己气质类型的工作。

4. 评价自己的能力

能力是人顺利完成某种活动所必须具备的一种心理特征,是完成任务、达到目标的必备条件。能力是在先天素质的基础上,在生活条件和教育的影响、熏陶下,在个体的生活实践中形成和发展起来的,对从事任何职业都是十分必要的。

能力和择业就业有着非常重要的关系,是择业就业的重要依据,是求职者开启职业大门的钥匙。首先,一定的能力是胜任某种职业岗位的必要条件。任何一个职业岗位都有相应的岗位职责要求,一定的能力则是胜任某种职业岗位的必要条件。其次,职业能力是人的发展和创造的基础。这是因为能力也和职业发展、职业创造有着十分密切的关系。个体的能力越强,各种能力越是综合发展,就越能促进人在职业活动中的创造和发展,就越能取得较好的工作绩效,越能给个人带来职业成就感。因此,大学生对自己的能力要有一个正确的自我认识与评价,在择业时,大学生应根据自己的能力,扬长避短,选准与自己的职业能力倾向相匹配的职业,才能在强手如林的竞争中立于不败之地。

（二）看清就业形势,树立正确的择业意识

目前,我国高等教育正从"精英教育"转变为"大众教育",大学生毕业后从事基层工作、服务性工作甚至体力劳动的现象越来越普遍。作为即将毕业走向社会的大学生,对目前严峻的就业形势一定要有清醒的认识。要转变一次择业定终身、职业有高低贵贱之分等传统就业观念,做好到边远地区或基层单位服务的心理准备。根据用人单位对人才的不同需求,不同层次的大学毕业生应根据自己的实际情况,选定自己的择业方向。那些竞争力强、综合素质较高、适应性较广、心态良好、勇于开拓进取的毕业生可以到高效益行业、发达地区、热门职位去应聘;那些具有一定的专业知识和技能、适应性不强、综合素质一般的毕业生则要相对降低期望值,克服行业偏见,必要时要敢于漂泊异乡去追梦,屈就于同学或亲友门下以求发展。总之,毕业生究竟走哪条路与用人单位的不同需求和毕业生自身的特点息息相关。

大学毕业生在择业时,要从自己的实际出发,客观地分析评估自己的文化素质、业务技能、性别特点、身体条件以及各类职业固有的标准、条件、要求等。要找准自己的位置,实事求是地选择自己力所能及的职业,并使所选择的职业有利于自身潜能的发挥和事业的发展。同时还要准确把握能力、经历与学历三者之间的契合度。能力、学历、经历这三者在职业的发展道路上是相辅相成不可分割的,大学毕业生必须在能力、经历与学历之间找到一个最好的结合点,避免三者之间出现较大的偏差。若三者之间存在较大的差距,则所选择的职业含金量就会降低。因此,掌握好职业经历、能力与学历之间的契合度是择业成功的关键。

（三）构建并完善职业所需要的知识结构

机遇只垂青有准备的人，一个人的知识结构如何，将决定他在求职择业时的自由度和取得职业岗位的层次。求职择业的准备不仅表现在毕业阶段，更重要的是学习阶段要努力构建并完善职业所需的知识结构。它包含两个方面：一是指根据未来将要从事的职业应有的准备；二是指求职择业过程中本身所应有的知识技能准备。求职者应具有合理的知识结构，不存在一个固定的、普遍适用的模式，要求求职择业者根据本身的情况和将选择的工作方向去主动调适自己，缺什么补什么。

（四）增强自我独立意识

对于绝大多数学生来说，大学生活的结束意味着自己要从无忧无虑的学生转变为一个现实的社会求职者。大学毕业生已成年，社会要求他们对自己的行为负完全的责任。因此，大学生要意识到自己将不再依靠父母而要靠个人劳动来保障自己的生活，要有独立生活的意识，能够接受求职择业这样一个现实；要主动地克服依赖性，在校期间有意识地培养自己的独立意识。首先要培养自己独立生活的能力，学会自立。其次要注重培养独立处理学习、生活和应付社团工作的能力，最大限度地发挥自己的创造性。最后要在思想上和心理上不断走向独立，对重大问题要有自己的见解，重大抉择要自己拿主意；努力培养自己的自信心，无论面对成功与挫折、身处顺境与逆境，都能坦诚地对待自己，相信自己的能力，做到自尊、自爱、自信、自强；保持乐观进取、积极健康的心态，用自己的聪明才智，创造美好的未来。同时，在求职择业过程中，要克服依赖心理，不要因为缺乏自信或者遇到挫折，就把找工作的希望完全寄托在父母身上，寄托在"托人情，找关系"上。一定要充分做好不依赖任何人、自主择业的心理准备，实现真正意义上的独立。

（五）培养良好的职业理想与职业道德

职业理想是人们特有的对自己职业生活的规划，是以客观发展的可能性来展示明天的现实。它同奋斗目标相联系，是人们对未来美好现实的向往和追求。良好的职业理想应体现在两个方面：一是要能造福人类；二是要实现人与职业的合理匹配，如人的生理、心理特点不同，适应的职业范围也不同。

职业道德是从事一定职业的人们在其特定的工作或劳动中的行为规范的总和。职业道德对于协调个人、集体与社会关系，规范职业行为，提高社会文明程度具有重要意义。社会主义职业道德的主要规范是有以下几点。

(1)忠于职业,热爱本职。

(2)对人民极端热忱,努力满足社会和人民的需要,树立"主人翁意识"和"为人民服务的意识"。这是我们职业道德的精髓。

(3)刻苦钻研技术,对技术精益求精。

(4)各业协作,同行相亲。

(5)努力实践,严格遵守职业规范。职业规范包括经济的、行政管理的、业务技术的,也包括道德等方面的行为规定,通常表现为必要的规章制度和程序等。

良好的职业理想与职业道德不是要有就有,必须在学习实践的过程中加以培养,修身养性,年青的大学生们在大学期间必须加强此方面的培养,否则,当你在新的岗位上我行我素,不调整自己,是很难立足于社会的。在如此竞争激烈的社会中,每个岗位都对应聘者提出了严峻的挑战,只有大学生在学习期间培养了良好的职业理想与职业道德,才能更好地为人民服务,为社会服务,为单位做出应有的贡献。

(六)做好就业前的具体准备工作

充分的准备是事情成功的前提,就业也是如此。做好就业前的具体准备工作,大学生在择业前应首先做好几下三大方面的工作。

1. 广泛收集和把握求职就业信息

在大学毕业生求职就业的过程中,就业信息起着十分重要的作用。谁能及时获取信息,谁就掌握了求职择业的主动权,谁获取的就业信息量大,谁择业成功的机会就多。

2. 精心准备求职材料

大学毕业生要想尽快实现就业的愿望,就必须利用各种途径和方法来宣传自己,展示自己。让用人单位充分地了解自己,选择自己。而求职材料是大学毕业生自我推销的重要工具。求职材料主要包括个人简历、求职信、推荐信。这里我们主要介绍前两种。

(1)个人简历。个人简历一般由开头的概括,中间部分和结尾三部分组成。开头的概括包括标题、个人姓名、年龄、性别、学历等。中间部分写个人资格和个人能力,说明所受的教育,即所学的专业和自己的特长,工作经历等。如果是应届毕业生,就要说明自己所从事的社会实践活动以及所取得的成绩。陈述时一定要说出最主要、最有说服力的资历和能力。语气要坚定、有力,不要让人产生怀疑。在陈述个人求职资格和能力时,不要提及太多有关个人要求、理想和性格等方面的问题。结尾一般是提供能证明自己资格和能力的材料和证明人。结尾要附的证明材料有:学历证明、学术论文、获奖证书、专业技术资格证书以及专家或教授的推荐信等。这些材料要附在简历的后面,而不要写在简历上。制作个人简历要求做到:简明扼要、准确无误、整洁清晰。

(2)求职信。求职信实际上就是自我介绍信,是争取与用人单位进行面试的前提。一封好的求职信,等于求职成功的一半。因此,对于广大毕业生来说,写好求职信是十分重要的。

写求职信时应该把握以下问题。

第一,未来的职位需要什么,在你期望得到的职位中,什么样的技能、知识和经历是最重要的。

第二,对于某个职位而言,你有什么优势。在强调自己专业特色的同时,要着重强调自己的工作经验和能力。因为工作经验和能力是信中最主要的内容,也是招聘单位最看重的部分。

第三,如何把你的经历与某些职位挂钩,请你列举自己曾获得的两个以上的具体荣誉和成果,以此来证明自己的优势。

第四,你对所应聘的单位了解多少,包括他们的产品、企业文化、服务宗旨等。

3. 做好面试的准备

面试是大学生择业的一个重要环节,应当予以充分重视。面试的准备主要从以下几方面入手。第一,了解用人单位的情况。大多数招聘者都会提出与本单位有关的问题,因此,大学生求职者在面试前,应通过网络、报纸、电视等媒体或熟人介绍等方式去搜集用人单位的信息,如历史、规模、主要业务、用人特点与要求等,从而在面试时能有的放矢。第二,进行模拟问答。用人单位在面试过程中常会提出这样或那样的问题,求职者应对用人单位在面试中可能提出的问题做出预测,并进行模拟问答。第三,讲究面试的礼仪。在日常社交中,礼仪是不可少的,在面试时,求职者更应注意讲究礼仪。面试时要遵守时间,一般可提前 5~10 分钟到达面试地点。衣着应整洁,不要给人不修边幅之感。举止要自信文雅,表情要自然,动作要得体,坐和立都要保持良好的姿态。要注意聆听对方的讲话,向对方介绍问题时,眼睛要注视对方,不要东张西望。第四,保持良好的精神状态。在参加面试前要适当放松,调整自己的心态,应注意休息,以便有充沛的精力参加面试。第五,面试时的语言表达也是十分重要的。面试者回答问题时口齿要清晰,注意控制说话速度,保持语言流畅,答话要简练完整,注意不要用口头语和不文明语言,注意语调和速度的正确运用。第六,面试中,掌握答问技巧对应聘者十分重要。回答时要抓住重点,言简意赅、切忌长篇大论,让人不得要领。对招聘者提出的问题不可简单地用"是"或"否"作答,应讲清原因和理由,进行适当的解释。

第十章　珍爱生命:大学生心理危机的干预与生命教育研究

社会经济的发展和教育体制的改革为大学引入了许多新鲜元素,也带来了很多改变。大学生不再像过去一样生活在单纯的"象牙塔"里,他们每天都能接收到来自网络、媒体、周围人群等不同社会价值观的冲击。与此同时,处于青年期的大学生虽然生理如成人般发育完全,但心理还未达到成人的成熟水平,两者之间并不协调,这就造成他们在遭遇应激事件时容易情绪不稳,无法进行妥善处理,从而引发心理危机。近年来,大学生自杀事件频发。因此,有必要了解大学生心理危机和生命教育的相关知识,从而保证其健康成长。

第一节　心理危机概述

一、心理危机的概念

"危机"一词的外延是比较广泛的,人类在生活的各个方面都存在着危机,有的危机是可以表现出来的,有的危机则是潜藏其中的。在当代社会大发展的背景下,任何事物的存在与发展都有一定的危机,如人口危机、环境危机、能源危机、经济危机、文化危机、道德危机、信仰危机等。

最早提出了心理危机的概念的是美国的著名心理学家卡普兰,1954年,他把心理危机作为研究对象进行了深入的分析。他认为,心理危机的产生主要是由于个体在面临重大的或是突发的生活打击(如婚姻破裂、亲人死亡以及天灾人祸等)时,内心出现失衡而产生的。随后,许多学者又对其进行了研究,并且提出了相应的研究结论。本书对心理危机的定义是这样的:心理危机主要指的是个体处于一定的困境中,用正常的应对方式不足以处理问题时,其在行为、意识以及情感方面出现的功能失调现象,进而产生了不平衡的心理状态以及心理反应。由此得出,心理危机是个体心理失衡的表现,这种表现主要集中在人的精神领域,表现出来的就是精神的困扰、忧虑、失常。长此以往,形成心理障碍。

二、心理危机的类型

由于引起心理危机的因素有很多，因此心理危机的分类也有很多种。归纳来说，心理危机的类型主要有以下几种。

（一）境遇性心理危机

境遇性心理危机是指个人无法预测和控制，或罕见的、突然发生的事件所导致的危机。例如，遭受突发的外部事件（如父母在车祸中双亡、失业、彩票中大奖等）而引起的情绪和行为失调，或受到突然的侵犯和恐怖事件（如遭遇强奸、抢劫或遭遇火灾、爆炸等事故等）而引起的情绪和行为失调。这种心理危机具有随机性、突发性，在大学生中也占据较大的比重。

（二）病理性心理危机

病理性心理危机主要指个体因为身体疾病而产生的心理失衡现象。伴随着这一现象常常会出现焦虑、抑郁、精神分裂等病症。还有一些失调的行为也被包括在病理性危机中，如品行障碍以及违法犯罪等。

（三）发展性心理危机

发展性心理危机是指因日常生活中出现的变化和选择等冲突所引起的不良反应，如升学、就业、结婚、工作等诱发的危机。这类危机是正常的、不可避免的，每个人都会遇到的。此外，这类心理危机的危机时期比较短暂，但变化急剧。如果能顺利度过这种危机时期，将会促进个体的心理发展，帮助个体获得更大的独立性，有效提高个体的人际关系能力。

（四）存在性心理危机

存在性心理危机是指由重要的人生问题所带来的危机和冲突，如责任、独立、承诺等。这种危机可能由现在的实际情况引起，也可能由对自己过去不满所引起。在高校中，许多大学生开始思考人生的目的、责任、自由、独立性等深度问题，但由于认知水平有限而常常陷入空虚、无望的状态，并因此表现出无希望、无能力、无作为的感觉，这很容易导致抑郁，进而产生心理危机。

三、心理危机的阶段

心理危机的产生不是一蹴而就的，它需要经历一个过程。而且，不同的个体产生心理危机的时间也是不相同的，短时间的需要 24～36 个小时，长时间的也在 4～6 周之内。至于心理危机的发生阶段，具体来说有以下几个。

第一，当个体对未来的生活充满恐慌或者是不安时，他们的内心就处于一种失衡的状态，警觉性会提高，开始产生紧张感觉。在这个阶段，个体通常是一种封闭的状态，不愿意向他人透露自己的焦虑，而是采用自己习惯的方式对之进行处理，想要重新找回心理平衡。

第二，当个体采用自己习惯的方式解决问题时，常常是达不到理想的效果的，所以他们在原来问题的基础上又增加了新的焦虑，并且想尽各种办法试图解决问题。然而，效果并不明显，高度紧张以及焦虑的情绪会影响他们的冷静思考，使其使用的各种办法对解决问题没有太大的帮助。

第三，当个体努力地使用各种办法解决问题而没有成功时，他们的焦虑感又会进一步的增加，渴望寻找到新的方法来解决问题。在这个阶段，他们不再是自我封闭的个体，而是积极地寻求他人的帮助，希望通过他人的指点找到新的途径。此时，个体非常容易受到他人的暗示或影响。

第四，如果个体的所有办法都行不通，那么他们就会产生一种失意的、无助的挫败感。他们对自己没有任何的信心，对问题更多的是充满了恐惧，对自己的能力产生怀疑甚至认为整个人生都是了无生趣，从而走上了一条不归之路。在这个阶段，个体承受着最大的压力，完全有可能触发内心深层的矛盾冲突，然后整个人都走向了崩溃的边缘。因此，这个阶段的个体必须获得来自外界的帮助，这样才可以顺利地度过心理危机。

四、心理危机的评估

（一）心理危机评估的内容

在进行心理危机评估时，必须包括以下几方面的内容。

1. 危机状况的评估

在实施危机干预措施之前，应当对处于危机中的个体进行综合状态的评定，如危机面临者的认知状态、情感反应、行为改变的程度以及躯体反应方面的表现等。当一个人出现心理危机时，当事人可能及时察觉，也有可能"未知未觉"。无论何种情形，当个体面对危机时都会产生一系列身心反应。具体来说，在对危机状况进行评估时，可具体从以下几方面着手。

第一，出现心理危机的人常表现为注意力不集中、缺乏自信、无法做决定、健忘、效能降低、不能把思想从危机事件上转移等。

第二,出现心理危机的人常表现为肠胃不适、腹泻、食欲下降、头痛、疲乏、失眠、做噩梦、容易受到惊吓、感觉呼吸困难或窒息、有梗塞感、肌肉紧张等。

第三,出现心理危机的人常表现为害怕、焦虑、恐惧、怀疑、不信任、沮丧、忧郁、悲伤、易怒、绝望、无助、麻木、否认、孤独、紧张、不安、愤怒、烦躁、自责、过分敏感或警觉、无法放松、持续担忧、担心家人安全、害怕死去等。

第四,出现心理危机的人常表现为社交退缩、逃避与疏离、不敢出门、容易自责或怪罪他人、不易信任他人等。

2. 紧急程度的评估

紧急程度的评估主要包括以下几个方面。

第一,危机的严重程度的评估。

第二,求助者或他人是否存在生命危险,即是否有自杀、攻击或杀人等其他危险。

第三,危机根源的认定,即影响个体出现心理危机的到底是危机事件本身,还是在处理危机事件过程中出现的过渡状态,还是社会文化等因素。

3. 自杀危险性的评估

处于危机中的人不一定都会出现自杀的意念或行动,但心理危机干预者必须在整个干预过程中经常对当事人自杀的可能性做出一定的了解,因为自杀行为有多种形式,并且可能以多种形式进行掩饰。危机干预者应该认识到,每一个处于危机中的人都存在自杀的可能性。

心理危机干预者要想正确地评估自杀危险性,就应当了解自杀意图。心理学家海威顿认为,青少年自杀会呈现出多种表示,如向他人寻求帮助;希望从挫折环境中逃离;将可怕的想法表达出来;试图影响他人或使他人改变主意;忽然表达对别人的爱;对于过去做过的事向某人道歉;为他人做些好事;害怕重复他人走过的路;希望别人理解自己内心的感受;希望发现对方是否真爱自己;情况不能容忍以致他必须做些事情改变却不知如何改变;生活失去控制却不知道如何使其回到轨道;想死,等等。

(二)心理危机评估的方法

心理危机评估的方法有很多,主要包括以下几种。

1. 与被评估者建立良好的咨访关系

在进行心理危机评估时,与被评估者建立良好的咨访关系是极为重要的一步。在心理危机的评估过程中,评估者一般都需要与被评估者进行沟通,以了解具体情况。如果关系处理不好,被评估者要不就不配合评估,使评估难以继续;要不就作出假的叙述,使评估者难以区分。因此,评估者应采取适当的手段来调节双方情绪,建立良好的咨访关系。

2. 进行心理测评

通过咨访、个体自述等方式进行心理评估时,有些个体会有意无意地回避,甚至欺骗、否认一些问题与想法。针对这一情况,评估者可通过MMPI(明尼苏达多相人格调查表)心理测试、16PF(卡特尔 16 项人格问卷)、EPQ(艾森克人格问卷)、房树人投射测试等心理测验来验证被评估者的叙述,从中发现一些人格因素,从而作出正确的评估。

3. 与被评估者的亲密关系人进行访谈

为了验证个体自述的真实性,还有一种最直接、有效的方法就是与被评估者较熟悉的社会关系,如父母、亲友、同学、教师等进行访谈。访谈是一种有目的、有计划地通过与被访谈者的面对面交谈来收集所需资料的方法。这种方法能够帮助评估者有效地了解、解释个体产生心理危机的原因。

4. 倾听被评估者的自述

要想在评估过程中作出准确的评判,评估者必须清楚地了解到被评估者心理危机产生的过程,目前的困难,有何意图、计划和行动等。除此之外,还应了解被评估者对家庭环境、成长历程的看法及应对方式等。所有这些都需要被评估者作出真实的自述,因此,评估者必须当好一个倾听者,耐心听被评估者的自述,并适时给出合理的引导。此外,在倾听过程中,评估者也要注意以下几个方面。

第一,要多听少说。

第二,要倾听自述者的全部信息。

第三,要适当地提问。

第四,要鼓励被评估者表达感受。

第五,要避免中途打断被评估者的自述。

第六,要学会移情,即从说话者的角度理解信息。

第二节　大学生心理危机的干预

一、大学生心理危机的概念

大学生的心理危机是指个体在大学阶段所面临的心理问题。他们面临的困难是内心不能承受的，由于过度的担心而导致精神的极度抑郁、焦虑，甚至在心理上不能自拔、失去控制。大学阶段，是大学生成长的重要时期，也是他们从学校向社会过渡的关键阶段。因此，他们面临着各种多变的环境，心理也就容易产生各种各样的问题。此外，因为大学生的学校生活具有群集性以及群体构成的同质性等特点，所以大学生的许多行为都有互相传染的特点，这就使得心理危机的处理问题变得至关重要，如果不能运用正确的方法对大学生的心理危机加以干预指导，这种情况就很可能被扩散蔓延，甚至引起整个校园的混乱，严重阻碍了大学生的心理健康成长。

二、大学生心理危机的特点

大学生心理危机是大学生内心的某种无法控制的心理状态，其主要呈现出以下几大特点。

（一）潜在性

大学生的心理危机一个明显的特点就是潜在性。他们内心的问题并不会直接表露出来，而是深深地埋藏在心底。当遭遇到某些危机性的事件时，才会在其心理形成危机。因而，大学生在心理危机上具有潜在性，随时都有爆发的可能。

（二）复杂性

心理危机的问题是多种原因造成的，因而心理危机的形成也具有一定的复杂性。同时，心理危机一旦产生，就会随之产生很多复杂的问题。例如，在大学阶段，大学生能获得多方面的满足，包括学业、爱情、专业技能、事业进步等，但同时，他们也承受着巨大的压力，很多事情需要他们自己进行抉择。一旦他们直面这些矛盾和冲突，处理不好就会引发各种心理危机，并且这些危机背后都有极其复杂的原因。

（三）易发性

大学生的年龄普遍处在 18～25 岁之间，在这一年龄段，他们的心智尚且不够成熟，仍然处于一个向成熟阶段过渡的时期。然而他们的社交活动与他们的心理年龄并不相符。因此，大学生在心理上具有消极心理与积极心理并存的特点，一个很小的问题都可能引发极大的冲突。所以，如果对小问题处理得不够及时，随时可能引发大学生严重的心理危机。可见，大学生的心理危机具有非常强的易发性。

（四）危险与机遇并存

心理危机中既有危险又有机遇。因此，我们可以说心理危机是一把双刃剑，它具有积极与消极两个方面的性质。大学生在产生心理危机的同时，也会伴随着某些机遇。从危险的角度来讲，心理危机可能会使大学生产生严重的病态心理与过激行为，包括自杀倾向以及杀人冲动。从机遇的角度来讲，大学生在遭遇心理危机的同时，也会有相应的机遇产生。比如说大学生在产生心理危机后，积极寻求来自他人的帮助，在他人的帮助下，危机化解，促进了自身的健康成长，这就是心理危机为其提供的成长契机。又例如，心理危机会导致心理失衡，常常会使大学生产生焦躁不安的情绪，这种情绪伴随着大学生的成长，甚至成为可以利用的一种工具。如果利用得好，他们就能够抓住这一机会，及时调整自己的心理和行为，适应变化，促进心理健康。

三、大学生产生心理危机的原因

大学生产生心理危机的原因主要包括以下几方面。

（一）个体与自我产生冲突

这主要是属于大学生自身的原因，体现在以下两个方面：一方面是大学生内心的矛盾冲突。大学时期是成长的特殊时期，大学生的心理发展也进入了特殊的阶段，他们的心理处于一个失衡的状态，甚至在自我的内心中也有一个本我与他我的冲突斗争。这种冲突斗争主要是由现实与理想之间的差距、依赖性与独立性的共存以及理性与非理性的交织引起的。另一方面是大学生的人格发展不够完善。这一时期的大学生人格发展尚未健全，从他们对待问题的表现就可以看出来，如或是只关注表面现象，过分依赖他人，性格内向，不够自信，做事瞻前顾后；或是行为冲动，情绪容易激动等。这种类型的大学生比较容易产生心理危机。

（二）个体与环境产生冲突

由于环境具有多种要素，因此，个体与环境的冲突也表现在多个方面，如个体与学校环境的冲突上、个体与家庭环境的冲突、个体与网络环境的冲突、个体与社会环境的冲突等。其中，尤其是网络环境，它所营造的虚拟世界，使很多大学生沉溺其中、不能自拔，甚至部分大学生长期沉溺于网络，以致分不清虚拟与现实。

（三）个体与他人产生冲突

很多大学生把自己置于封闭的环境中，即使有心理问题也不愿向周围的人倾诉，获得来自他人的帮助。长此以往，他们的承受能力越来越差，必然会引发心理危机。造成这一问题的原因，主要有三种，一是人际关系适应不良或交际困难，二是失恋或情感问题，三是心理支持系统的缺乏。

（四）观念价值体系与文化价值体系产生冲突

观念价值体系与文化价值体系的冲突最终导致了心理危机的产生。观念性的价值体系，常常在我们的日常文化生活中体现出来。这种观念和意识决定着人们的生活行为。人们根据自己的观念和意识决定"什么是有价值的""什么是有意义的"。随着现代社会的快速发展，人们难以将观念价值体系与文化价值体系有机地结合起来，无法对二者之间的结合做出一个合理的认知，从而产生心理危机。

四、大学生心理危机的预防

大学生心理危机的预防，是指大学生自身如何从根本上预防心理危机、应对心理危机的能力。具体来说，大学生可以通过以下几个措施来预防心理危机的产生。

（一）不断完善个性品质

个性是心理危机是否发生的重要内在决定因素。事实证明，心胸宽阔、乐观开朗、意志坚强、独立性强的人，往往比心胸狭窄、消极悲观、意志脆弱、依赖性强的人更能承受和面对挫折，不易陷入心理危机。有的人已经形成了某种不良的个性品质，要下决心进行"改型"。个性虽有一定的稳定性，但它又是可变的，只要自己下决心去改，是能产生明显效果的。完善个性品质的方法，一是提高文化水平，二是加强道德修养。因为人的个性的形成是受人的文化水平和道德水平影响的。有文化、有道德的人，就会有理性，就能以正确的态度去对待现实生活，这就有助于形成良好的个性品质。

（二）学会理性认知

现实中,许多人往往存在一些不良认知,即歪曲的、不合理的、消极的观念、信念、想法,它们不同程度地影响着人的正确判断、合理选择和行为表现,导致消极情绪的产生,成为心理挫折、心理危机出现的重要原因。

大学生要学会改善自己的认知,提高理性认知水平。首先,要善于学习,用丰富的知识充实自己的头脑;其次,要善于思考,善于思考的人才是真正的智者;再次,要善于调适,发现自身认知中的问题并加以改进,还可以从具体情境和问题所产生的不良情绪入手,如采用情绪管理中的"理性情绪疗法"。

（三）理性地面对挫折

挫折是引起心理危机的重要外因。理性地面对挫折,可以有效防止心理危机的发生。理性地面对挫折要做到:一是挫折准备;二是挫折判断。

挫折准备是指事先对可能产生的困难、挫折做好充分的心理准备,即"做最坏的打算"。挫折判断是指对挫折的实际状况和后果的严重程度有客观的认识和评价。只有对可能产生的挫折有充分的心理准备并客观地对挫折做出判断的人,才能使挫折带来的心理影响最小化。

（四）不断提高应对能力

提高应对困难和挫折的能力的一个重要方面,是能合理运用心理防御机制和恰当的调控方法,如倾诉、宣泄、转移、自我暗示、放松训练、心理咨询等。

（五）切实加强生活磨炼

经历生活磨炼的人具有更强的抗挫折能力。大学生过去的人生经历相对来说比较顺利,因此更需要主动加强生活的磨炼。除了向成功人士学习,大学生更要通过亲身实践,给自己更多的磨炼机会,在实践中去感受困难、锻炼意志、提高自己。

五、大学生心理危机干预的过程

（一）明确问题

面对处于困境或遭受挫折和将要发生危险的学生,干预者应首先从学生的立场出发,确定和理解学生所面临的问题。在此过程中,可通过开放式问题和积极的倾听来收集信息。有时候,危机干预对象会透漏出与语言信息不一致的非语言信息,因此,干预者一定要做到准确地判断问题。另外,干预者要帮助危机学生改变不合理认知,指出其自身问题与事件和环境的关系,并围绕其核心问题将各方面的问题澄清,明确迫切需要解决的首要问题。对有严重问题,同时又高度情绪化或防御心强的学生,危机干预者应避开回答离题太远的问题。

(二)信息报告

学校各院系要建立起通畅的学生心理危机信息反馈机制,做到在第一时间掌握学生心理危机动态。发现危机情况者(包括学院领导、老师)应立即向班级班主任或辅导员报告,班主任或辅导员迅速向所在系心理危机应急处理工作小组组长报告,该组长需立即向大学生心理危机评估与干预工作办公室主任报告,办公室主任视危机严重程度酌情向大学生心理危机干预工作领导小组及时汇报。

(三)保证安全

在即将实施干预措施前,首先应当保证干预对象的安全,要将对自我和对他人的致死性、危险程度、失去能动性等降低到最小的限度。不论是检查评估,还是倾听和制定行动策略,都要时刻注意安全问题。特别在与学生家长做安全责任移交之前,院系"心理危机应急处理工作小组"应对该生作 24 小时特别监护,对心理危机特别严重者,院系"心理危机应急处理工作小组"组长安排院系相关人员协助保卫人员进行 24 小时特别监护,或在有监护的情况下送医院治疗。

(四)通知家长

在进行即时监护的同时,学校相关院系的"心理危机应急处理工作小组"应以最快的速度通知家长或监护人来校,与他们商议进一步的处理措施,此时,院系要做好相应记录。

(五)进行阻控

院系对于有可能造成危机扩大或激化的人、物、情境等,进行必要的消除或隔绝。对于学校可调控的可能引发其他学生心理危机的刺激物,院系应协助有关部门及时阻断。当然,有时候为了提高学生的安全感,也可给学生提供相关的信息,让学生得知危机事件的始末以及目前的情况。

（六）提供支持

在此阶段，干预人员要与心理危机学生进行充分的沟通和交流，在此过程中，要使用关心的、积极的、接受的态度，一定要让学生认识到干预人员是能够提供支持和帮助的。在学生充分信任干预人员的基础上，干预人员要帮助干预对象探索替代的解决方法，并转化为积极和有建设性的思维模式，让其明白还有很多可变通、可供选择的应对方式，促使其采取行动努力，获得社会支持。

（七）制订计划

当心理危机学生做出行动努力，并获得社会支持后，干预人员就应与学生共同制订行动步骤，来缓解学生情绪的失衡状态。计划的确定一定要考虑学生的应付能力，计划的内容主要包括具体的行动步骤和能提供及时帮助的其他个人、组织团体和机构。

（八）实施治疗

对于一般的心理危机，干预者与心理危机学生应共同努力，通过所制定的具体行动步骤来逐步解除学生的危机；对于需住院治疗的，必须在家长的陪同下将学生送至专业精神卫生机构治疗；对于可以在校坚持学习但需辅以药物治疗的学生，院系应与其家长商定监护措施；对于一些严重抑郁症、有消极观念或行为的学生，要尽早转介到专科医院治疗，使危机学生的病情迅速得到控制，防止自伤或自杀等校园内恶性事件的发生。

（九）获得承诺

心理危机干预的最后一个步骤就是获得承诺与保证，具体任务是帮助干预对象向干预人员承诺采取确定的、积极的行动步骤。这些行动步骤必须是当事人自己愿意采取的，也是可行的。在结束危机干预前，干预人员应该从求助者那里得到诚实、直接和适当的承诺。

六、大学生心理危机的极端表现——自杀

（一）大学生自杀的原因

进入大学之后，大学生需要独自面对生活、学习的压力，当出现他们无法解决的问题时，他们就会产生极度的孤独、悲观、恐惧、自卑、悔恨、羞愧、

内疚、空虚等不良情绪，认为自己已经到了走投无路的时候，将自杀视为解决问题、避免痛苦、自罪自责的手段。也有一些自杀行为是因为偶然事件引起情绪失控而做出的冲动行为。一般来说，大学生自杀有着复杂的原因，主要包括以下几方面。

1. 学习压力过大

在大学生自杀事件中，很大一部分是因为学习压力过大。

2. 心理疾病

心理疾病是大学生自杀的首要原因。一些大学生长期患有抑郁症、精神障碍，或是个性有缺陷、网络成瘾、期望过高而产生失落感等心理疾病，这类大学生更容易做出自杀行为。

3. 遭遇爱情挫折

大学生自杀的另一个重要原因是遭遇爱情挫折。近年来，大学生因为恋爱失败而自杀、失踪或者伤害他人的案件，时有发生。

谈恋爱是一个极其耗费精力的行为，大学生如果处理不好就会将大学生活变成一团乱麻，一旦失恋就会出现精神萎靡、过度伤心等情况，甚至会出现轻生的念头。此外，暗恋表白失败也会让大学生产生不良情绪，出现轻生念头。还有一些大学生爱情观不正确，遭遇爱情挫折时会做出违法犯罪行为。

4. 家庭原因

大学生的成长与家庭密切相关，家庭结构、家庭气氛、家庭教育方式和对大学生的成长有重要影响。有些家庭教育方式不当，父母过度溺爱或干涉子女，致使子女脆弱敏感，在遇到挫折时会选择自杀这种极端行为来逃避责任。此外，家庭成员不健全的家庭长大的孩子容易出现自闭、自卑等多种心理问题，在遭遇困境时，不能正确对待，最终结束自己的生命。

5. 社会压力

随着社会的发展，高校扩招，大学生人数越来越多，就业压力越来越大，这使得不少大学生产生了不同程度的心理恐慌，严重的就会出现自杀意念。

此外，人际关系紧张、挫折承受能力较弱，思维方式不成熟、媒体负面效应、不良文化的模仿、生活中的重大报失等也是导致大学生自杀的重要原因。

（二）大学生自杀的过程

大学生自杀行为的发展过程一般包括以下三个阶段。

1. 意念形成阶段

自杀意念、动机的形成阶段是大学生自杀行为发展的第一阶段。当某个大学生陷入表面上无法容忍、无法解决的困境，并且认为只有结束生命才能摆脱困境的时候，就会产生自杀意念或自杀动机。

2. 矛盾冲突阶段

这是大学生自杀行为发展的第二阶段。当大学生形成自杀意念或动机之后，其求生的本能与自杀的意念相互矛盾，想要自杀的大学生会陷入这种生与死的矛盾冲突状态，难以最终做出自杀决定。此时，他们会经常讨论与自杀有关的话题，反复预言、暗示自杀。

3. 平静准备阶段

在此阶段，想要自杀的大学生经历过矛盾冲突之后，似乎已经从选择困境中解脱出来，抑郁情绪缓解，表现得很平静，也不再讨论或者暗示自杀，周围人会逐渐认为他心态变好，然后会放松警惕。在此时，想要自杀的大学生就会做好最后的准备工作，选择自杀方式，等待自杀时机。

（三）大学生自杀的预兆

总的来说，一般自杀或者自杀未遂的大学生在想要自杀时会出现以后几种预兆。

1. 情绪方面的预兆

有自杀倾向的人一般情况下性格是比较孤僻的，他们不愿意对人敞开自己的心扉，遇到问题后就采取封闭的方式，是自己陷入孤独、无助。如果这种情绪长期不能排解，他们的自信心、自尊心就会丧失。具体来说，想要自杀的大学生往往表现为高度的焦虑、抑郁、紧张、悲伤，且伴随恐惧、烦躁、愤怒、敌对、失望和内疚等。其中最主要的情绪预兆包括以下三种。

第一，认为自己很无助。大学生一旦遇到困难，在没有人帮助的情况下，就会感到孤立无援，内心的失落感就会油然而生，进而助长了更加孤独的情绪。在这种情况下，他们会胡思乱想，认为没有人会帮助自己是自己的人格魅力不够或是其他方面的原因，从而造成了自尊心的下降，甚至患上了抑郁症。

第二,认为自己很倒霉。他们认为命运是在和自己开玩笑,上天可能是在故意捉弄自己。所有事情的发生可能都是天意,他们会抱着天命难违的态度来消极地处理事情。虽然事件的发生是偶然的,包括受伤、丢失钱物、工作失败等,但他们自认倒霉的态度增加了事件的负面影响。

第三,表现出绝望的情绪。绝望是无助最严重的一种情况,它是终止生命的最强信号,当一个人长期遭受了不幸的事情,又没有人陪伴排解消极的情绪,就会绝望,此时他们很容易采取自杀措施以一了百了。

2. 躯体方面的预兆

想要自杀的大学生常常会出现失眠、多梦、早醒、头晕、食欲不振、心悸、胃部不适、四肢乏力等多种躯体不适表现,部分还出现血压、心电生理及脑电生理等变化。

3. 认知方面的预兆

想要自杀的大学生往往深深沉浸于悲痛中,导致记忆和知觉改变,难以区分事物的异同,体验到的事物之间的关系含糊不清,做出决定和解决问题的能力下降。

4. 行为方面的预兆

想要自杀的大学生往往会有悲伤的表情、哭泣或独处等反常行为,行为和思维不一致;不能专心地学习;拒绝帮助,认为求助是软弱无力的表现;回避他人或以特殊的方式使自己不孤单;还会出现过去没有的非典型行为。

(四)大学生自杀的预防

1. 从社会角度进行预防

每个生活在社会中的个体,都不可避免地受到社会环境的影响,如果这个政局稳定、言论自由、法律公平公正、经济繁荣发展、文化欣欣向荣,生活在这个环境中的个体会体验到安全感、幸福感,对社会生活充满积极正面的态度;反之,则令个体对现实生活失去信心甚至产生报复社会的心理。因此,净化社会环境,营造一个有利于学生健康成长的环境,对防范大学生心理危机可以起到事半功倍的作用。具体来说,可从以下几方面入手。

第一,要积极鼓励建设一支由专业人员组成的危机干预服务机构,出台相应的扶持政策,使得危机干预服务成为一项普及的社会服务,从而及时而有效地遏制一些极端心理危机事件的发生。

第二，要积极为大学生营造公平的就业环境。自改革开放之后，我国迎来了一个更加自由开放的时代，个体对于职业的选择也更具多样性，但是受到社会偏见、家庭背景等多种因素的影响，仍有许多不公存在。导致许多大学生产生了"学得好，不如出生好"的错误认知。正是诸如此类不正确的认知导致大学生产生很多负面消极的情绪，最终导致极端心理危机事件的发生，所以社会需要给大学生一个公平公正的就业环境。

第三，要坚持教育育人的目的，推进素质教育的落实与传统教育改革，以改革大学生学习的整体环境。

第四，要营造良好的社会风气。大学环境是一个相对自由的环境，因此，社会上的各类信息很容易地就被大学生所获得，各种信息鱼龙混杂，大学生常常容易被表象迷惑，因而产生不同程度的影响。因此，各类的媒体信息在做社会报道的同时，一定要本着真实、客观的原则，不能为了制造噱头而夸大其词，甚至做出错误的舆论导向，以影响大学生的价值判断。

第五，要做好教育经费监控和管理工作，坚决打击教育乱收费现象，同时鼓励社会各界积极参与贫困大学生帮扶活动，全力救助贫困大学生。此外，学校或社会应为贫困生提供更多勤工助学的岗位，在帮助贫困生解决经济问题的同时帮助他们树立生活的信心。

第六，要积极向公众进行心理危机相关知识的宣传，并加强对公众的心理健康教育，以切实提高公众对心理危机的认知，并掌握相应的心理危机解决办法。

2. 从家庭角度进行预防

大学生在进入校园后，虽然离开了父母，开始独立生活。但是，大学生的学习与生活，仍会受到家庭的影响。因此，塑造良好的家庭氛围，完善家庭教育功能是预防大学生心理危机产生的一个重要举措。具体来说，父母需要做好以下几方面的工作。

第一，父母要不断学习新的知识，掌握科学的家庭教育理论，以更好地对孩子进行教育。

第二，父母在孩子出现了极端心理危机时，要积极与学校配合，加强对孩子的心理教育与辅导，引导其养成健康的心理，消除或最大限度减少极端事件给孩子造成的心理阴影。

第三，父母在孩子出现了极端心理危机或是有出现极端心理危机的倾向时，不能一味地责怪孩子，也不能对孩子的行为听之任之，而是要对他们晓之以理、动之以情，引导孩子认清善恶美丑，让他们感到亲情的温暖，帮助和鼓励他们走出困境。同时协助各方追本溯源、查疏堵漏，避免和化解各种危机。

第四，家庭成员之间要经常进行互动交流。大学生与家庭成员进行交流，能够及时消除心中的不快与烦闷，仍然能够用积极乐观的心态去对待生活与生命，并认为自己的生命是充满意义与价值的。

第五，家庭成员之间的关系要和睦相处，为大学生提供一个和谐、欢乐的家庭氛围，在这种气氛的带动下，大学生的情感体验也是快乐而积极的。他们能感受到生命的美好，渴望自己的生命价值得到发挥，他们以友善的眼光看待周围的一切，他们对自己、对他人、对自然界都是充满友爱的。这是一种潜移默化的大学生生命教育。

3. 从学校角度进行预防

大学生的时间几乎都是在学校度过的，因此学校对大学生的心理健康发展负有重要的责任。具体来说，学校为预防大学生出现极端心理危机，可以采取以下几个有效的措施。

(1)积极营造有利于大学生身心健康发展的教育文化环境。大学生的学习与生活，都是在大学校园中展开的，而且大学校园的氛围对于激发大学生的学习热情、陶冶大学生的情操、净化大学生的心灵、引导大学生身心的健康发展等富有重要的责任。因此，进行大学生极端心理危机的预防完全可以通过营造优良的校园文化环境，充分发挥校园文化积极向上的功能，把不良思想扼杀于萌芽状态，预防大学生心理危机的产生。具体而言，高校可从以下两方面着手进行校园文化环境的建设。

第一，开展丰富多彩的校园文化生活，加强校园文化建设。通过良好的校园文化来缓解大学生的心理压力，促进人际交往的发展、锻炼社会实践能力，培养其积极向上的生活态度，使大学生形成良好的个性。

第二，对大学生中的特殊群体提供实质上的帮助或心理上的支持，如为贫困大学生办理助学贷款、提供勤工俭学岗位等，使贫困生减轻因经济拮据带来的心理压力；对即将毕业的学生加强就业指导，保证就业信息渠道的畅通，以减少就业压力。

(2)加强教师的言传身教。如今的大学校园，对于教师的选拔及评价制度是一种表格化的制度，"教师＝学历＋职称"，对于教师来说最为关键的道德品质被忽略了，高学历的教师们忙于评职称，忙于出成果，职称的提高、成果的丰富能使其名利双收。这一切使教师脱离了学生，违背了教师最应尽的"教书育人"的职责。而同时，不合理的评价机制易使教师形成功利主义、实用主义的作风，不利于其追求更高的学术成就，也不利于培养大学生正确的世界观、人生观和价值观。因此，高校应当改革教师选用、评价机制，强化师德建设，倡导教师以高尚的人格、规范的言行熏陶、陶冶学生，真正承担起向学生传授科学知识的同时，教会学生如何"做人"的重任，以言传身教为学生道德品质的养成树立正面的榜样。

（3）积极建立健全危机干预组织机构。高校建立健全危机干预组织机构，对于预防大学生极端心理危机也有重要作用。首先，要组建大学生心理危机干预领导小组。大学生心理危机干预领导小组可以由分管院领导担任组长，学生处、保卫处、校医院、宣传部、后勤集团、院系等单位的负责人担任组员。领导小组发挥着全面规划和指导全院的心理危机干预工作，健全这一组织机构，有助于督促有关单位认真履行危机干预工作的职责，为重大危机事件的处理作出有效的决策。其次，要成立大学生心理危机干预中心。它能有效地为处于危机之中的大学生提供及时的帮助，当他们在犹豫不决、万分痛苦时找到干预中心时，工作人员就可以立即介入，采取紧急对策，避免他们心理危机的进一步恶化，并在此基础上帮助其化解心理危机。

4. 从个人角度进行预防

根据内外因的辩证关系，我们可以得知，外因是条件，是通过内因起作用的。大学生极端心理危机的预防关键在于个体的内部因素，外力的"推"或"拉"终究不是决定性因素，因此，大学生应从自我入手，通过加强学习，改变错误认知；正视现实，提高解决问题的能力；多与人交流，有效利用社会支持；坚持健康的生活方式，学会善待自己等方式不断发展自己，提高自己的身心健康水平和各种应对和预防心理危机的方法，以便有效降低心理危机的程度和发生的可能性。

（五）大学生自杀危机的应对

有自杀想法的大学生在应对自杀危机时，应从以下几方面入手。

1. 转移注意力

有自杀念头的大学生还可以通过转移自己的注意力来消解内心的不良情绪，从而打消自杀的想法。

2. 诉说

大学生如果出现了心理危机，就非常渴望有一个可以诉说的倾听对象。有自杀想法在选择诉说对象时，一定要注意以下几方面。

第一，要选择态度宽容的倾听者。这样的倾听者会努力疏通倾诉者的情感，用宽容的态度对待倾诉者，帮助倾诉者排解心中的苦闷和烦恼。

第二，要选择能调节好自己情绪的倾听者。这样的倾听者会调节好自己的情绪，做好接纳倾诉者各种抱怨的准备，不会在倾诉者诉说的过程中控制不住自己的情绪，对其进行批评指责，使当事人陷入更加绝望的境地。

第三，要选择有智慧的倾听者。这样的倾听者会根据自己听到的重要内容有针对性地提问，引导倾诉者进一步详细地表达自己心中的想法；同时还会与倾诉者直接讨论自杀问题，在互相讨论的过程中可以直接对自杀者的下一步计划进行深入地了解，然后进行有针对性的分析，进而实施不同的应对策略，从而使倾诉者减轻痛苦，放弃自杀的念头。

第四，要选择警惕心强、观察细致的倾听者。有些倾诉者在倾诉之后表面上看起来是没有什么问题了，情绪似乎也已经平复下来，但是他们的内心可能并没有走出整个事件的阴影，仍然处于危机状态。此刻，如果倾听者的警惕心不强的话，问题可能会再次出现。而警惕心强、观察细致的倾听者能够在仔细观察倾诉者的表情动作和情感反应之后较为准确地判断倾诉者的真实想法，从而判定其是否已经打消自杀的念头。

3. 寻求外界资源的帮助

即使是抑郁症患者，自杀也不是绝对就会发生的，他们想要自杀的念头也是会随着环境的变化而变化的。因此，遭遇自杀危机的大学生可以利用其周围可以利用的资源，以降低自杀的发生率。这里涉及的资源是多种多样的，包括个人的、心理的等内部资源和亲人、朋友等外部资源。具体来说，老师、同学、朋友、同事、社区相关的心理危机志愿者，甚至社会上的有关应对团体，或者是预防自杀的书籍，影音资料等，只要是对自杀危机者有益的，可以帮助危机者消除自杀意念的人力资源和美好的事物，都可以用来降低悲剧的发生率。

第三节　大学生生命教育研究

一、生命的概念

生命泛指有机物和水构成的一个或多个细胞组成的一类具有稳定的物质和能量代谢现象（能够稳定地从外界获取物质和能量并将体内产生的废物和多余的热量排放到外界）、能回应刺激、能进行自我复制（繁殖）的半开放物质系统。生命是世界存在的基础，世界因生命而精彩。

二、生命的意义

人的生命只有一次，不可逆转，不可再生，不可替代，时间有限。虽然每个人对生命的意义的解释都不同，但生命的意义无疑就是每个人努力要实现的自己给予高度评价的生命目标。人生最珍贵的宝藏其实就是自己，最大的事业是经营自己，生命最大的意义就是不断地追求自我发展与成长。

三、生命教育的含义

美国的学者杰·唐纳·华特士在 20 世纪 60 年代针对当时的青少年他杀、自杀、吸毒、性危害等频发现象而首次提出了"生命教育"的概念。这一概念的提出具有重要的意义，它在于使学生认识到生命的可贵，让他们学会珍惜生命，把握生命，创造生命的价值。在 21 世纪社会快速发展的今天，这一理论也得到了进一步的升华和发展，它所适用的范围远远不再局限于青少年，大学生同样普遍适用。20 世纪 90 年代，我国开始全面推进素质教育，真正地做到关心每一个学生，把学生的发展要求摆在第一位，这是我国生命教育的真正开始。

生命教育指的是通过认识生命的起源、发展以及终结，从而使学生认识到生命的可贵，珍惜自己的生命，通过建立这种认识，帮助他们树立健康、积极的人生观，使得他们在正确的社会指引下健康的发展。它是一种人文教育，也是一种精神教育，更是一种唤醒人类心灵的教育。生命教育对大学生的意义主要表现在以下几个方面。

第一，促使大学生学会爱护自己的身体，珍惜生命。

第二，使大学生不仅是身体方面获得发展，更是获得精神层面的发展，成为健康向上的人。

第三，帮助大学生用理性的思维对待死亡，培养健康的生命态度以及理性行为。

第四，使大学生能够从中真正理解生命的意义，更加珍惜时间，努力为生命创造价值。

四、大学生生命教育的主要内容

对大学生进行生命教育，主要目的就是让大学生学会珍惜生命、懂得生命的意义和价值。明白了这一道理，大学生才会努力创造生命的价值，自觉地提升生命的意义。具体来说，对大学生生命教育的主要内容包括以下几个方面。

（一）大学生生命意识教育

每个人的生命只有一次，因此生命对于每个人来说都是宝贵的，它是人类生存在世上的最高意义和价值所在。人只有存在生命，才能为社会、为人类做出一定的贡献。大学生的生命意识教育是各项教育的基础，也是其他一切教育的前提条件。生命意识教育主要是帮助大学生形成正确的、科学的、完整的生命认识，形成对生命的珍惜、热爱、敬畏、尊重与欣赏，并主动地维护生命权利。

1. 维护生命的权利

对大学生进行生命教育的一个重要内容就是维护生命的权利，也是生命教育的重要原则之一。生命权利的行使才是生命的意义所在，不行使权利的生命如同一个空壳，没有生气。生命权利的核心就是保护自然人的生命安全利益的权利。

因此，高校在对大学生进行生命教育时，要重点让大学生了解生命权的基本内容，包括生命安全的维护权和有限生命利益的支配权。只有大学生了解了生命权的基本内容，他们才懂得如何维护自己的生命利益。

2. 珍惜生命的存在

人类的生命有自然的价值也有社会的价值。从自然生命的角度来讲，人的生命是有限的。从社会价值的角度来讲，人的生命又是无限的，这种无限主要是指生命个体所创造的贡献和在社会中形成的意义。只有个体珍惜生命，才能在有限的时间里创造出无限的生命价值，才能在未来为承担其应有的社会责任与义务作好充分准备。从目前的情况来看，我国很多大学生都没有对生命的意义足够重视。例如，在大学，由于课程安排比较松散，很多大学生宁愿待在宿舍里上网，也不愿意参与课外活动，更别提体育锻炼了；有的大学生不会科学的用脑，白天睡觉，晚上上网，出现了昼夜颠倒的情况；有的大学生不讲卫生；有的大学生饮食起居没有规律等。对自己的生命，我们应当学会珍惜与爱护。因此，对大学生进行生命意识教育就十分必要，它要求大学生重视生命的存在，从身边点点滴滴的小事做起，逐步改变自己之前的不良习惯。

3. 爱惜生命的美好

生活是美好的。每个人都在生活的不同阶段经历着各种美妙的事情,并形成了完全不同的幸福与价值等。人们对于美的追求是没有期限的,也是没有终点的。生活中常常不是缺少美,而是缺少发现美的眼睛。我们应当用美的眼光去看待周围的一切,这样才能感受到生命的美好,进而珍惜自己的生命。因此,应当通过对大学生的生命教育来引导其用青春与智慧去培养情趣,构建自己的理想人生,并努力为理想的实现而奋斗,实现生命的超越,这可谓是生命教育的最高追求。

在实际情况当中,高校可以采取一系列的艺术手段来引导大学生完善自己的人生,鼓励他们在生活中发现乐趣。这要求大学生在珍惜生命、善待生命的同时,还要努力地展示生命、激扬生命。

生命教育对美好生活以及美好人生的关注与追寻主要是通过培养人的精神丰富与精神超越来实现的。因此,大学生追求美好生活,离不开其主动性与积极性。他们在生命教育的过程中,关注美好的事物,学习美好的品德,进而促使个人美好生活的实现。

4. 尊重生命的个性

每个人的生命都是与众不同的,生命表现在个体身上就会存在着很大的差异,人和动物的生命存在差别,人和人的生命也存在着差别,每一个人的天赋、兴趣以及爱好等都是不相同的,充分展示着生命的个性。因此,每个人的生命都是不可替代的,是独一无二的。每个人的外表都不相同,家庭环境和出生背景不相同,人生阅历也不相同,因此,每个人都有着自己独特的个性。

大学生尊重个性差异的同时就是在尊重生命,这种尊重不仅仅是对他人的尊重,更是对自我的尊重。大学生的自我存在意识是非常强烈的,他们每一个人自身都存在闪光点,这也是他们个性差异最突出的地方。找到自身的闪光点,他们就能以一个积极向上的心态去面对生活的一切。在大学生生命教育中,要通过大学生的生命个性来满足他们对生命个性美的诉求,帮助其张扬个性美,让他们感受到生命独特性与差异性所带来的美好。

(二)大学生忧患意识教育

自古以来,先辈们就提倡国人要有忧患意识,这种意识是对生命的进一步把握,要求我们能够在顺境中居安思危,考虑到可能出现的不利因素,对事情进行更好的预知和掌控。对大学生进行忧患意识教育,能够提高其面对挫折的勇气，进而战胜困难，摆脱心理危机。大学生忧患意识教育主要包括挫折教育和责任教育两个方面。

1. 挫折教育

人生活在现实的社会中，难免会遇到各种各样的困难和挫折，对初涉社会的大学生来说，更是面临着重重困难。任何事情的形成与发展都经历着一个漫长的过程，人们在成功之前总是会经历着各种失败。只有不断地总结失败的教训，才能找到解决问题的方法，通过自身努力达到最终的目的。因此，失败是回避不了的，面对失败应该如何应对，就是大学生挫折教育的目的所在。

第一，大学生在面对挫折与失败时，要有平静与坦然的心态，正确地意识到"失败是成功之母"的道理，提高对失败的抵抗能力。

第二，大学生在面对挫折与失败时，要有正确、科学的认识观念，只有树立了正确处理问题的思维方式，才能用积极的方法去处理挫折与失败，从而积累更多的知识和经验，为走向成功不断地进行积累，最终获得胜利。

总之，高校的挫折教育对大学生的成长是极其有必要的，通过对大学生进行挫折教育，引导大学生树立良好的心态，使他们掌握处理挫折与困难的方式方法，增强他们的心理承受能力，学会理智调控自己的情绪，做情绪的主人，从而更好地适应环境，使自己的生命价值得到最大的发挥。

2. 责任教育

责任教育的内容主要包括道德与法律两个方面的内容。道德上的教育主要是针对人的良知，使人处于良好的自觉状态，包括对家庭、对社会、对国家以及对自己的责任。大学生的未来关系到祖国的命运，担负着中华民族伟大复兴的重要使命，理应具有高度的责任感与使命感。但是，目前我国大学生的责任意识处于普遍欠缺的状态，尤其是许多的大学生都是家里面的独生子女，从小就被家里人娇宠着，因此，他们常常以自我为中心，心理承受能力较弱，责任意识较差，甚至出现自虐、自杀、校园暴力等极端的狭隘、自私行为。对于这种情况，大学生的责任教育就应当引起高校的重视。对大学生进行使命感以及责任感的教育，能够使他们明白自己身上所肩负的重担，对自己进行准确的定位，激发其对生命的热情，使他们懂得生命的可贵，只有通过自身的努力，才能为祖国的现代化建设添砖加瓦。

（三）大学生和谐意识教育

在当代，我们国家一直在倡导构建和谐社会。要想达到"和谐"的状态,就需要各个方面的要素互相协调、配合。个人生命的存在与发展要依赖其他生命以及整个世界的和谐相处。因此,大学生必须要有和谐意识。

1. 与自我的和谐

大学生个体的生命健康也是构成和谐的重要因素。这就要求大学生做到与自我的和谐相处,保持身体以及心理的共同健康状态。因此,在大学生的生命教育中,教育者一方面要帮助大学生形成健康的生活方式以及思维方式,对他们进行正确的引导,让他们认识到自己的优缺点,避免自负或者自卑等消极情绪;另一方面要帮助大学生提高自我调节能力,使他们能够适应社会环境的变化,保持良好的心态,用积极、乐观的态度去迎接生命中美好的事物。

2. 与他人和社会的和谐

生命和谐的最基本要求就是与他人和社会的和谐。这是因为,人是社会中的人,人不可能脱离社会而单独存在。个人的发展离不开他人的影响,更离不开现实的社会环境,一旦脱离了社会,生命就会变得孤寂无援,个人也就无法获得发展。因此,大学生生命教育中与他人和社会的和谐教育是非常重要的一部分内容。只有处在这种和谐的生命氛围中,大学生才有可能圆满地完成大学学业,才有可能顺利地进入社会,成为一个有用的人。

3. 与自然的和谐

人不是独立存在于世界上的,它必须与自然和谐相处才能更好地生存发展下去。人只有与自然和谐相处,才能在美好的环境中实现生命的价值。因此,生命教育在尊重自我的前提下,还要学会尊重自然,尊重整个世界。

第一,大学生应当意识到自然界的资源不是取之不尽,用之不竭的,许多的自然资源都是有限而宝贵的。人类要在满足自身需要的同时,学会尊重自然,与自然和谐共生。

第二,大学生尊重大自然主要表现为尊重自然界的动植物,自觉地保护野生动物,不随意捕杀、砍伐。树立环境保护的意识,爱护自然,敬畏自然,最终做到人与自然的和谐统一。

第三,大学生应当了解常见的自然灾害,了解这些自然灾害给人类带来的灾难。如龙卷风、洪水、地震等对人的生命财产造成极大的威胁,以及人类破坏自然环境的行为所能引发的严重后果,从而使大学生真正地重视自然环境，保护自然界的动植物，也做到爱惜自己的生命，启迪大学生探索人和自然和睦相处、人对抗自然灾害的策略与方法。

五、大学生生命教育的方法

对大学生进行生命教育，就是要让他们懂得生命的价值，学会珍惜生命，能够正确处理人生道路上的各种困难，从而理解生命存在的价值、建立起积极向上的人生观。要想实现这一目的，就需要通过合理而科学的方法，具体的方法主要包括以下几种。

（一）树立大学生的生命意识

帮助大学生树立起生命意识是高校开展大学生的生命教育最重要的内容。树立大学生的生命意识主要有以下几个方面的途径。

1. 进行生命意识教育

在大学校园里，学校传授给学生的不只是硬邦邦的知识，更应该对他们进行人性化的教育，给予更多的人文关怀。大学生在成长的这一阶段，处于学校向社会的过渡时期，需要高校对其从精神和情感方面加以引导。高校要注重生命教育对大学生人文精神的培养与提高，对灵魂的塑造以及引导其对智慧的追求，让他们重视生命的价值和意义所在，使他们更好地把握自己的人生。

2. 转变教育模式

在以前，高校一直都是一种僵化、老套的教育模式，常常不能灵活地对大学生进行生命意识教育。这种固化的模式使得教育的成效并不明显。现在，许多高校推行关注大学生个体生命独特性、多样性以及创造性的教育观念，重视对大学生进行生命的人文关怀教育，并把生命教育作为教育的核心。

3. 开展全面积极的教育评价

很多高校在对大学生进行评价时，通常都会是以分数论成败，很少考虑到其他方面的标准，这是不可取的。要想对大学生进行正确而全面的评价，就必须要综合各方面的因素对其进行评估。这种评估也是两面性的，既要对其作出肯定性的评价，让大学生看到自己的成长和进步，保持积极和愉快的心情；又要对其作出否定性的评价，帮助大学生改正自己的错误。

从大学生家长的角度而言，应该改变过去那种片面的教育观念，即只关心子女的智力教育以及各种才艺的培养，应该更多地去关心子女的身心健康教育和生命教育，这样子女才能拥有积极健康的心态，拥有健康幸福的生活，懂得珍惜生命、尊重生命，建立积极向上的人生观。

（二）加强大学生的心理辅导

大学生要想在社会生存下去，就必须具备良好的适应能力，并且用积极、健康的心态去面对生活中所发生的一切。在社会生活中，能够给自己准确地定位，对自己有一个正确的评估，调节自己的情绪，发挥自己的优势，建立起良好的人际关系。相反，如果一个大学生的心理不健康，情绪就会不稳定，对自己不能进行准确的定位，没有承担挫折与困难的勇气，与他人的交往也不会顺利，甚至荒废学业，无法形成健康的人格，最终导致威胁自己的生命。因此，真正的大学生生命教育应该着手大学生最基本的需求，最先从心理上对他们进行教育和熏陶，促进他们的身心健康发展。大学生拥有健康的心理，才能使自身保持一个良好的状态，才能与周围的环境做到和谐统一，并用积极的心态去创造生命更多的价值。

要想使大学生的心理得到健康的发展，就有必要教给他们一些方法，让他们更好地面对来自生活各个方面压力，使他们在压力面前也能够从容不迫，用科学的方法去处理各种问题，对大学生进行生命教育时，应该对他们给予更多的人文关怀，让他们从内心感受到人与人之间的美好感情，从内心深处获得温暖。辅导员、班主任以及任课教师也要对学生的思想、情绪等进行密切地观察，及时发现他们的困难和思想方面的动态，为他们提供必要的帮助，使其顺利渡过生命的困惑与挫折阶段，展现出大学生应有的生命活力。

高校对大学生生命教育的一项重要工作就是加强大学生的心理辅导。这对于大学生的心理健康发展起到了重要的作用，它正确地启迪着大学生的心灵，疏导他们内心的困惑，为他们提供及时的帮助，使他们走出困境。

（三）营造良好的环境氛围

大学生的生命教育单独依靠学校教育是远远不够的，家庭与社会同样富有责任和义务。生命教育是一个长期而复杂的过程，不可能是一蹴而就的，它需要一个良好的环境作为存在和发展的前提。因此，高校教育要和家庭教育、社会教育等联合起来，一起努力为大学生生命教育营造良好的环境氛围。

1. 营造良好的校园环境

(1)营造良好的学生交流氛围。大学生在校期间大部分的时间都是和同学一起度过，因此和同学搞好关系是大学生实现自我价值的前提。大学生要学会与其他同学主动积极地交流，互相理解、信任，在对方有困难的时候可以伸出援手，使双方能够建立较为深厚的友谊，形成融洽的人际关系。因此，高校应该为大学生的良好交流创造各种条件和环境，比如举办各种各样的社团活动等，让大学生在与同伴交流的过程中，感受到他人的长处，弥补自己的不足，在互相的学习、帮助中实现自己生命的价值。

(2)营造良好的课堂氛围。课堂教学仍然是高校教学最重要的一种形式，因此，营造良好的课堂氛围就显得十分必要。例如，教给大学生最为基本的生活经验以及与人交往的知识，培养和锻炼其交往能力，指导其建立起良好的人际关系；在大学生德育课堂中，增加有关生命教育的内容，更加关注大学生个体生命的生存与发展，通过大学生的生命意识教育，体会生命的价值与意义；指导大学生在适当参与社会生活的过程中掌握生命的有关知识与原理，真正体会生命与生存的含义。

(3)营造良好的师生交流氛围。高校教师不应该是高高在上的，也应该用和蔼的态度与学生进行交流，及时了解学生的想法。在学习上、生活上以及心理上等都要对他们进行关心，使他们感受到温暖，从而减少对教师的抵制和排斥心理，愿意和教师进行更深入的交流，进而得到有效的指导。

(4)建设校园文化环境。校园文化环境是大学生生活的重要环境，校园文化环境的建设关系到大学生的各方面健康发展。它是以物质条件为基础的文化载体，是以人文为中心的精神文化。校园文化的建设与大学生的品质的形成以及思维方式的形成都是密不可分的，通过校园人文环境的构建，能够促进大学生身心的健康成长。

2. 营造良好的家庭氛围

家庭是大学生生活最为重要的地方，父母的一言一行都会对大学生产生潜移默化的影响。因此，家庭环境在大学生的生命意识教育中起到了无可替代的作用。

第一，家庭成员之间的关系要和睦相处，为大学生提供一个和谐、欢乐的家庭氛围，在这种气氛的带动下，大学生的情感体验也是快乐而积极的。他们能感受到生命的美好，渴望自己的生命价值得到发挥，他们以友善的眼光看待周围的一切，他们对自己、对他人、对自然界都是充满友爱的。这是一种潜移默化的大学生生命教育。

第二,家庭成员之间要经常进行互动交流。大学生与家庭成员进行交流,能够及时消除心中的不快与烦闷,仍然能够用积极乐观的心态去对待生活与生命,并认为自己的生命是充满意义与价值的。

3. 营造良好的社会风气

当前的社会环境给大学生的生命教育带来了很多的负面影响,因此,社会文化环境的净化对大学生而言是十分重要的。不良的大众文化只会让大学生的价值观出现扭曲。例如,大众文化中的许多不良内容,如凶杀、淫秽、暴力、吸毒等,带给大学生的是自私自利、凶残暴力、不择手段等情感体验,这些都给大学生的生命意识带来十分消极的影响。

因此,社会媒体应当重拾自己的良知,遵守职业操守,担起净化社会环境的职责,努力为大学生营造良好的社会风气。

(四)培养大学生积极的情感体验

生命教育是一种情感体验,它是对人内心世界的一种引导、分析,起到了净化心灵、陶冶情操的作用。所以,在对大学生进行生命教育时,不是单独的哪一方面就可以做好的,学校和家庭都有教育的责任和义务。只有双方联合起来对大学生进行生命教育,才有可能达到预期的目的。

大学生的生命教育绝不仅是局限在学校的课堂理论上,它需要与现实的社会生活相联系,只有在实践中应用生命教育理论,大学生才能真正领悟其中的意义,在领悟中得到提升。具体而言,高校培养大学生积极的情感体验主要包括以下几个方面的途径。

第一,教师在对大学生进行生命教育时,可以直接引用他人的例子,使大学生获得清楚而具体的感受。通过分析大学生生活中经历或是遇到的重大挫折,引导其运用积极的方法来处理挫折与失落等,让其认识到生命的脆弱以及不可逆转,进而产生对生命的敬畏。

第二,家庭在对子女进行生命教育时,也要对子女进行积极正确的引导。父母可以利用一些现成的资料,比如照片等,与子女们分享祖辈们的人生经历;或者是通过多媒体的方式与子女一起探讨、交流;还可以和子女一起去参观一些博物馆或者历史展馆,增加子女对生命的价值和意义的思考、领悟。

由此得出,大学生生命教育是重在实践的教育,通过具体的事例或者是社会生活的实践使他们意识到生命教育的真正意义。高校在对大学生生命教育时应该具体问题具体分析,根据不同年级大学生身心发展的特点积极开展相关的课外活动,如探险、露营等会让大学生体验到成功和困难,从而更加珍惜生命。

参考文献

[1]张玉芝,周兰芳.大学生心理健康[M].北京:北京理工大学出版社,2017.

[2]李中国,李树军.大学生心理健康教育与心理调适[M].北京:北京师范大学出版社,2016.

[3]郑冬冬.大学生心理健康[M].重庆:重庆大学出版社,2014.

[4]徐亮.为心灵开一扇窗:大学生心理健康教育[M].天津:南开大学出版社,2014.

[5]吴枝兵.大学生心理素质发展与教育[M].合肥:合肥工业大学出版社,2012.

[6]宋焕斌.大学生心理健康与训练[M].北京:中国石化出版社,2012.

[7]段鑫星,赵玲.大学生心理健康教育[M].2 版.北京:科学出版社,2008.

[8]郑宝锦.大学生心理健康教育[M].青岛:中国海洋大学出版社,2008.

[9]吴伟光.网络新媒体的法律规治[M].北京:知识产权出版社,2013.

[10]胡龙廷.大学新生入学导论——走进河南工业职业技术学院(第 4 版)[M].武汉:武汉理工大学出版社,2015.

[11]王贤卿.道德是否可以虚拟——大学生网络行为的道德研究[M].上海:复旦大学出版社,2011.

[12]丛媛.大学生心理健康[M].北京:中国电力出版社,2011.

[13]周文华,吴红,阮筠.大学生职业规划与就业指导[M].合肥:合肥工业出版社,2016.

[14]邱月玲,范守忠.职业规划与就业指导[M].北京:科学技术文献出版社,2015.

[15]王金云.大学生心理训练概论[M].郑州:河南大学出版社,2005.

[16]史勤先,金春雷.大学生职业生涯规划与就业指导[M].贵阳:贵州人民出版社,2008.

[17]谢罗奇.大学生职业发展与就业指导[M].长沙:湘潭大学出版社,2011.

[18]陈梦薇,刘俊芳,李晓萍.生涯规划与职业发展[M].南京:东南大学

出版社,2015.

[19]朱卫嘉.大学生心理素质培养与训练[M].成都:西南交通大学出版社,2002.

[20]王海龙,刘丛.大学生素质教育研究与探索[M].北京:中国文史出版社,2015.

[21]胡佩诚.大学生心理健康[M].杭州:浙江大学出版社,2011.

[22]卞西春,李淑娜.大学生心理健康教育[M].济南:山东人民出版社,2014.

[23]齐力.大学生心理健康教育[M].北京:知识产权出版社,2014.

[24]杨素华,孙新红.大学生积极心理培养[M].济南:山东人民出版社,2014.

[25]宛蓉.大学生心理健康[M].北京:北京师范大学出版社,2014.

[26]熊建圩,等.大学生心理健康教育[M].北京:北京理工大学出版社,2015.

[27]刘霞非,刘彦.大学生心理健康教育[M].镇江:江苏大学出版社,2015.

[28]马春生.大学生心理健康教育[M].杭州:浙江大学出版社,2015.

[29]罗新兰.大学生心理健康教育[M].杭州:浙江大学出版社,2014.

[30]王哲,贾楠.现代大学生心理健康教育[M].北京:机械工业出版社,2012.

[31]朱坚强.大学生心理辅导与体验[M].上海:上海教育出版社,2015.

[32]蔡伟华.高职大学生心理健康教育[M].广州:中山大学出版社,2013.

[33]熊英.大学生心理健康教育与训练[M].北京:高等教育出版社,2012.

[34]李江雪.大学生情绪管理与辅导[M].北京:北京师范大学出版社,2010.

[35]乔建中.情绪的社会建构理论[J].心理科学进展,2003(5).